김정일과 부시의 **대타협**

김정일과 부시의 대타협

주섭일 지음

북핵 문제의 해법은 어디에 있는가

베이징 6자회담을 보면서 북·미 제네바회담 때처럼 줄타기 곡예를 보는 것 같아 아슬아슬하다. 1994년 북·미 제네바회담을 취재하면서 몇 번이나 회담의 파탄위기를 극적으로 넘기는 것을 보았기 때문이다. 3월20일 김계관 북한대표는 갑자기 6차 6자회담 불참을 선언하고 귀국해 버렸다. 미국이 6자회담의 근본 걸림돌인 마카오의 방코델타아시아(BDA)에 묶인 2500만 달러 전액의 동결해제를 발표한 후, 국제사회가 드디어 북한 핵 문제가 풀릴 것이라고 환호하고 있을 때였다. 북한 대표는 돈이 북한의 손에 들어오기 전에는 회담에 참석할 수 없다고 밝혔다. 6차 6자회담은 허망하게 휴회에 들어갔다.

하루 전 김 대표는 국제원자력기구(IAEA)에 복귀하겠다고 발표해 국제사회의 환영을 받았다. 이는 2005년 9·19선언에서 북한이 회담복귀를 공약했기 때문에 이제 핵 폐기를 위해 바로 행동하겠다는 확인과 전면적 핵 포기의 의사를 확인한 것으로 풀이되었다. 그러나 김 대표의 귀국은 앞으로 6자회담의 순항에 어두운 그림자를 던져주고 있다. 올해 4월7일 미 국무성은 BDA 문제를 풀었다고 발표했다. 미국은 중국과 같이 인도적 목적에 사용한다는 명분으로 극적으로 BDA 북한자금의 동결을 해제했다. 북한 손에 곧 2500만 달러가 쥐어질 것이라는 말이나, 기술적 문제로 지연되고 있다.

북·미 제네바합의 곡예의 추억

아무튼 휴회된 6차 6자회담이 곧 열릴 것이라는 신호가 커지고 있다.
1994년 북·미 제네바회담에서도 이런 경우가 여러 번 있었다. 제네바
주재 북한대표부에서 기자회견이 갑자기 취소된 것만도 2번이었다. 첫
번째는 북한이 경수로 2기 건설을 요구했을 때로, 무려 15일이나 회담
이 중단되었다. 북·미 양측 모두 회견취소 이유를 말하지 않았다. 결국
미국이 양보해 경수로 건설을 약속해 서명을 위한 회견이 소집되었다.
하지만 회견은 또 다시 취소되었다.

갈루치 대표를 선두로 미국대표들이 "북 대표에게 이유를 물어보라"
면서 회담장을 빠져나갔다. 곧 이어 강석주 북한대표는 "미국이 사전예
고도 없이 합의문에 1개 조항을 추가하려고 했다. 남북대화를 추구한다
는 내용으로, 말도 안 되는 요구를 했다"고 설명했다. 이때도 회담이 1
주일 중단되었다. 제네바합의 문서에는 경수로 2기 건설과 남북대화 문
제가 모두 포함되어 있었다. 2번째는 북한이 양보했다.

6자회담은 북핵 문제 해결의 길을 열었지만 여전히 갈 길은 멀다. 폭
풍도 칠 수 있고, 가랑비도 내릴 수 있으며, 갠 날과 흐린 날, 안개 낀
날도 만날 것이다. 그럼에도 북·미 제네바합의가 종점에 도달했던 것
처럼, 북한 핵의 '불능화disablement' 단계를 결국 통과하리라 믿는다.
'완전한 폐기dismantlement'까지는 상당한 시간이 소요될 것으로 보이
지만, 부시 미 대통령의 파격적인 양보가 낙관적 전망을 내리게 한다.
북한이 이번에 부시의 '당근'을 받지 않으면 다시는 기회가 오지 않을
가능성이 크다.

북한은 핵 포기의 대가로 중유 1백만 톤, 테러 지원국 지정 해제, 적
성국교역법 적용 해제, 북·미 수교와 평화협정 체결, 또 한국이 제안한
전력 200만kw와 9·19선언에 언급된 경수로까지 많은 '선물'을 받게

되어 있다. 대신 북한은 영변의 모든 핵시설과 재처리한 플루토늄 등 핵
물질, 보유 핵무기와 고농축우라늄(HEU)을 포함한 모든 핵 프로그램을
포기해야 할 것이다. 6자회담의 장래는 낙관 속에 대단히 어려운 작업
으로 적지 않은 시일과 끈질긴 협상노력을 요구하고 있다.

부시의 제네바합의 파기는 과오

2002년 말 부시가 중유공급을 중단함으로써 제네바합의를 폐기한 후,
북한 핵 문제는 악화일로를 걸었다. 자세한 경위와 내용은 본문에서 모
두 정리해 기록했지만, 원래 제네바합의를 부시가 백지화시킬 일은 아
니었다. 제네바합의는 1994년 당시로는 북한 핵 문제 해결을 위한 최선
의 방책이었고, 오늘 이것이 살아 있다면 북핵 문제는 애초에 없었을 것
이다. 2005년에는 경수로 2기가 준공되었을 것이고, 폐연료봉 8000개
의 재처리와 플루토늄 생산이 불가능해 핵무기제조 또한 없었을 것이기
때문이다. 부시 행정부는 비밀 고농축우라늄 프로그램을 구실로 삼았지
만, 실은 경수로 2기 제공과 준공 때까지 매년 중유 50만 톤 공급 및 대
표부 상호교환 등이 못마땅해 제네바합의를 백지화시킨 것으로 보인다.
부시는 클린턴 민주당 정부의 외교업적인 북·미 제네바합의를 '바보
합의'로 평가절하하며 북한을 비난했다. 북한을 '악의 축'에 포함시키
는가 하면 '폭정국가의 전초기지'라고 규탄했다. 그리고 북한 핵 문제
를 완전히 방치해 버렸다. 제네바합의는 영변의 모든 핵 활동과 폐연료
봉 8000개의 재처리를 원천적으로 차단하고 '레드라인'을 연료봉 재처
리로 설정했다. 폐연료봉을 북한이 재처리하면 적어도 50kg의 플루토
늄을 확보해 5, 6기의 원자폭탄을 제조할 수 있기 때문이다. 그래서 영
변 핵시설을 봉인해 감시카메라를 설치하고 IAEA 사찰요원이 영변에
상주해 감시했던 것이다.

부시가 클린턴이 친 '레드라인'을 언급하지 않고 북한체제를 비난하고 있을 때, 북한은 착착 핵보유국으로 가는 길을 행동에 옮겼다. 8000개 폐연료봉을 인출해 재처리하고 핵확산금지조약(NPT)을 탈퇴한 후, 핵무기를 만들어 마침내 지난해 10월9일 핵실험에 성공했다. 부시는 클린턴이 막은 북한의 핵무기 보유를 욕만 하다가 자초해 버린 과오를 범한 것이다. 부시가 제네바합의는 그대로 살리고 HEU 문제를 분리해 북한과 협상했더라면, 매우 효율적인 외교성과를 낼 수 있었을 것이다. 그러나 부시는 제네바합의를 통째로 파기함으로써 중대한 외교적 실수를 범했다.

굴복과 같은 부시의 4불정책의 포기

부시와 일본이 아무리 북한의 핵 보유를 인정하지 않는다고 해도 국제언론은 이미 북한을 핵무기 보유 클럽의 일원으로 취급하고 있다. 요컨대 2007년 2월 6자회담의 베이징 2·13합의는 북한의 핵보유국 지위와, 에너지공급 등 많은 인센티브, 북·미 수교, 평화협정과 바꾸자는 것이다. 부시는 선 핵포기, 양자대화 불용, BDA조사는 핵 문제와 별개라는 등 3원칙을 포기했고, 한걸음 더 나가 '악인에게 보상은 없다'는 조건마저 포기한 것이다. 북핵 문제를 둘러싼 김정일과의 대결에서 부시는 무릎을 꿇은 것이나 다름없다고 해도 과언이 아니다.

하기야 제네바합의를 파기한 결과, 북한이 핵클럽에 '비공식' 가입하기까지 최악의 시나리오를 자초한 것이다. 부시는 2006년 11월 선거에서 의회주도권을 민주당에 내주고, 2003년 3월 승리를 자만했던 이라크전쟁이 4년이 지나도 '21세기의 베트남전쟁'이라는 수렁에서 헤어날 출구가 보이지 않자 '울며 겨자 먹기'로 북한 핵정책의 대전환을 단행한 것으로 보인다. 이른바 전략적 선택을 한 것이다. 이것은 김정일에게 부시의 선물이 되었으며, 국제무대로 발을 내딛을 또 한번의 기회를 제공했다. 김정일이 부시의 선물을 받느냐 마느냐에 따라 한반도의 안보기상도는 크게 달라질 것이다.

김정일의 결단이 중요한 이유가 여기에 있다. '당근'을 삼키면 핵무기 보유로 체제의 안전판을 만든 북한체제를 포기해야 하지 않을까라는 문제가 있다. 사실 개혁개방이 필연적이고 국제사회에 정상국가로 진출하는 것은 김정일 식의 공산주의와는 양립될 수 없을 것이다. 그러나 잘 만 관리하면, 별 문제가 없을 것으로 본다. 리비아는 이슬람식 사회주의 체제를 잘 유지하면서 성공적으로 국제사회에 진입했기 때문이다.

핵 문제는 아니지만, 중국과 베트남의 아시아 공산주의, 남미의 사회주의 국가들도 잘 해나가고 있다. 우크라이나 방식도 참조가 된다. 소련해체 때, 독립한 우크라이나는 수많은 핵무기를 보유하고 있었다. 그런데 핵무기는 우크라이나가 개발한 것이 아니라 구소련이 배치한 것이다. 우크라이나는 냉전해체 후 핵무기 보유를 원치 않았다. 국제사회는 경제적으로 보상을 해주고 우크라이나 핵무기 전량을 러시아로 옮겨 모두 폐기처분했던 것이다.

김정일 위원장의 결단이 중요한 이유

우크라이나는 민주주의와 시장경제에 합류하는 것을 결정해 국제사회 진입에 성공했다. 우크라이나의 경우는 직접 핵개발을 하지 않았고, 그나마 핵무기 보유를 원치 않았다는 점이 북한과는 다르다. 그러나 국제사회가 핵 포기와 보상을 우크라이나와 교환했다는 점에서 핵 문제 해결의 한 보기가 되었다.

앞으로 베이징 2·13합의가 언제 종점에 도달할지는 아직 속단할 수 없다. 최소 12개월, 최대 18개월을 잡는 것이 합리적일 것이다. 적어도 내년 11월 미국 대선을 겨냥한 부시의 전략적 선택을 고려하면 그렇다. 과연 부시의 도박은 미국의 시사주간지 타임이 보도한 대로 보수주의의 몰락으로 무덤에서 흘리는 레이건의 눈물을 닦아줄 수 있을까. 그리고 '평양의 봄'은 올 것인가. 또 한반도는 항구적 평화를 구축하고 통일의 날을 기약할 수 있을까.

이러한 물음에 답하기는 너무 이르다. 벌써부터 낙관적 전망이 언론 지면을 장식하고 있으나 속단은 금물이다. 2·13합의가 미궁으로 빠질 위험은 여전히 남아 있기 때문이다. 과연 부시가 북한의 핵 보유를 눈감 아주고 모든 인센티브를 줄 것인가, 또 김정일이 핵무기 보유까지 모두를 포기할 것인가, 아니면 핵무기 보유를 포기하지 않고 '선물'만 받는 계략을 부릴 것인가. 2·13합의에 성실히 답하는 김정일의 결단, 여기에 북핵 문제의 성패가 달려 있다고 해도 무리가 없다.

1994년 12월 나는 제네바합의를 처음부터 끝까지 취재 보도한 특파원 (당시 세계일보 유럽총국장)으로 일시 귀국해 신문회관에서 '제네바합의 와 한반도평화'(남북민간교류협의회 주최)라는 특별강연을 했다. 그때 나는 북핵 문제는 종결되었고, 드디어 한반도 비핵화선언이 실현되어 항구적 평화의 기초가 세워졌다고 장담했다.

맨 앞에 있던 한 정치인(이종찬 전 국정원장으로 기억된다)이 질문을 했다. "한반도의 항구적 평화가 정말 온다고 믿느냐? 통일도 멀지 않다고 보느냐?" 대충 이런 물음으로 기억된다. 나는 "확신한다. 북한 핵 문제가 해결되면 해빙이 오고, 그 후 단계적으로 분단이 극복되지 않겠느냐"고 답한 것 같다. 그러나 13년이 지난 오늘, 나의 답변은 빗나갔으며, 21세기에 다시 북핵 문제는 국제사회가 풀어야 할 중대과제가 되고 있다.

그래서 2·13합의의 행동화는 아슬아슬한 줄타기 곡예와 같다고 말하

는 것이다. 줄타기로 우리의 가슴을 때때로 조이게 하겠지만, 6자회담
은 성공하리라고 다시 전망하고 싶다. 이 책의 시작은 2002년부터이나
내용의 많은 부분이 제네바합의를 담고 있다. 제네바합의와 6자회담을
비교하는 견지에서 다루었기 때문이다. 또 여기 실은 글은 주로 '주섭일
대기자의 글로벌 시사진단' 이라는 제목으로 월간 '자유공론' 에 실은 것
을 바탕으로 현 시점에 맞게 다듬은 것이고, 아시아-유럽 미래포럼 등
의 발제문도 일부 포함되어 있다.

한반도 문제는 국제사회의 공동과제

북핵 문제는 동북아와 한반도의 특수한 문제가 아니라 세계차원의 보
편적 과제라는 것이 나의 관점이요 시각이다. 1975년 8월 헬싱키헌장
체결에서 출발한 동서진영의 화해협력과 평화공존은 전쟁이 없이 평화
적으로 냉전종식에 기여했으며, 서방 민주주의 체제는 동방 공산주의
체제를 지속적으로 동질화하는 과정임을 증명했다. 헬싱키헌장은 인권
의 중요성이 강조되었고, 국경문제를 포함한 모든 국가간 분쟁은 반드
시 평화적인 대화로 해결해야 한다는 원칙을 세웠다. 이것은 오늘까지
국제사회를 관통하는 일관된 정신으로 내가 본문에서 중요하게 다룬 이
유다.

유럽 특파원으로 1972년부터 파리에서 활동하면서 유럽통합을 성공
시킨 유럽정상회담, 헬싱키헌장을 체결하고 냉전해체를 결정한 유럽안
보협력(CSCE) 정상회담, 나토 정상회담, G7정상회담 등 연례 정기회담
과 비정기적 회담을 모두 취재하면서 한반도 문제가 결코 동북아지역의
특수문제가 아니라 국제사회의 공동과제임을 절실히 인식했다. 1989년
11월 베를린장벽 붕괴와 1991년 12월 구소련 몰락까지 현장취재를 하면
서 더욱 한반도 문제가 국제정세와 직결된 문제임을 통절히 인식했다.

한반도의 분단은 독일의 분단과 같이 얄타체제의 결과임을 이해하게 된 것이다. 이러한 세계적 관점에서 북한 핵 문제도 다루어야 하고 단순한 한반도의 내적문제로 단순화시키는 것은 비합리적이다. 1992년 5월 북핵 문제가 국제원자력기구(IAEA)에서 처음 제기되었을 때부터 현지취재를 한 나는 15년간 지속적으로 추적해 왔다. 제네바합의와 6자회담이 보여주듯, 민족공조를 우선시하기보다는 국제공조와 연결해서 문제를 보고 해법을 찾아야 한다는 것이 나의 입장이다.

결국 북한 핵 문제는 현재 6자회담이 해결주체이며 유엔 안보리와 IAEA 등의 국제기구도 깊이 연관되어 있다. 국제공조로 풀 수 있는 것이 북핵 문제이며, 여기에는 베를린장벽 붕괴가 상징하는 이념적 체제 문제와도 맥을 같이하고 있다는 것이다. 이러한 관점과 역사성을 배경으로 북핵 문제를 진단한 글 모음이 이 책이다.

2002년부터 현재까지 2차 북한 핵 위기로 국제사회에 문제를 제기할 때마다, 그 시점에서 분석한 것을 바탕으로 나름대로 진단과 해법을 제시하려고 노력했다. 부족한 점이 너무 많아 내놓기 부끄러운 글이지만, 기록자의 관점에서는 하나의 참고가 될 듯해 용기를 내 책으로 묶기로 했다. '책으로 묶어 보라'고 권유해 읽히기 쉽게 잘 편집해 주신 두리미디어 최용철 대표님, 변이철 이사와 이우희 편집장, 그리고 편집진에게 깊은 감사의 말을 드린다.

2007년 봄을 맞으며 영등포 서재에서
주섭일

CONTENTS

프롤로그 북핵 문제의 해법은 어디에 있는가   4

1장 한반도, 핵의 유혹

부시의 테러전쟁과 북한 핵 문제
-부시의 일방주의 정책으로 풀기는 역부족   18

김정일은 독재자인가, 개혁가인가?
-DJ와 하벨 전대통령의 상반된 평가와 북핵 갈등   26

국제 핵 기술 암시장 주도한 칸 박사의 정체
-파키스탄, 고농축우라늄(HEU)과 북한 미사일 맞교환했나   38

북 미사일에 대한 유엔 안보리 결의 1695호의 의미
-중국·베트남 공산당과 북한 선군체제 왜 다른가   50

실패한 무궁화꽃—한국의 핵 개발 프로그램
-70년대 이후 한국의 핵 개발과 국제사회의 의혹   62

2장 북핵 그리고 한반도 최악의 시나리오

북한의 핵실험과 미국의 딜레마
-북핵 위기와 한반도 전쟁 시나리오   74

김정일과 부시, 마지막 담판의 장으로 접근하다
－부시의 당근을 김정일은 과연 먹을 것인가　　86

북핵 위기를 어떻게 극복할 것인가
－안보리 제재, 잘 대응해야 심지의 불 끈다　　100

북핵 문제는 국제공조로 풀어야 한다
－노무현의 아마추어 외교로는 북핵 문제 못 푼다　　113

3장 김정일, 또 한번의 기회와 선택

밀로셰비치의 비극이 김정일에게 준 교훈
－왜 유럽연합은 북한인권 결의안을 주도하나　　124

북 미사일 발사, 국제공조만이 해법이다
－노정권 민족공조, 홀로서기냐 동맹외교냐의 갈림길　　136

탈북자와 '게르만 엑소더스'
－베를린 장벽 붕괴 18주년의 의미　　146

헬싱키헌장과 1990년대 공산주의 몰락의 교훈
－북한은 핵무장 풀어야 기아, 탈북문제 해결할 수 있다　　160

북한은 개혁개방으로 갈 것인가
－김정일 위원장, 최후의 '통 큰 결단' 하라　　175

4장 미국의 북핵 정책과 이라크 전쟁

북핵 문제에 유럽이 미국을 지지하는 이유
-마주 달리는 열차를 멈출 해법은 없는가　**188**

김정일과 부시의 대타협 가능한가
- '20세기의 위대한 결단' 콜과 고르비가 본보기　**200**

이라크 전쟁으로 더욱 불투명해진 북핵 문제
-중남미 좌파 도미노로 신자유주의 퇴조하는가　**212**

카다피와 후세인의 엇갈린 운명
-카다피의 국제무대 복귀와 후세인의 최후　**223**

5장 북핵 문제 어떻게 풀 것인가

북한 핵무기 보유 선언의 충격
-신정책 전환이 요구되는 햇볕정책　**236**

김정일의 통 큰 정치만이 핵 위기 막는다
-북, 핵포기로 국제무대에 정상국가로 등장해야　**250**

리비아방식에서 북한 핵 문제의 해법을 찾는다
-카다피의 외침에 대한 김정일의 선택은?　**259**

한반도의 평화를 위해 무엇을 준비할 것인가
−6자회담에서 북핵 문제의 해법을 찾는다　　　**269**

북한 핵실험과 안보리 제재 그리고 6자회담
−대타협으로 북핵 문제 풀어야 한다　　　**273**

북한 핵 문제 연표　　　**284**

PART 1

한반도, 핵의 유혹

부시의 테러전쟁과 북한 핵 문제

김정일은 독재자인가, 개혁가인가?

국제 핵 기술 암시장 주도한 칸 박사의 정체

북 미사일에 대한 유엔 안보리 결의 1695호의 의미

실패한 무궁화꽃―한국의 핵 개발 프로그램

부시의 테러전쟁과 북한 핵 문제
-부시의 일방주의 정책으로 풀기는 역부족

인류가 기대했던 21세기 평화와 번영의 시대는 물거품이 되는 것 같다. 20세기의 마지막 10년인 1990년대는 냉전이 종식되면서 세계가 드디어 전쟁이 없는 평화시대를 맞았다고 인류 전체가 기뻐했다. 모두 발을 뻗고 잠잘 수 있었다. 자본주의와 공산주의의 대결인 동서진영 체제가 소련제국이 붕괴함으로써 종식되었기 때문이다. 세계가 미국을 중심으로 하는 자본주의의 일극체제로 재편성되면서 3차 세계대전의 위협에서 해방됐다는 평화의식이 확산되었다. 세계를 이념적으로 양분兩分했던 냉전시대의 상징인 베를린 장벽에서 유럽인들이 샴페인을 터뜨리며 춤추었던 신기한 풍경도 이제 옛말이 되었다. 세계는 20세기에 듣지도 보지도 못했던 새로운 전쟁위기에 빠져들고 있다. 북한의 핵무기 개발이 문제가 되고 있으며 오사마 빈 라덴이 이끄는 알 카에다의 테러가 세계화 현상을 보이기 때문이다.

20세기 냉전해체 후 국제사회의 딜레마, 테러전쟁 등장

북한 핵 문제와 테러전쟁은 분명히 국제사회의 새로운 딜레마로 등장했다. 미국의 부시 행정부는 테러와의 전쟁의 일환으로 이라크에 대대적인 공격을 가했다. 부시 대통령은 이라크에 대한 전쟁 결의안을 미국의 상·하원에서 통과시켰고, 유엔의 안전보장이사회 결의안 형식으로 국제사회의 승인도 받았다. 미국의 대 이라크전 목적은 알 카에다의 배후세력이며, 그래서 미국이 '악의 축'으로 지목한 이라크의 사담 후세인 정권을 붕괴시키고 새로운 정권을 수립함으로써 테러의 싹을 자르고 중동전쟁의 불씨를 제거한다는 것이었다. 그러나 후세인은 알 카에다와 직접적인 연계가 없었기 때문에 부시는 이라크의 핵무기 개발 의혹 제거를 전쟁의 명분으로 내세웠다. 냉전시대 미국의 동맹국이었던 프랑스와 독일뿐만 아니라 중국과 러시아가 전쟁을 반대했음은 물론이다. 부시의 무리한 이라크 전쟁 드라이브는 2001년 9월11일 뉴욕의 쌍둥이 빌딩 붕괴가 상징하는 이슬람 과격 테러단체의 공격에서 비롯된 '테러와의 전쟁'이 멈추지 않을 것임을 말해 준다.

9·11 테러 이후 미국이 아프가니스탄 전쟁으로 탈레반 정권을 전복시켰음에도 불구하고 오사마 빈 라덴을 체포하거나 죽이지 못한 분풀이를 이라크에 했다는 해석이 설득력을 얻었다. 국제여론은 부시의 대 이라크전이 테러의 악순환을 부를 뿐이며 오히려 국제사회가 공조해서 알 카에다 등 이슬람 과격 테러단체와 테러요원을 뿌리 뽑는 작전이 긴요하다는 편으로 기울었다. 프랑스와 독일에서 특히 이라크 전쟁 반대여론이 비등했고 심지어는 부시의 충실한 전쟁 지원국가인 영국 런던에서조차 반전시위가 벌어졌다. 그러나 2002년 10월12일 이슬람 과격단체는 테러전쟁이 끝나기를 바라는 국제여론에 찬물을 끼얹었다. 인도네시아의 세계적 휴양지 발리에 끔찍한 폭탄 테러를 가해 무고한 관광객

194명을 살해한 것이다. '발리의 비극'은 주로 호주와 영국인 등 서방에서 온 관광객들을 살해한 것으로, 한국여성 2명도 희생되었다.

세계화된 이슬람의 테러공포 시대 맞은 국제사회

미국의 일방주의와 힘의 논리에 의한 패권주의와는 아무런 관계가 없는 무고한 사람에 대한 이슬람 테러단체의 공격이라는 점에서 큰 충격을 주었다. 발리에 대한 테러공격은 이제 지구의 어느 곳도 테러로부터 안전한 지대가 없다는 사실을 분명히 한 것이다. 인류는 예상과는 달리 지금 전숲지구화된 테러공포 시대를 맞고 있는 셈이다. 미국과 영국의 정예군대가 아프가니스탄의 동굴을 모두 수색했음에도 탈레반 지도자 오마르와 알 카에다 지도자 오사마 빈 라덴의 행적조차 발견하지 못하면서 부시의 '테러와의 전쟁'은 사실상 성공하지 못한 것으로 평가된다. 미국의 막강한 군사력과 첨단무기를 동원한 '테러와의 전쟁'을 용하게 피해 버린 오마르와 빈 라덴 등 이슬람 테러단체들이 이제 조직을 재정비해 미국의 허虛를 찌르는 새로운 테러공격을 개시한 것이 확실하다. 알 카에다의 테러는 전선도 얼굴도 없는 일종의 신종新種전쟁으로 누구나 테러공격의 희생자가 된다는 점에서 세계를 공포로 몰아넣고 있다. 2002년 3월부터 알 카에다의 테러공격은 세계를 무대로 시작되었다. 파키스탄의 이슬라마바드에 있는 한 교회에 수류탄이 투척돼 미국인 2명을 포함한 서방사람 5명이 죽고 50여 명의 부상자를 낸 것이 테러공격의 신호탄이었다. 곧 이어 4월에는 튀니지의 제르바 섬에 있는 유대인교회에 자살 폭탄차량이 폭발해 14명의 독일관광객 등 외국관광객 19명이 희생되었다.

이슬람 테러단체의 공격은 초기에는 주로 서방 선진국들의 종교기관을 중심으로 이뤄졌다. 2002년 6월에는 파키스탄의 서방국가 외교·교육기관에 대한 테러가 연발했다. 파키스탄 조선소에 출근하던 프랑스인 기술자 전용버스에 시한폭탄이 터져 14명이 죽고 20여 명이 부상을 입었고, 카라치의 미국영사관에 자살 폭탄차량이 돌진해 14명의 파키스탄인이 죽는가 하면 7월에는 외국 어린이들이 다니는 기독교학교에 기관총이 난사되어 큰 인명피해를 냈다. 알 카에다의 테러공격은 일상화·세계화됐으며, 테러범 색출과 검색이 강화된 미국을 피해 미국의 입김이 약하거나 수사망이 잘 닿지 않는 지역을 겨냥해 계속 확대되었다. 특히 알 카에다의 연계조직이 있는 동남아의 이슬람국가 지역으로 무차별 테러가 급속히 번졌다. 인도네시아 발리의 테러는 바로 이러한 허점을 찌른 테러공격의 극치라고 하겠다. 발리는 미국이 주도한 '테러와의 전쟁'을 가장 먼저 지지하며 군사력을 지원한 호주의 관광객들이 많이 찾는 곳이다. 미국의 입김이 거의 닿지 않은 관광지 발리는 알 카에다의 유혈보복을 받은 것이다.

미국은 지속적으로 알 카에다의 테러공격이 있을 것이라고 경고해 왔다. '발리의 비극' 이후에도 테러는 멈추지 않고 도처에서 일어났고 이제 테러는 인류를 위협하는 최대의 적敵으로 등장했다. 테러는 무고한 시민을 무차별 살육한다는 점에서 '인류의 공적'이 되었다.

발리의 테러폭발과 동남아에 집중된 테러는 인도네시아의 이슬람 무장단체 제마 이슬라미아(JI)의 소행이라는 점에 이론이 없는 것 같다. 제마 이슬라미아는 인도네시아와 싱가포르, 말레이시아에 조직망을 갖고 동남아 일대에서 활동하는 이슬람 무장단체로 인구 2억 명 가운데 85%가 이슬람교도인 인도네시아를 중심으로 조직을 확대해 왔다. 아프간전쟁으로 궁지에 몰려 파키스탄으로 도피한 알 카에다가 조직을 이동시킨다는 정보가 유포될 만큼 인도네시아는 이슬람 무장단체의 활동지역으로 부상했다.

부시의 일방주의만으로 테러 종식은 역부족

발리의 테러는 포함되지 않았지만, 오사마 빈 라덴이 보낸 테러 격려 메시지가 보도되어 알 카에다의 테러 재개를 확인시켜 주었다. 아랍뉴스전문방송 알 자지라는 프랑스 유조선 폭발과 쿠웨이트 해병대 폭탄테러를 축하하는 성명을 발표했다고 보도했다. 미국의 아프가니스탄전쟁 1주년을 계기로 발표한 빈 라덴의 성명은 '우리는 예멘에서 십자군의 유조선에 대한 공격과 미국의 침략과 점령군에 맞선 쿠웨이트에서의 공격 등 전사들의 영웅적 행동에 대해 이슬람사회의 축하의 뜻을 전한다'고 말했다. 또 '중요 군사목표 쿠웨이트의 미 해병대와 중요 경제목표 유조선을 공격함으로써 모든 적과 동맹국들에 전사戰士가 건재하다는 강력한 메시지를 전했다'고 테러를 칭찬했다. 이 성명의 작성자가 빈 라덴이 틀림없다면 부시의 테러와의 전쟁은 성공하지 못한 것이며, 무고한 인명만 희생되는 결과를 낳은 것으로 평가할 수밖에 없다. 미국의 일방주의는 인류에게 값비싼 대가를 치르게 한 셈이 된다. 그리고 미국 강경보수파의 힘의 논리만으로 21세기의 딜레마 테러전쟁을 해결하기에는 역부족이 아닌가 하는 생각이 든다. 여기서 부시의 이라크 공격에 대한 반대논리인 평화주의가 더욱 힘을 얻은 것은 분명하다.

또 하나의 딜레마로 부상한 북한 핵무기 개발 문제는 테러전쟁과는 성격이 완전히 다르다. '냉전의 유물'이라고 말할 수 있는 공산주의—또는 북한식 세습적 전체주의라 말해도 무방하지만—체제와 깊이 연관된 문제가 북한 핵 문제다. 이것은 한반도평화를 위협하는 전쟁위기와도 직결된 문제이면서도, 핵무기 등 대량살상무기 확산이라는 국제문제도 된다. 국제사회가 해결하지 않으면 인류에게 재앙이 될 수도 있음에도 간단히 해결되기 어렵다는 점에서 심각한 딜레마다. 냉전체제 해체와 함께 종식된 공산주의 대 자본주의의 적대관계라는 이념문제는 유럽

대륙과 아프리카, 북미대륙에서 사실상 종식된 20세기의 문제였다. 핵
강대국인 소련조차도 스스로 핵무기를 폐기처분해 인류의 핵전쟁 공포
를 없애려 했으며 미·소간 군비경쟁도 막을 내린 지 오래다. 특히 구소
련의 막강한 핵무기와 미사일 등 대량살상무기는 소련이라는 공산주의
종주국을 살리는 데 아무런 소용이 없었다. 그래서 1990년대는 인류가
그 어느 때보다도 평화와 번영에 대한 기대가 컸던 것이다. 그러나 한반
도에는 냉전해체의 바람이 미치지 못해 오늘에 이르기까지 냉전이 기승
을 부리고 있다. 무엇보다도 북한이 동구나 아프리카의 사회주의 국가
들이 추진한 개혁개방을 수용하지 않았기 때문이다.

세계의 딜레마로 등장한 북한 핵 문제

북한의 핵무기 개발문제가 국제사회의 관심거리로 떠오른 것은 15년
전인 1992년 봄이었다. 이해 5월 오스트리아 수도 빈에 있는 국제원자
력기구(IAEA)에서 영변지역의 북한 핵시설이 핵무기 제조용으로 보인다
며 문제를 제기한 것이다. IAEA는 북한에 핵사찰을 요구했다. 북한이
IAEA의 요구를 전면적으로 거부하면서 북한 핵 문제가 국제문제로 비
화되었다. 북한은 핵사찰 거부 이유를 영변 핵시설이 군사목적이 아닌
순수한 에너지생산용이며 자체 원전을 건설하기 위한 독자기술개발이
라고 변명했다. 그리고 IAEA가 북한 핵시설을 사찰하겠다는 것은 주권
침해라고 비난했다. 당시 미국의 클린턴 대통령은 북한 핵 문제를 선진
7개국정상회담(G7)의 주 의제로 올려 협의했고 대화를 통한 평화적 해
결을 모색했다. 그래서 1992년 독일 뮌헨의 7개국정상회담의 정치선언
에서 '북한은 IAEA의 사찰을 수용해야 한다'는 조항을 처음으로 넣었
고, 이때부터 북한에 대한 국제사회의 핵사찰을 위한 압력은 가중되었
다. 북한은 1993년 3월 핵확산금지조약(NPT)에서 탈퇴한다는 폭탄선언

을 함으로써 국제사회의 압력에 대응했다. 이는 한반도의 전쟁위기를 고조시켰다. 사실 클린턴 행정부가 그때 영변의 핵시설을 포함한 북한 공격을 결정한 것은 사실로 드러났다. 북핵 문제는 1994년 10월21일 제네바합의에 미국대표 갈루치와 북한대표 강석주 외무성 제1부상이 서명함으로써 해결되었다. 국제사회는 북핵 문제가 완전히 해결된 것으로 보고 안도의 한숨을 쉬었다.

그러나 그 후 8년 만에 북한 핵무기 개발문제가 재등장했다. 2002년 10월 초순 미국특사 제임스 켈리 국무성차관보의 방북으로 열린 북·미 간 회담에서 강석주 외무성 제1부상이 핵무기 프로그램의 존재를 시인하면서 재연되었다. 강 제1부상은 핵무기제조를 비밀리에 실행함으로써 제네바합의가 파기되었다고 말했다는 것이다. 북·미간 제네바합의는 영변의 핵시설을 동결시키고 궁극적으로는 폐기함으로써 북한이 핵무기 개발을 하지 않는다는 세계에 대한 약속이었다. 대신 미국은 원폭제조의 원료인 플루토늄 생산위험이 적은 경수로 2기를 건설해 주고 경수로 건설 때까지 매년 50만 톤의 중유를 공급해 주기로 했다. 또 미국은 경제적 봉쇄를 풀어주면서 대사급 교환의 상호대표부를 설치하기로 합의까지 했던 것이다. 미국은 한반도에너지개발기구(KEDO)를 창설해 북한의 신포에 경수로 건설을 실행하면서 중유도 공급해 왔다. 그런데 제네바합의에 서명했던 강석주 바로 그 사람이 핵무기제조 프로그램이 있다고 이실직고以實直告를 했다는 것이다. 물론 켈리 미국특사의 증거제시 때문으로 알려졌지만, 강 제1부상의 시인은 북한이 핵무기를 만들지 않는다는 국제적 약속인 제네바합의를 위반했다는 자백으로 해석될 수 있었다. 이것은 사실상 제네바합의의 법적효력을 파기하면서 합의의 존재근거를 스스로 허물어 버린 것이나 다름이 없다.

북, 비밀프로그램 개발로 제네바합의 무효화

세계는 제네바합의에 의한 북한 핵무기 개발문제가 해결되었다고 안심했다가 뒤통수를 얻어맞은 격이 되었다. 북한은 그래서 국제사회로부터 얻은 신뢰를 완전히 잃게 되었다. 북한이 제네바합의 이전까지 핵무기 야망이 없고 평화목적이라고 외쳤던 모든 주장은 거짓말이 되어 버렸다. 제네바합의 자체가 북한이 핵무기 개발 야망이 없다는 증거라는 북한의 논리를 스스로 허물었기 때문이다. 북한 핵 문제는 엄청난 국제적 파문을 일으키며 21세기 국제사회의 제2의 딜레마로 등장했다. 여기서 왜 북한은 국제사회가 모르게 비밀리에 우라늄 235 농축에 의한 원자폭탄 제조프로그램을 진전시켰는가, 그리고 북핵 딜레마를 어떻게 풀 것인가? 라는 문제를 8년 만에 다시 제기했다. 앞의 의문은 어렵지 않게 풀린다. 북한은 개혁개방의 생각이 없고, 김정일의 전체주의체제 유지에만 집착하기 때문에 핵무기 개발을 포기할 수 없다고 해석하는 것이 합리적이다. 두 번째 질문에는 남아공이 해법을 제시했다. 남아공의 선례를 북한이 따른다면 문제는 해결될 것이다. 즉 스스로 핵무기개발 프로그램을 포기하고 그때까지 개발한 모든 핵시설과 플루토늄 등 핵의 원료를 폐기처분하고 IAEA와 유엔의 사찰을 받는 것이다. 그러나 북한이 남아공 방식을 수용할지는 의문이다. 바로 여기에 북한 핵 문제라는 '최악의 딜레마' 가 있다.

21세기의 세계는 이슬람 과격단체의 테러와 북한 핵 문제라는 두 개의 딜레마를 풀어 국제질서를 평화로 돌려놓아야 한다. 그런데 이를 위한 묘책이 당장 보이지 않는다는 점에 인류의 딜레마가 있다. 그러나 국제사회는 딜레마를 평화적으로 풀어야 하며 특히 부시 행정부는 '전쟁의 칼' 을 가급적 피해야 한다. 그렇지 않으면 인류는 1차 세계대전으로 시작한 20세기처럼 21세기에도 대재앙을 피하기 어렵다.

김정일은 독재자인가, 개혁가인가?
-DJ와 하벨 전대통령의 상반된 평가와 북핵 갈등

한국의 김대중 전대통령과 체코의 바츠라브 하벨 전대통령이 김정일 북한 국방위원장의 성격과 북한체제를 둘러싸고 국제언론지상에서 논쟁을 펼쳤다. 한국 언론에서는 이라크에서 김선일씨 피살사건 때문에 크게 다루지 않고 그냥 넘어갔으나, 내가 보기에는 대단히 중요한 논쟁이었다. 북한체제가 자급자족 경제를 표방한 '우리식대로' 주체사상 체제를 고수하는 한 앞으로 유럽 정치지도자와 한국 정치인 사이에 비슷한 논쟁이 벌어질 가능성을 배제할 수 없고, 특히 북한핵 문제가 국제사회의 중요 이슈로 부상한 이상 DJ—하벨 논쟁은 분명히 짚고 넘어갈 필요가 있다. 미국 워싱턴포스트에 기고한 칼럼에서 하벨은 한국의 햇볕정책을 맹렬히 비난하며 북한 강제노동수용소를 나치독일의 아우슈비츠 수용소, 구소련 스탈린시대와 캄보디아의 살인폭군 폴 포트의 대학살에 비유하면서 김정일을 '세계 최악의 전체주의적 독재자'라고 비판했다. 하벨의 북한체제에 대한 인식은 유럽 선진민주주의 시민의 공통적인 보편적 가치를 담은 것으로, 냉전시대 서구의 공산권에 대한 일반적 시각과 동일한 것이다.

김정일에 대한 엇갈리는 평가

DJ는 영국의 파이낸셜타임스(FT)와 기자회견을 하고 하벨과 전혀 다른 대북인식을 보였다. DJ는 북한을 '중국의 덩샤오핑 체제의 초기시대와 비슷한 면을 보여 준다'고 밝히고 김정일을 '총명하고 솔직한 사람'으로 '북한을 냉전시대에서 벗어나게 하려는 끈질긴 개혁가'라고 높이 평가했다. DJ의 김정일 평가는 중국 개혁개방의 선구자로 오늘날 중국의 시장사회주의라는 특유의 성공모델을 창출한 덩샤오핑의 위상을 들먹이면서 김정일의 위상을 업그레이드시킨 점이 큰 주목을 받고 있다. 그는 노무현 대통령과 같이 서울에서 개최된 6·15선언 4주년기념 국제토론회에 참석해 북한측 수석대표격인 아태평화위원회 부위원장 이종혁의 미국 비난연설을 들은 다음 연설에서 김정일의 서울답방을 요구했다. 박 부위원장은 김정일 답방에 관해 '약속위반을 한 건 남쪽이요, 미국이 저항(훼방)을 놓은 것'이라고 오히려 남을 비난했다. 그럼에도 DJ의 김정일 극찬은 전혀 뜻밖의 사건이었다.

하벨의 '전체주의 독재자'와 DJ의 (공산주의를 극복하려는) '개혁가'라는 김정일에 대한 평가의 간격은 하늘과 땅처럼 너무나 크다. 하벨은 김정일을 '국제사회에서 제거돼야 할 히틀러나 폴 포트와 같은 전체주의 독재자'라고 확실히 낙인을 찍었다. 이에 반해 DJ는 냉전시대를 종식시키려고 총력을 기울이는 개혁정치가라고 추켜세우고 있어 인식차가 좁혀질 수 없을 만큼 넓고 크다. 두 전직대통령의 북한체제 평가에서 어느 쪽이 옳다거나 틀렸다고 평하기에는 아직은 무리가 많다. 6·15선언 4주년 행사가 끝난 6월18일 워싱턴포스트에 하벨의 글이 발표되었고, 19일자 FT에 DJ의 회견내용이 보도되었다. 논쟁의 관점이 상호 대립되는 국제언론의 보도다.

먼저 두 정치리더의 대북관점을 자세하게 소개할 필요성을 느낀다. 하벨은 칼럼 서두에서 먼저 나치의 아우슈비츠수용소, 스탈린의 수용소군도, 폴 포트의 대학살극인 '킬링필드'가 외부세계에 알려진 사실을 상기시키고 '수천 명의 탈북자들 (증언)과 인공위성사진 등으로 강제노동수용소를 비롯한 북한 독재체제의 범죄적 성격과 탄압의 실태가 드러났다'라고 밝혔다. 그리고 '한반도의 북쪽에는 수백만 명의 인명을 희생시킨 세계 최악의 전체주의 독재자가 있다'고 지적했다.

'살아있는 세계의 양심'으로 존경받는 하벨의 북한체제와 김정일에 대한 비판은 1989년 11월 베를린 장벽 붕괴 직후 40년 동안 지배해온 체코의 공산독재체제 마지막 정권인 야체크 정부를 타도하고 민주주의를 부활시킨 정치지도자의 자연스러운 정치체제 인식으로 평가된다. 그러나 그는 북한에 대한 한국정부의 햇볕정책을 맹렬히 비난함으로써 유럽의 대한민국 인식이 과연 옳은 것인가? 라는 의문을 던져 주었다. 그의 논지를 더 추적해 보자. '한국의 대북 햇볕정책은 아무리 취지가 좋다고 해도 끊임없는 양보와 설득에 기반을 두는 것이다. 한국이 햇볕정책에 수억 달러를 썼으나 (북한의) 무고한 생명을 구하는 데는 도움이 되지 않았으며, 결과적으로 김정일정권의 유지와 연장만 돕는 것'이라고 지적했다.

하벨의 절규, '인권문제 압력으로 김정일이 알아듣게 하라'

하벨은 '북한에 대해 행동해야 할 때'라는 제목의 칼럼에서 '김정일체제의 비인도적 인권탄압 실태'를 고발하면서 북한의 정치범수용소 실태와 중국에서 방황하는 탈북자 실상을 낱낱이 폭로하고 '이제 북한의 인권문제가 국제사회의 중요 어젠다가 되어야 한다'고 주장했다. 특히 하벨은 유럽연합(EU)과 미국 그리고 일본 한국 등 민주주의 나라들이 '이제 전체주의적 독재자 김정일에게 양보가 없다는 점을 분명히 하는 공동전선을 펴야 한다'고 주장하며 북한의 인권개선을 위해 공동으로 노력할 것을 제안했다.

하벨은 김정일이 '핵과 미사일 등으로 세계를 협박해 받아낸 식량을 군대 등 자신의 충성세력에 나누어줄 뿐 북한 주민들은 굶어죽어도 상관하지 않는 정책을 펴 충성이 의심되는 사람들을 제거하는 기아정책을 쓰고 있다'고 신랄히 비난했다. 그는 100만 명의 군대와 핵무기, 장거리 미사일을 자기와 비슷한 지도자들에게 판매함으로써 세계를 협박하고 있다고 경고했다. 중국은 탈북자를 난민으로 인정하지 않고 유엔난민고등판무관실(UNHCR)이 이들과 접촉하는 것조차 막고 있을 뿐만 아니라 국경지대 삼림지역에서 탈북자들을 수색해 북한으로 되돌려 보내고 있다고 비판했다.

특히 하벨은 '북한의 인권실태가 심각한 상황인데도 북한정권을 규탄한 것이 2번뿐이었다'고 유엔인권위원회를 비판하고, 유엔 등 국제기구가 나서서 중국의 탈북자 북한송환을 막아야 한다고 제의했다. 그는 '북한의 인권을 개선하기 위해 결단과 인내, 힘에 근거한 협상이 필요하다. 각국이 대북지원 등 북한과의 모든 협상 때 인권문제를 중점적으로 제시하는 것이 김정일과 같은 부류가 알아듣는 유일한 길'이라고 강조했다.

반면 DJ는 '미국이 보다 적극적인 자세를 취하기 바란다'고 말해 미국의 부시 대통령이 김정일과 적극적으로 대화할 것을 FT와의 회견에서 제의했다. FT는 'DJ가 부시를 직접 비판하지는 않았으나 미국의 대북정책을 찬성하지 않았음을 분명히 했다' 고 보도했다. DJ는 '구소련과 동구권에 제재를 가했지만 살아남았다. 그러나 미국이 경제적 문화적 교류를 하자 붕괴되었다' 고 말하고 북한과 미국이 '동시에 행동해야 한다' 고 주장했다. FT는 부시가 '독재자를 대단히 싫어한다' 며 김정일에 대해 부정적 태도를 보였지만 DJ는 '총명하고 솔직한 사람으로 한국과 세계경제를 잘 파악하고 있는 사람' 으로 인식하고 있다고 보도했다. 특히 이 신문은 DJ가 김정일을 '북한을 냉전시대에서 벗어나게 하려는 끈질긴 개혁가' 라고 말한 것으로 보도했으며, 북한의 변화증거를 이렇게 설명했다는 것이다.

김정일과 박정희에 대한 DJ의 평가

'북한의 통제경제가 지난 2년간 개혁되어 왔다. 김정일 체제하의 북한은 중국 덩샤오핑 체제의 초기시대와 유사한 면을 보여주고 있다. 덩샤오핑은 개혁을 추진하는 반면에 체제가 흔들릴 수 있고 중국정부 내 보수파들의 반대에 직면할 수 있다는 점을 우려했었다' 고. 그러나 DJ는 '북한에 대한 호의적 태도가 공산주의에 대한 연민으로 잘못 해석돼서는 안 된다' 고 경계하면서도, 북한에 대해 미화 1억 달러를 지원한 것을 후회하지 않는다고 고백했다.

그는 북한에 1억 달러를 비밀리에 지원한 사실에 대해 '대통령으로서 승인했으며 후회하지 않는다' 고 밝혔다. 그는 '남북정상회담으로 남북관계를 전진시켰으며 군사적 충돌위험을 감소시켰다. 정상회담이 지속적으로 평화를 가져온다면 1억 달러는 작은 대가' 라고 주장했다. 특히 DJ는 전문가들의 의견을 열거하면서 '한국은 (개성의) 산업공단으로 얻는 이득이 1천억 달러에 달할 것' 이라고 설명해 북한에 대한 현금지원을 합리화했다.

DJ는 김정일에 대한 호평과는 달리 박정희 전대통령에게는 혹평을 가해 대조를 이루었다. 박정희시대는 압축성장을 시도해 크게 성공함으로써 '한강의 기적' 이라는 국제사회의 호평을 받은 사실을 아무도 부인하기 어렵다. 비록 쿠데타로 집권해 장기집권을 기도한 과오가 있으나 국민 1인당 소득 70달러를 끌어올려 한국을 중진국으로 부상케 했고 기아시대에 종지부를 찍은 결과를 다수 국민이 인정하는 것을 부인할 수도 없다. 그럼에도 DJ의 박정희 평가는 너무나 인색하다. '박정희의 권위주의 정부가 경제성장을 가져오기는 했으나 그것은 혹독한 대가를 치른 불균형한 성장이었다. 건전하고 장기적인 성장을 위해서는 민주주의와 복지, 그리고 인권존중이 필요하다' 는 것이다.

한국 국민들 다수가 박정희를 '가난을 극복한 정치지도자' 로 평가하며 여론조사에서 언제나 1등을 하는 박정희를 김정일보다 못한 사람으로 폄훼하는 것은 이해할 수 없는 일이다. 민주주의와 인권의 잣대를 박정희에게만 들이대고 김정일에게는 면책함으로써 오히려 김정일을 개혁가의 반열에 올리는 것은 형평성을 잃은 평가다.

하벨과 유럽언론이 '최악의 전체주의적 독재자' 라며 비난하는 김정일을 옹호하는 DJ의 모습을 납득하는 국민이 얼마나 될까? DJ는 마지막으로 '나도 많은 후회와 잘못을 했지만, 과거를 돌이켜보면 항상 최선을 다했다' 라고 말하고 '역사는 공정한 판단을 내려 줄 것' 이라고 기대감을 표시했으나, 그가 그토록 강조한 복지와 인권을 왜 향상시키지 못했는지 라는 물음에는 설명이 없었다.

그럼에도 불구하고 김정일이 웃는 이유

그래서인지 미국의 시사주간지 타임 아시아판은 '야릇하게 웃고 있는 김정일' 을 표지인물로 대서특필했다. 타임은 '이 사람이 왜 웃고 있을까?(Why is this man smiling?)라는 제목으로 북한 인민군 원수 군복차림의 김정일이 웃고 있는 모습을 표지에 게재한 것이다. 타임에 따르면 지난 반세기 동안 계속된 한반도의 냉전적 상황이 급속히 변화기류를 타고 있으며, 어느 때보다도 김정일의 입지가 강화된 것으로 보인다는 것이다. 타임의 보도내용을 간추리면 대체로 다음과 같다.

좌파 민족주의 (노무현) 대통령과 (열린우리당) 집권당이 북한을 동반자로 보고 있으며, 미군감축과 미군기지 이전문제로 한·미동맹은 건강해 보이지 않는다. 6·25전쟁을 기억하지 못하는 젊은 세대를 중심으로 북한보다 미국에 대해 부정적인 자세를 보이는 새로운 상황이 나타나고 있다. 노무현세대의 사람들은 전쟁을 경험하지 못했고, 가난한 삶의 고통도 겪지 못한 집단으로 규정하고 있다.

김정일은 북한이 붕괴하면 한국이 막대한 통일비용을 두려워하기 때문에 남한이 냉전에서 화해로 대북정책을 선회하고 있다는 사실을 잘 알고 있다. 이러한 한국의 변화는 김정일의 공산주의 체제 고수固守라는 입장과 맞아떨어졌으며, 이것이 한·미관계에 새로운 걸림돌로 등장하는 것 같다. 미국은 휴전선의 인계철선에서 제2사단 병력을 빼내고 있으며 북핵 문제에서도 견해를 달리한다고 지적했다. 반기문 외교통상부 장관은 북한이 핵을 보유하고 있는지 확실하지 않다고 밝혔다면서 북한의 핵보유를 기정사실화하는 미국의 견해와 다르다고 보도했다. 김정일은 공산체제 유지가 기본목적으로, 6자회담을 유리하게 돌파하는 것은 어렵지 않을 것이다. 중국의 역할은 북한을 달래서 6자회담에 참석하도록 하는 것이며, 일본은 자국국민의 북한 납치문제에만 관심이 있고, 한국은 '장갑 벗기를 주저하고' 있으며, 러시아는 방관자일 뿐이라는 것이다.

타임은 이 때문에 '김정일의 입장은 난공불락難攻不落'이라고 진단했다. 김정일이 웃고 있는 이유가 여기에 있다고 지적한 타임은 이렇게 부연 설명했다. '김정일의 생존기술은 이러한 기회를 백분 이용하고 무기를 많이 보유함으로써 체제안보를 다지며, 지역국가들의 태도변화를 활용함으로써 김정일은 적들이 계속 균형을 잡지 못하도록 하는 것 이상의 수고를 할 필요가 없다' 라고. 타임은 북한을 선전하는 포스터에서 김정일이 항상 웃고 있는 이유를 이제는 알았을 것이라며, 미국의 대북강경파 니컬러스 에버스타트 기업연구소 상임연구원의 기고문을 게재해 주목을 끌었다.

한국의 대북정책, '2차대전 뮌헨회담의 달라디에와 같다'

에버스타트는 베이징의 6자회담을 2차 세계대전 직전 영국의 체임벌린과 프랑스의 달라디에 총리가 히틀러의 야망을 간과하고 평화를 구걸한 이른바 '회의외교' 에 비유하면서 별 효과를 거두지 못할 것으로 전망했다. 특히 그는 한국정부의 대북정책이 당시 프랑스 달라디에의 나치 독일에 대한 유화정책과 비슷하다고 평가했다. 이 평가가 정당한지는 지금 규명할 시간이 없다. 다만 달라디에는 히틀러의 거짓말을 체임벌린과 같이 믿고 평화를 가져왔다고 영국과 프랑스 국민에게 큰소리쳤다. 그러나 히틀러는 몇 달 후 폴란드와 프랑스를 전격적으로 침공함으로써 2차 세계대전을 유발했고, 특히 얼마 후 프랑스를 전격전으로 침공해 점령했다.

북한 김정일을 둘러싼 국제사회의 이러한 논란은 우리가 결코 간과할 수 없는 일임에도 불구하고 적극적 보도와 논평 없이 넘어가 안타깝다. DJ는 대북화해라는 한국내 이른바 진보세력의 여론흐름을 대변하는 것 같으며, 하벨의 김정일과 북한체제 비판은 민주주의가 정착된 유럽여론의 흐름을 대변하는 것이 확실하다. 왜 이러한 인식차이가 극명하게 드러났으며 타임의 보도대로 왜 김정일이 웃게 만들고 있는가?

이것은 한국 국민이 직접 풀지 않으면 안 되는 수수께끼요, 숙제이기도 하다. 필자의 대답은 간단하다. 공산주의 체제와의 투쟁에서 승리한 유럽 민주주의 지도자의 공산주의관과 6·25전쟁을 경험했음에도 아직 공산주의 체제와 맞서 있는 한반도 정치인의 자기합리화 논리의 차이점일 뿐이다. 유럽에서 공산주의 체제가 멸망한 지 벌써 18년이 지났다. 1989년 베를린 장벽이 붕괴되면서 동구 공산권이 망했고 종주국인 구소련도 1991년 12월24일 멸망했다.

유럽은 이제 대서양부터 캄차카반도까지 민주주의와 시장경제체제를 구축하는 데 성공했다. 러시아를 제외한 유럽 25개국이 유럽연합(EU)에 가입했고, 냉전시대 공산주의와 대항하기 위한 군사동맹인 북대서양동맹(나토)도 동서유럽에 통합되었다. (러시아만 제외되었다) 이제 유럽은 명실상부하게 냉전만 종식시킨 것이 아니라 거대한 유럽을 한 지붕 아래 통합하는 데 성공한 것이다. 냉전에서 평화, 그리고 대통합시대라는 상전벽해桑田碧海를 만드는 데 성공한 것이다. 이제 냉전시대 공산주의의 그림자를 러시아에서도 찾기 어려운 새로운 21세기를 유럽은 건설하고 있는 것이다. EU헌법을 채택하기 위한 국민투표를 실시해 거대한 '유럽합중국'을 출범시키고 있다.

한반도는 20세기 베를린 장벽 붕괴 이전 동서 이념분단시대의 유럽의 모습에서 한 치도 벗어나지 못한 냉전시대의 늪에 매몰되어 있는 것이 아닌가. 1990년 초 유럽이 공산주의 종식이라는 대변동의 폭풍에 휘말려 있을 때 적지 않은 한국 지식인들이 독일통일과 냉전종식을 꿈같은 이야기라며 믿지 않았다. 그때 나는 베를린에서 체코슬로바키아, 폴란드, 불가리아, 루마니아, 러시아 등지를 현장취재하면서 시장경제와 민주주의를 기초로 하는 '새로운 유럽'이 탄생할 것을 전망하는 글을 많

이 썼다. 나의 보도를 보고 나에게 "거짓말을 왜 쓰느냐"고 항의하는 한
국 지식인들과 대학교수도 있었다. 그때 유럽의 변동을 거꾸로 본 일부
한국 지식인들이 자기 합리화를 위해 김정일을 개혁가로 포장해 주려는
것은 아닐까.

6자회담을 북핵 해결을 위한 국제기구로

베를린 장벽 붕괴 후 18년이 지나가고 세기도 바뀌어 21세기가 되었
다. 북한체제는 여전히 변화의 징조를 보이지 않고 있다. 핵무기 제조
의혹이 좋은 증거다. 그래서 DJ가 김정일을 '냉전에서 벗어나려고 노력
하는 개혁가'라고 호평한 것은 전직 대통령으로서 무책임한 발언이라는
사실을 지적하지 않을 수 없다. 하벨이 비난했듯 북핵 문제만큼 김정일
의 위험한 장난이 없는 것이며, 이것은 북한이 공언하듯 체제유지를 위
한 수단이다. 다시 말해 북한은 체제변화를 생각하지 않으며, 따라서
김정일은 개혁가가 될 수 없는 것이다. 특히 북핵 문제가 표면화된 것은
1992년 봄부터이며 이해 통일된 독일의 뮌헨에서 열린 선진7개국정상
회담에서 처음으로 정치선언에 북핵 문제의 위험성에 대한 경고와 북한
이 국제원자력기구(IAEA)의 사찰을 받아야 한다는 요구가 담겼다.
IAEA이사회에 출석한 북한대표는 영변의 핵시설은 민간 에너지공급용
으로 핵무기와는 전혀 관계가 없으며 '우리는 핵무기를 생산할 능력도
기술도 의지도 없다'고 선언했었다.

그 후 북핵 문제는 G8정상회담(구 G7+러시아를 일컫는다)의 의제로 토
의되고 정치선언의 중요항목에 포함되는 등 국제사회의 우선과제가 되
었다. 미국 조지아주 아일랜드에서 열린 G8정상회담은 공동성명에서
핵무기 등 대량살상무기의 '비확산 행동계획'을 발표했다. 여기서 북한
의 핵무기개발 추구가 국제사회의 의무를 위반했다고 규정하고 북한 핵

의 해체원칙이 북핵 문제 해결을 위한 기본단계라고 천명했다.

G8정상들은 북한의 플루토늄과 고농축우라늄(HEU) 핵무기개발, 미사일 확산에 심각한 우려를 표명하고 모든 핵관련 프로그램을 완전하고 검증가능하며 소급해 되돌릴 수 없는 방식으로 해체(CVID)할 것을 촉구했다. 이 성명에서 G8정상들은 북핵 문제 해결을 위한 틀로 6자회담을 지지함으로써 6자회담이 북핵 문제를 푸는 국제기구로 격상되었다. 미국이 주도한 성명에 영국과 러시아가 강력히 지지했고 프랑스와 독일이 동의한 점에서 북핵 문제를 반드시 해결해야 한다는 점에 합의한 것이다. 그러나 G8정상회담에 끼지 못한 중국은 북한을 대변하는 발언을 즉각 함으로써 6자회담 주최국인 중국의 입장이 G8과 거리가 있는 것이 아니냐는 의문을 제기했다.

국제사회의 김정일에 대한 평가

1989년 11월9일 베를린 장벽 붕괴는 얄타체제의 총체적 해체를 의미했다. 2차 세계대전 말기 흑해연안의 얄타에서 미국의 루스벨트, 영국 처칠, 소련의 스탈린이 맺은 협정은 세계를 동서진영으로 이념에 따라 분할 지배한다는 것으로, 약속은 냉전시대 40년간 지속되었다. 이 때문에 독일과 한반도는 분단되었다. 독일은 동독의 공산정권이 시민의 봉기에 의해 전복됨으로써 통일을 성취했고, 동서유럽도 동구 공산정권과 소련이 멸망해 서유럽의 시장경제와 민주주의 체제에 합류했다. 얄타체제는 이렇게 허물어지고 유럽은 민주주의와 시장경제의 깃발 밑에 통합되었다.

그러나 북한은 구소련과 동구가 선택한 평화의 길을 거부하고 오히려 공산체제 유지를 위해 핵무기를 개발함으로써 오늘도 냉전시대와 얄타체제의 족쇄를 차고 혼란을 거듭하고 있다. 북한 핵 문제도 북한이 덩샤오핑의 개혁개방 정책을 거부하고 스탈린적 공산체제를 유지하는 수단으로 계속 개발함으로써 십수 년 간 원점에서 맴돌며 풀릴 기미가 거의 보이지 않고 있다. 하벨과 DJ의 김정일에 대한 평가에서 누가 설득력이 더 강한지는 금방 드러난다. 하벨은 민주주의의 입장에서 김정일을 보지만, DJ는 한반도 분단시대의 시각으로 보는 것이다.

국제사회의 보편적 진리를 근거로 북한 인권문제를 비판하고 김정일을 '전체주의적 독재자' 로 비난한 하벨의 논지가 국제사회의 광범위한 공감대를 형성하는 것은 21세기의 시대정신을 담고 있기 때문이다. 반면 DJ의 '김정일이 개혁가' 라는 주장은 중국에서 방황하며 숨어사는 수많은 탈북자의 존재, 기아문제를 해결하지 못해 국제사회에 구걸외교를 펴는가 하면 아사자가 속출한다는 유엔식량기구(FAO)의 발표, 그리고 북한이 시장경제에 대한 과감한 개방을 하지 못할 뿐만 아니라 민주주의 도입에 대한 전망이 전혀 보이지 않는다는 사실에서 국제사회의 동의를 얻기 어렵다. 특히 핵 문제로 국제사회를 위협하고 있는 현실에서는 더 그렇다. 김정일이 정말 개혁가라면 오늘의 북한이 중국 수준으로 자본주의적인 발전을 했어야 하고 핵무기 문제로 국제사회를 괴롭히는 두통거리로 등장하지는 않았을 것이기 때문이다.

국제 핵 기술 암시장 주도한 칸 박사의 정체
−파키스탄, 고농축우라늄(HEU)과 북한 미사일 맞교환했나

파키스탄의 '핵폭탄 개발의 아버지' 압둘 카디르 칸 박사가 북한, 이란, 리비아 등에 핵폭탄 기술을 유출했다고 고백을 했다. 국제사회는 21세기 독재국가들의 핵무기 야망을 충족시키는 핵무기 암시장의 주인공을 비로소 알게 되었다. 칸 박사의 고백은 북한의 고농축우라늄(HEU) 핵개발프로그램 의혹과 직접 연관된 것으로 보여 한반도 긴장에 영향을 미쳤다. 뉴욕타임스는 칸 박사가 '지난 1990년대 10여 차례 북한을 방문해 핵무기연료를 만드는 원심분리기 구축을 도왔다'고 폭로했다. 부시 미대통령도 이 사실을 확인하면서 북한의 HEU 개발을 비난하고 이를 기정사실화했지만, 북한은 이를 부인했다. 그러나 북한을 믿어주는 나라는 거의 없다. 북한은 국제원자력기구가 동결한 영변 핵시설에 대한 감시시설을 제거하고 IAEA 사찰요원 2명을 추방함으로써 1994년 10월 체결한 제네바합의를 파기했기 때문이다.

누가 북한에 핵 기술을 팔았는가

평양은 핵무기를 개발하지 않을 것이라고 국제사회에 약속한 다음 제네바합의에 강석주 외무성 제1부상이 서명함으로써 한반도에서 북한 핵문제가 해소된 것으로 평가되었다. 국제사회가 해마다 중유 50만 톤과 경수로 핵발전소 2기를 공급한 것은 평양의 약속을 믿었기 때문이다. 그런데 평양은 다른 한편으로 칸 박사의 HEU 기술을 도입해 고농축방식 핵무기개발을 계속해 왔음이 사실상 드러난 것이다. 제네바합의에서 북한은 폐연료봉 8,000여 개의 재처리를 하지 않는다고 약속하고 동결했다. 그런데 북한은 2003년 영변의 IAEA 사찰기구를 해체하고 사찰요원을 추방한 후 폐연료봉을 모두 재처리해 플루토늄을 추출했다고 스스로 밝혔다. 이것은 북한이 현실적으로 핵무기를 보유한다고 고백한 것이나 다름없다.

그러면 북한이 왜 칸 박사로부터 HEU방식 핵무기제조 플랜을 비밀리에 수입해 추진했는가. 아마도 북한에 양질의 우라늄탄광에서 우라늄을 대량생산하고 있어 강한 유혹을 받은 것으로 관측된다. 제네바합의로 플루토늄 생산이 불가능하게 되고 폐연료봉의 재처리가 차단됨으로써 칸 박사의 방식이 필요했을 것이다. 파키스탄이 HEU를 북한의 미사일과 맞교환한다는 유리한 조건도 작용했을 것이다.

워싱턴포스트는 ‘칸 박사가 북한에 고농축우라늄 기술과 장비를 지원했음을 인정했다’고 강조하면서 ‘무샤라프 파키스탄 대통령과 국가 고위관계자들이 북한에 대한 칸의 핵기술 지원을 모두 자세히 알고 있었다’고 보도했다. 다시 말하면 칸 박사의 북한에 대한 핵기술 공급은 개인행동이 아니라 파키스탄 정부의 묵인 아래 이루어졌다는 해석이 가능하다. 칸 박사는 1990년대 초 육군참모총장을 지낸 아슬람 베그 장군이 이란에 대한 자신의 핵개발 지원을 알고 있었으며, 무샤라프와 다른 두

육군참모총장도 북한에 대한 핵기술 공급노력을 알고 승인했다고 진술한 것으로 워싱턴포스트가 보도했다.

북한이 파키스탄 핵과학자들의 기술지원을 받았다는 사실은 칸 박사에 대한 파키스탄 수사당국의 심문에서 구체적으로 드러났다. 무샤라프 대통령과 파키스탄 정부당국자들은 칸과 일부 핵 과학자들이 개인적 치부致富 욕심으로 북한에 핵폭탄기밀을 팔아넘겼다고 주장했다. 그러나 칸 박사와 그의 핵개발 팀은 파키스탄 정부 묵인 아래 북한에 핵무기 제조기술을 넘기는 일을 했다고 정부성명을 반박했다.

핵과 미사일 기술을 맞바꾸다

파키스탄의 퇴역장성들은 '북한의 탄도미사일 프로그램과 파키스탄의 고농축우라늄 방식 핵폭탄 제조기술의 교환이 당시 육군참모총장 압둘 와히드 장군의 요청으로 베나지르 부토 전총리가 북한을 방북했던 1994년 12월에 이루어졌다' 고 폭로했다. 그리고 장성들은 '부토의 방북 몇 달 후 칸 박사가 파키스탄 대표단을 이끌고 평양을 방문했으며, 무샤라프 대통령은 당시 와히드 육군참모총장 밑에서 군사작전을 담당했다' 고 설명했다. '그 후 와히드 총장의 후임인 카라마트 육군참모총장이 1997년 12월 북한을 방문했으며 파키스탄은 1998년 4월 미사일 가우리의 시험발사에 성공했다' 고 군장성들이 밝혔다.

2001년 미국의 첩보위성들은 미국이 공급한 파키스탄의 C—130 수송기가 북한제 미사일을 평양공항에서 적재하고 있는 장면을 촬영하는 데 성공했다. 북한제 스커드미사일이 파키스탄의 핵무기 기술제공의 대가로 교환되고 있는 증거가 잡힌 것이다. 무샤라프 대통령이 직접 심문한 자리에서 칸 박사는 "내가 북한과 이란의 비밀 핵무기 계획의 '지원자' 이다"라고 자백한 것으로 워싱턴타임스가 보도했다. 파키스탄의 칸 박사와 핵 개발팀을 담당한 수사관은 칸의 진술을 토대로 파키스탄이 평양에 우라늄농축 기술과 원심분리기를 공급하는 대가로 노동미사일 제조기술을 받았다는 결론을 내리고, 칸 박사를 자택연금 조치하고 총리의 과학 자문역에서 해임했다.

북한과 파키스탄 사이에 있었던 핵기술과 미사일기술의 맞교환을 육군참모총장에게 자세히 보고했다는 칸 박사의 자백을 고려하면, 파키스탄과 북한의 비밀거래가 단순히 칸 개인차원이 아닌 국가차원의 사업으로 보는 것이 합리적이다. 그리고 북한은 제네바합의에 서명한 직후인 1994년 12월부터 핵무기개발을 하지 않는다는 국제사회와의 약속을 파기하고 파키스탄과 비밀 핵기술거래를 하고 있었다는 사실이 증명된 것으로 평가해도 무방하다.

그래서 무샤라프 대통령은 칸 박사의 사면요청을 수용한 것으로 보인다. 그는 파키스탄 수사당국이 칸 박사에 대한 일차 수사를 매듭짓자 기자회견을 열고 특별사면 이유를 이렇게 설명했다. "핵무기제조의 국가적 영웅인 칸 박사가 돈을 마련하기 위해 개인적 실수를 저지른 것은 불행한 일이지만, 그의 사면요청을 받아들인다." 그러나 칸 박사에 대한 자택연금은 해제하지 않았다. 무샤라프는 IAEA가 파키스탄 정부에 대한 핵사찰 주장에 대해서는 "쓸데없는 일"이라며 일축했다. 파키스탄의 핵폭탄 기술유출이 사실로 밝혀지면서 국제사회의 비난과 우려는 확산되었다.

파키스탄은 국제핵무기 암시장의 중심

IAEA사무총장 엘바라데이는 "파키스탄은 최소 5개 기업들이나 국가들로 구성된 국제 핵무기기술 암시장의 중심이다. 북한에 핵기술을 유출한 것도 칸 박사의 개인문제가 아니라 파키스탄 국가의 문제다"라고 경고했다. 영국의 국제전략연구소도 "칸 박사 파문은 세계 역사상 최악의 핵 확산 사례"라고 격렬히 비난했다. 그러나 미 국무성 리처드 바우처 대변인은 칸의 사면조치를 '파키스탄의 내정문제'로 규정해 불간섭을 선언하고 "파키스탄 정부의 노력으로 국제 핵 기술 암시장은 붕괴되었다"라고 해명했다.

그러나 핵무기 제조기술의 국제 암시장이 붕괴되었는지는 아직 속단할 수 없는 일이다. 이 때문에 국제사회는 칸의 사면에 대한 미국의 미온적 태도를 비판하고 있다. 미국이 테러와의 전쟁에서 이슬람국가의 대통령임에도 부시 행정부의 요구를 거의 모두 수용하고 친미적 태도를 견지해 온 무샤라프를 곤혹스럽게 만들지 않으려는 배려라고 해석된다. 또한 무샤라프가 국제 핵무기 암시장에서 미국이 요구하는 정보를 수집해준 데 대한 대가라는 추측도 있다.

존 테닛 미 CIA국장은 "미국과 영국의 스파이들은 지난 수년 동안 국제 핵무기 제조기술 암시장에 깊이 잠입해 관련정보를 거의 모두 파악해왔다"고 말했다. 무샤라프의 묵인이 없다면 미·영의 스파이들이 암시장에 잠입해 벌이는 정보수집이 불가능하다는 암시다. 미국의 AP통신은 파키스탄 정부의 칸 박사에 대한 특별사면조치에 관해 '핵 기술을 유출한 다른 과학자에 대한 추가정보를 얻기 위한 궁여지책'이라고 논평하기도 했다.

무샤라프 대통령이 칸 박사와 핵무기 제조기술 암시장에 대한 심각한 문제를 깨달은 것은 2001년 9·11사태 직후인 것으로 알려졌다. 그는 이해 3월 칸 박사를 파키스탄 핵계획 책임자의 직위에서 해제했다. 그러나 무샤라프는 칸이 계속 파키스탄의 핵무기 제조를 위한 활동을 하도록 방치했다. 그는 칸에게 대통령 핵 문제 고문직을 계속 유지시켰던 것이다. 부시 행정부가 테러전쟁의 일환으로 아프가니스탄을 공격했을 때

가장 우려했던 것은 오사마 빈 라덴과 알 카에다가 핵무기를 손에 넣으면 어쩌나 하는 문제였다.

아프간의 지도자이며 빈 라덴을 끝까지 보호했던 오마르가 "곧 미국에 형언할 수 없을 만큼 무시무시한 타격을 가할 것"이라고 경고했던 것은 이슬람 테러세력이 핵무기를 갖고 있는 것은 아닌지 의심하게 만들었다. 실제 당시 파키스탄 핵 과학자들이 재래식 폭약과 방사능 물질을 혼합해 제조한 '더러운 폭탄' 보유설과 전혀 무관하지 않는 것으로 추정된다. 탈레반 지도자였던 오마르와 빈 라덴은 미국의 아프간 침공으로 탈레반정권이 붕괴되었음에도 아직 체포되지 않고 미국을 계속 괴롭히고 있다. 그들은 파키스탄과 아프간의 국경지대 깊은 산 속에 은신하고 있으며 지금 이라크의 게릴라전을 막후에서 조종하고 있는 것으로 알려졌다. 이들이 알 카에다의 게릴라들을 투입해 자살 특공작전을 지휘하고 있으리라는 추정이 가능하다.

이슬람 핵폭탄의 아버지, 칸 박사

그러면 압둘 카디르 칸 박사는 어떤 인물이며 어떻게 파키스탄의 '영웅적 핵무기제조의 아버지'가 되었는가? 아랍세계에서 그는 '이슬람 핵폭탄의 아버지'로 불리며 영웅대접을 받는다. 이슬람세계에 최초로 원자폭탄을 선사한 칸 박사는 가히 이슬람 역사상 가장 위대한 인물로 존경받고 있다. 그러니 파키스탄 정부가 그를 투옥하거나 재판에 회부해 심판할 엄두도 내지 못하고 특별사면한 것도 일리가 있는 조치다. 칸 박사의 이력을 보면 그는 뜻밖에도 1936년 4월27일 오늘의 인도인 보팔 출생이다.

보팔은 인도의 마드히야 모하데슈주의 수도이며 인도에서 이슬람교도가 가장 많이 사는 '이슬람' 지역이다. 그는 16세까지 보팔에서 살았으며 우수한 성적으로 중등과정을 졸업했다. 그러나 1947년 인도와 파키스탄의 분할은 수많은 유혈적 참상을 빚으며 보팔 거주 이슬람교도에게 비극을 안겨주었다. 당시 보팔에는 힌두교도의 탄압을 피해 몰려든 이슬람 피난민들의 중심지였다. 칸은 후에 인도를 떠나 파키스탄에 온 경위를 이렇게 기록했다.

'나는 영원히 잊을 수 없다. 그때 내가 어떻게 파키스탄에 왔는지를! 인도 국경에서 경비병이 나의 주머니에서 만년필을 빼앗아 갔다. 그 만년필은 형님이 공부 잘했다고 해서 나에게 준 상이었다. 나는 천신만고 끝에 수많은 이슬람 피난민들이 피를 흘리며 탄압받는 모습을 뒤로 하고 국경을 넘는 마지막 열차에 몸을 실었다.'

칸 박사는 미국 유학파가 아니라 유럽 유학파다. 그는 파키스탄에 온 후 카라치에서 공부했으며 카라치대학교 이공학부를 수료하고 먼저 독일로 유학을 떠났다. 독일에서 말이 통하지 않은 그는 먼저 독일어를 공부한 후 베를린을 떠나 네덜란드의 델프트이공대학에서 석사학위를 받고 엔지니어 자격을 땄다. 그리고 벨기에의 루벵대학교 이공대학 박사과정에 입학했다. 여기서 그는 1972년 물리학 박사학위를 취득하고 영국·독일·네덜란드 3국 컨소시엄 우렌코(URENCO)에 취직했다.

우렌코는 네덜란드의 고농축우라늄을 개발하기 위한 연구목적의 3국 합동기업이다. 그는 우렌코에 취직함으로써 핵무기 개발지식과 기술을 축적할 수 있었다. 이 때 파키스탄에는 알리 부토가 집권해 핵폭탄 보유를 절감하고 있었다. 부토 총리는 핵무기제조를 위한 계획인 파키스탄 과학자회의를 소집했다. 그는 '이슬람 핵폭탄' 개발에 성공하기 위해 모든 시설과 건물 그리고 예산을 확보해 주겠다고 약속했다.

부토의 선언은 석유가 펑펑 쏟아져 돈 쓸 곳을 찾던 사우디와 리비아에 희소식이 되었다. "제발 이슬람 핵폭탄을 만들어 주시오! 돈은 우리

가 댈 것이니!"라고 큰소리치며 아랍권이 부토의 핵무기 제조선언을 환
영했다. 1974년 라호르의 이슬람정상회담에서 카다피는 "우리 돈이 당
신의 돈이요"라는 유명한 연설을 하기에 이른다.

1974년 1월 파키스탄의 적국인 인도가 먼저 핵실험에 성공했다. 칸
은 파키스탄과 인도의 핵무기경쟁을 예의 주시하고 있었다. 1974년 5
월 칸은 알리 부토 총리에게 '핵폭탄 만들려면 나를 반드시 채용해야 성
공할 것이다' 는 과감한 서한을 보내 핵무기제조를 제안했다.

"인도가 핵폭탄을 만든다면 우리는 낙엽과 마른 풀을 먹고만 있어야
하나. 우리는 여전히 가난하다. 그러나 우리는 꼭 핵폭탄을 가져야 한
다. 우리에게 다른 대안이 없다. (인도의) 핵폭탄에 대항하는 (파키스탄
의) 핵폭탄을!"

칸의 제안은 적시안타를 쳤고, 부토는 그를 고국으로 불렀다. 1976
년 부토는 칸을 귀향시켜 파키스탄 원자에너지 사무국 감독기관인 엔지
니어 리서치 연구소(ERL)에 배치했다. 그러나 칸은 부토의 발령에 불복
했다. 그는 독립성과 개인이 지휘할 수 있는 개인적 과학자 팀 구성을
원했다. 파키스탄 핵무기 프로그램에 관한 책을 저술한 샤히드 우르 라
흐만은 '칸이 핵폭탄 생산의 야망에 가득 차 우렌코에 핵물질과 원심분
리기 제조 등 기술을 공급하는 세계의 회사명단과 핵무기 제조 플랜을
훔쳐 나와 귀국했다' 고 폭로했다. 칸은 이 때문에 1983년 네덜란드의
궐석재판에서 4년 징역형을 선고받았다. 그러나 2년 후 그의 형량은 사
면되었다.

그는 재판부에 제출한 서면진술에서 우렌코 회사에서 가져온 것은 극
히 소량의 핵물질 구성분자뿐이라고 주장하며 핵무기 플랜과 기타 비밀
정보를 훔친 일이 없다고 주장했기 때문이다. 칸은 핵기밀 절도사건을
계기로 급속히 반미 · 반서구주의자가 되었다고 라흐만은 밝혔다. 칸은

이때부터 서구나라들이 핵 기술과 핵물질들을 국제사회와 공유할 생각을 하지 않고 독점하려 한다고 비난했다. '칸이 오늘날 파키스탄의 핵 기술을 북한, 리비아, 이란에 유출한 것은 그가 자의적으로 행한 핵무기수출이며 서유럽 국가들의 핵 독점을 파괴하기 위한 행동임에 틀림없다'고 전문가들은 해석한다.

미사일을 위해 북한을 선택하다

그렇다고 해서 칸이 이슬람 원리주의에 심취한 과격 이슬람교도는 아니며, 술을 즐겨 마시는 상식적인 사람이라는 평가가 있다. 그는 파키스탄에 칸 연구실을 만들어 독자적 핵무기 개발에 나섰다. 칸 연구실 과학자들은 달러 다발을 들고 세계도처를 누비고 다니며 쇼핑에 열을 올렸다. 칸 박사를 블랙리스트에 올린 서구나라들이 비자를 거부하면 칸 박사와 그의 과학자 팀은 터키, 듀바이, 싱가포르, 홍콩 등지에서 유럽과 미국의 회사 간부들과 만나 세미나를 열며 핵물질 구매협상을 벌였다. 칸 박사는 '나는 돈을 벌기 위해 혈안이 된 유럽과 미국회사 간부들을 완전무결하게 이용했다'고 핵무기제조 기밀매수 성공담을 털어놓기도 했다.

1980년에 칸 연구실은 이미 1천여 개의 원심분리기 제조에 성공하고 있었다. 칸은 이때 파키스탄 핵에너지사무국(PAEC)을 비판하기 시작했다. 왜냐하면 PAEC가 칸에게 우라늄고농축에 필요한 가스를 공급하는 걸 꺼렸기 때문이다. 알리 부토 정권을 전복시켜 쿠데타에 성공한 지아 장군 역시 부토 못지 않게 핵폭탄 제조에 목말라 있었다. 1981년 지아는 수도 이슬라마바드에서 40km 떨어진 카후타 지역에 처음 공식 칸 리서치연구소(Khan Research Laboratory—KRL)의 창설을 지원했고, 칸 리서치연구소는 곧 농축우라늄 생산에 최초로 성공했다.

지아는 KRL과 PAEC에 핵폭탄제조를 경쟁시킨 것으로 알려졌다. 지아의 지시를 받은 PAEC가 1984년 먼저 핵실험을 한 수개월 후 다시 칸 연구소도 최초의 핵실험에 성공했다. 이때부터 칸의 출세는 하늘이 무섭도록 치솟았다. 그는 파키스탄에서 가장 존경받는 인물이 되었고 훈장을 가장 많이 받은 민간인이 되었다. 파키스탄은 핵폭탄 운반체인 미사일 개발경쟁에도 열을 올렸다. 칸은 미사일 기술을 얻기 위해 평양을 선택했고 PAEC는 중국을 파트너로 골랐다. 칸은 평양에서 노동미사일을 얻어 가우리 미사일 제작에 성공했다.

칸이 북한에 HEU 방식 핵폭탄제조 기술을 제공한 것은 바로 노동미사일과 그 기술을 획득할 때였다고 국제 언론들이 지적하고 있다. 파키스탄의 한 퇴역 장군은 '미사일을 개발해 핵탄두를 탑재해 발사하는 것이 최우선 과제였다. 미사일 발사에 어떤 대가를 지불하는가 라는 문제에는 아무도 신경을 쓰지 않았다' 고 당시의 상황을 소개했다. 가우리 미사일이 발사실험에 성공한 것은 1998년 4월이었다. 사정거리 1500km의 가우리 미사일 발사성공은 파키스탄 국민을 열광시켰다. 칸은 다시 파키스탄의 '위대한 영웅' 이 되었던 것이다.

그러나 1998년 5월 파키스탄이 5번 핵실험을 했지만 칸의 핵폭탄은 단 한 개밖에 없었다. 나머지 4개는 PAEC가 발사한 것이었다. 칸은 그래서 자신의 이미지 제고에 많은 돈을 쓰기 시작했다. 파키스탄의 한 기자는 프랑스의 르몽드지와의 인터뷰에서 '칸은 나에게 많은 돈을 주었다. 나의 유럽 여행비를 지불했고 집 한 채까지도 주려고 했다. 내가 그가 원하는 대로 기사를 쓴다는 조건이었다. 그러나 나는 그의 제안을 한마디로 거절하고 한 푼도 받지 않았다' 라고 밝혔다. 칸이 얼마나 이미지 제고에 열을 올렸는지를 잘 설명하는 에피소드다. 칸이 엄청난 돈을 그의 위상제고에 쏟아 붓는다는 소문은 너무나 잘 알려진 공공연한 소문이었다. 파키스탄의 유일한 일간지 더 뉴스(The News)는 '1988년 이래 칸이 매년 이미지 제고에 쓰는 돈이 130만 달러에 이르렀다'고 폭로할 정도였다. 칸이 '이슬람 핵폭탄의 아버지'라는 지위를 유지하는 데 드는 비용이 엄청났다는 것이다.

북한의 HEU 개발 사기극

파키스탄 정부와 국제 언론은 '칸 박사의 이러한 돈 지출방식에 관해 칸 리서치연구소라는 공공기관과 칸 개인의 돈을 혼동했다'라고 풀이했다. '칸은 권력과 돈, 그리고 영광을 위해 일평생 활동하고 행동했다'고 동료 핵물리학자 나야르 교수는 평가했다. 칸 박사의 자동차는 무샤라프 대통령 못지않은 경호와 수행차량 행렬로 이슬라마바드를 놀라게 했으며, 국제세미나와 리셉션에서는 언제나 주최자로 등장해 그야말로 파키스탄 최고의 영광을 누렸다는 것이다.

아무튼 칸 박사는 '이슬람 원자폭탄의 아버지'라는 영광에도 불구하고 오늘날 '핵무기 제조기밀 유출의 원흉'으로 국제사회의 지탄을 받게 되었다. 이 때문에 칸은 자택 연금상태의 포로 신세가 되었다. 그가 유출한 핵무기 제조기술은 21세기 국제사회의 긴장과 불안을 계속 증폭시키고 있으며, 행여나 이슬람 무장단체들에 유출했는지가 최대의 관심사로 떠오르고 있다. 특히 북한이 칸 박사가 전수한 것으로 보이는 HEU 방식 핵무기개발을 했는지의 여부 역시 비상한 주목대상이다. 한편으로는 제네바합의를 준수하는 척하면서 국제사회로부터 막대한 중유공급과 경수로 2기를 받은 북한이 칸의 기술제공으로 HEU방식 핵무기개발을 비밀리에 진전시킨 것은 국제사회가 용납하기 힘든 북한의 사기극이 될 위험이 많다.

제네바합의의 미국측 서명자인 갈루치는 "북한의 HEU 개발로 완전히 속았다"고 공개적으로 선언했다. 그래서 칸 박사의 핵무기 제조기밀 유출은 그의 개인적 범죄가 아니라 국제적 범죄의 성격을 띠고 있으며 국제사회가 어떻게든 그를 다시 조사할 필요가 있다는 여론이 비등하고 있다. 다행스럽게도 리비아의 카다피가 조건 없는 핵무기 프로그램 폐기를 선언하고 행동을 보이고 있다. 핵무기 등 대량살상무기를 전면적으로 자진 포기한 리비아 방식은 북한에 큰 교훈을 준다. 이제 파키스탄의 칸이 저지른 핵 제조기밀 유출 내막이 백일하에 드러난 만큼 북한도 리비아의 선례를 따라 HEU방식 프로그램과 플루토늄방식 핵무기 플랜을 전면적으로 폐기해 한반도에 평화의 길을 열어야 한다. 그러면 국제사회는 북한 경제발전과 김정일 체제 유지를 위한 긴급조치를 취할 수 있을 것이다.

북 미사일에 대한 유엔 안보리 결의 1695호의 의미
－중국·베트남 공산당과 북한 선군체제 왜 다른가

북한이 미사일 7발을 쏜 후 10일 만인 2006년 7월15일, 유엔 안전보장이사회는 북한 미사일 규탄결의 1695호를 만장일치로 채택했다. 북한이 6자회담에 복귀의사를 표시했거나, 국제사회와 대화의사를 밝혔으면 채택될 수 없는 결의안이다. 북한 김정일 위원장의 선군체제는 안보리 결의를 전면적으로 거부하면서 자위권自衛權을 구실로 삼아 미사일의 계속 발사를 주장했다. 북한은 그래서 한반도를 유엔 안보리의 제재와 감시를 유발하는 심각한 위기로 몰아넣었다.

6자회담에 돌아온다면 한반도의 위기국면을 전환시킬 수 있지만, 평양의 반응은 격렬한 '제국주의 비난'과 '안보리 결의 비난'으로 일관했다. 한반도의 위기국면이 장기화되지 않을까 심히 우려되기도 했다. 특히 안보리 결의는 중국과 러시아도 찬성표를 던져 평양의 미사일 발사가 국제사회의 전면적 규탄을 받고 있음을 실증했다.

북한의 미사일 발사와 국제사회의 제재

유엔 안보리 결의 1695호는 북한 미사일이 핵탄두를 장전했을 가능성이 있으므로 동북아의 안보와 평화에 심각한 위협을 가하고 있다고 지적했다. 그래서 미사일과 대량살상무기(WMD)와 관련되는 물질과 기술 등을 북한에 제공하지 말 것을 국제사회에 강력히 요청하고 있다.

미사일과 WMD 관련 물질과 기술을 북한에서 구입하지 않을 것과 자금지원을 금지하도록 요청해 사실상 대북 금융지원을 동결할 것을 요구했다. 안보리 결의는 북의 '미사일 문제가 유엔 안보리에 계류됨을 결정한다'고 명시함으로써 미사일 문제를 유엔 안보리가 직접 담당해 처리할 것을 천명했다. 결의가 준수되지 않을 때 추가조치를 취할 것을 예고했다.

추가조치는 유엔헌장 7조에 규정된 군사개입 조항을 적용하겠다는 의지의 표시로 보인다. 애당초 미국과 일본은 영국, 프랑스 등 유럽 안보리 상임이사국들과 7조를 포함시켰으나, 중국과 러시아가 반대해 뺀 것으로, 결의 1695호를 북한이 수용하지 않을 때 추가할 카드로 남겨 두었다. 북한이 1695호를 끝까지 거부하며 국제사회에 대한 도전을 계속하면 유엔 안보리는 7조 카드를 새로 쓸 가능성이 많다.

이제 유엔의 192개 회원국들은 북한과 핵물질과 미사일 연관 물질을 교류해서는 안 되며, 미사일발사에 도움이 될 금융거래나 협력을 할 수 없게 되었다. 그러나 유엔헌장 7조를 적용하지 않았기 때문에 국제법상의 강제성과 구속력이 약화되었다. 그럼에도 불구하고 북한과 미사일 관련 의심 물자와 금융거래를 할 경우, 유엔의 블랙리스트에 올라 불이익을 당할 위험이 많다.

그래서 북한은 사실상 고립을 면하기 어렵게 되었다. 반면에 미국은 대북 압박외교에 큰 힘을 얻었다. 벌써부터 국내법으로 평양을 압박할 준비를 시작했다. 상원이 ‘북한 비확산법안’ 을 준비하고 있으며 동북아 판 ‘헬싱키 프로세스’ 결의안과 탈북자 강제북송을 막기 위한 ‘대중국 결의안’ 도 준비하고 있다.

‘북한 비확산법안’ 은 미사일과 핵무기 관련 부품, 서비스와 기술을 북한에 제공하는 외국인이나 기업들을 미 행정부의 구매대상과 수출인 가 대상에서 제외한다는 내용이다. 사실상 북한과 거래하는 대내외 기 업에 미국과의 거래를 금지하는 내용이다. 이러한 미국의 입법조치는 안보리 결의의 효과를 나타내는 것으로, 평양과 아울러 특히 한국기업 에 큰 영향을 미칠 전망이다.

평양은 왜 대화를 거부하는가

국제사회에 대한 북한의 도전이 자칫 잘못하면 한국으로 불똥이 튈 위험도 있다. 그래서 한국외교가 중대한 국면에 직면했다. 미국과 일본 이 주도한 유엔 안보리 결의에 대한 노무현정권의 애매모호한 태도는 북 한의 유엔결의에 대한 거부입장에 동조하는 것으로 오해될 소지가 있었 다. 특히 이종석 통일부장관의 한·미동맹에서 대북시각의 차이를 공개 적으로 인정한 대목은 신중하지 못한 발언으로 보였다.

이 장관은 “한·미동맹이라는 전략적 이해관계를 갖고 있기에 많은 부분에서 차이가 없지만, (미국 정부와) 차이가 나는 것은 북한문제”라고 말했다. 그는 “북한이 위협하고자 한 나라가 미국이라면, 실패로 따지 면 미국이 제일 많이 실패했다”고 지적했다. 그는 또 “미국이 하는 것이 모두 국제사회가 하는 것인지는 따져 보아야 한다”고도 말했다.

특히 그는 안보리 결의 1695호에 관해 “결의안 밖에 있는 것도 할 수 있는 것은 하지만, 압박과 제재만으로 가고자 한다면 우리는 반대할 수 밖에 없다”고 밝혀 유엔 안보리 결의의 행동을 반대할 뜻마저 내비쳤다.

그가 중국과 한국의 실패를 거론했으나, 미국 비판의 뿌리에 한·미동맹의 균열이 있음이 드러났다. 북핵 문제나 미사일은 진행형이므로 이러한 발언은 바람직한 것이 아니며, 통일부장관이 대통령과 외교부의 외교문제에 대한 공개적 발언은 월권이다.

적어도 북한을 국제사회와 대화에 끌어내거나 미사일 발사 중단을 하게 만들기 전에는, 안보리 결의안 반대표명은 '평양의 대변자'로 오해될 뿐이었다. 또 북한 핵 문제와 미사일 문제는 국제사회가 대화로 풀다 못해 유엔 안보리로 가져간 것이므로, 유엔이 대북제재를 불가피하게 동원키로 했다는 국제공조를 위한 재인식이 필요하기 때문이다.

그러면 왜 평양은 끝까지 국제사회와 대화를 거부하는가. 중국처럼 개혁개방에 나서거나 리비아 지도자 카다피처럼 핵무기 등 WMD 프로그램을 자진 포기하면 될 것을 왜 자위권을 방패로 핵무기 보유를 강변하며 미사일을 쏘는가. 문제는 김정일의 이른바 선군체제에 있다. 중국과 러시아는 북한의 옛 동맹국들이지만, 이번에 안보리 결의에 찬성표를 던졌다.

중·러가 안보리 결의에 찬성한 배경에는 북한의 6자회담 복귀설득에 실패한 이유가 도사리고 있다. 김정일의 선군체제는 중국과 러시아조차도 거부할 수밖에 없는 북한의 '공산주의+알파'의 체제인 것이다. 중국 네티즌들의 안보리 1695호에 대한 평가가 이를 입증해 준다.

중국 인민들의 북한 비판과 선군체제

중국 국민 90%가 안보리 결의 1695호 찬성을 '중국외교의 승리'로 평가한 것은 북한의 '고집불통'을 혐오하며 거부하고 있음을 말해준다.

'중국의 안보리 결의 찬성은 옳았다. 북한과 같은 깡패국가가 핵무기를 갖는 것은 중국에도 재앙이다'라는 댓글을 중국 정부가 올리게 방관한 것은, '이제 북한에 질렸다'는 인식으로 북한이 들으라는 경고를 담고 있다. 인민일보 게시판에 오른 댓글들은 김정일의 선군체제를 정면으로 비판해 관심을 모았다.

'북한의 샤오진(小金—김정일을 지칭)은 베트남 지도자들과 견주어보면 총명과 슬기가 크게 떨어진다. 베트남 지도자들은 개혁개방에 나서 중국을 추격하고 있으며 뚜렷한 성과를 내고 있다. 북한도 베트남의 길을 따라가야 할 것이다.'

중국 인민들의 대북비판은 국제사회에 큰 공감을 불러일으켰다. 1989년 말 베를린 장벽의 붕괴를 계기로 공산주의가 몰락했을 때, 당연히 북한도 개혁개방의 대열에 설 것으로 국제사회는 기대했다. 그러나 북한은 체제고수體制固守라는 다른 길을 선택했다. '폴란드, 체코, 헝가리, 루마니아 등 동유럽의 형제나라들'은 공산주의를 장례 치르고 서유럽의 의회민주제와 시장경제를 전면적으로 도입했다.

소련조차도 공산주의제국共産主義帝國의 해체와 '시장경제 합류'를 결정했지만 북한은 변화를 거부했다. 1992년 봄 국제원자력기구(IAEA)가 북한 핵 문제를 처음 거론했을 때 북한은 '단순히 에너지부족으로 평화적 이용을 위한 원전개발'이라고 열심히 선전하며 국제사회를 설득했다. 그리고 북한은 '나쁜 공산주의이기 때문에 그들(동구와 소련)은 망했지만, 우리는 좋은 공산주의이므로 망하지 않는다'고 주장했다.

1989년 당시 소련 세바르드나제 외상에게 이렇게 큰소리쳐 북한체제의 우월성을 강조했다. 15년 후, 북한은 폐쇄정책과 핵무기 보유, 미사일 발사로 선군체제를 구축하고 있으며 이 때문에 유엔 안보리의 규탄결의를 받게 되었다. 그리고 북한이 개혁개방 요구에도 마이동풍馬耳東風이니 중국 네티즌이 탄식하며 북한의 선군체제를 비판할 만한 일이다.

그러면 북의 선군체제의 기본성격은 무엇인가. 문제를 푸는 열쇠를 독일 역사학자 위르겐 코크의 논문이 제공해 주었다. 「나치즘과 동독체제의 비교」라는 논문에서 그는 '나치 독일과 동독을 관찰할 경우, 양자가 대단히 중요한 측면들에서 유사하다는 것은 의심할 여지가 없다'고 지적했다. 나치즘이라는 전체주의와 동독의 공산주의가 성격에 있어 같다는 말이다. 여기서 코크 교수가 연구한 논문의 구체적 내용을 들여다 볼 필요가 있다.

첫째, 구동독 공산당정권은 나치 독일과 같이 일당독재라는 공통점을 갖고 있다는 것이다. 인권과 시민권을 체계적으로 침해하고 국가권력에 대한 제동장치가 결여돼 있으며, 사적私的 공간에 대한 보장도 없다고 한다. 사법부의 독립성 상실, 집회와 결사의 자유 제한, 반체제 인사들에 대한 국가의 탄압 등에서 독재적 지배방식이 뚜렷이 드러난다고 한다.

공적 이념이 제도화돼 있고, 국가의 패권적 지위를 주장하며 다원주의를 거부하고 대중조작 수단과 감시기구—선전 탄압 테러와 호도—를 이용함으로써 전통적 전제專制 정치와 권위주의적 지배체제와는 달리 대단한 대중동원력을 보였다는 점에서 나치 독일과 동독 공산주의 체제가 일치한다는 것이다. 특히 양 체제는 사회의 재편성과 새로운 인간형의 창출을 목표로 설정해 이상주의理想主義를 표방하고 있다. 다시 말하면 나치 독일과 동독 공산주의 체제는 모두 민주주의를 부정하고 법치주의를 거부하며 자유를 박탈한 독재이지만, 이것이 여론조작과 감시기구를 통해 대중을 동원했으며, 여기에 인간개조와 사회의 재편성을 기도했다고 한다.

두 번째, 동독이 몰락한 1989년 이후에 드러난 공통점들도 있다. 두 체제 지도자들—히틀러와 호네커—의 점증한 현실감 상실로 자신들의 주장과 괴리乖離가 너무나 엄청난 현실에 직면해 어찌할 바를 모르고 침묵하거나 아니면 현실을 곡해하는 경향이 있었다는 것이다. 히틀러가 2

차 세계대전에서 패배하고 있음에도 승승장구한다고 착각하거나 마지막에 패전이 임박하자 자살을 선택한 것은 현실감 상실의 표본이다. 히틀러의 이러한 현실에 대한 곡해는 동독에서도 1960년대 말과 1970년대 초반부에 나타났으며, 이것은 체제의 학습능력 부족과 개혁능력 부재로 나타났다는 것이다.

동독체제는 1990년까지 나치의 연장이었다

공산주의 동독 지도층의 개혁무능은 체제를 밑으로부터 잠식해 소련이라는 비호세력이 사라진 1980년대 말에 체제파탄이 명백해졌다. 동서진영 간 체제갈등의 압박이 가중되고 서구와의 체제경쟁과 충돌을 일으키면서, 동독체제가 내부에서 붕괴했다는 것이다. 지도층의 현실감 상실은 체제개혁에 대한 슬기를 잃게 하여 나치 독일은 전쟁패배라는 최후를 맞았고, 동독 공산당은 민중의 시위에 직면해 그대로 무너졌다는 얘기다.

세 번째, 나치와 공산주의라는 독재체제는 근본적으로 반서구反西歐적이었다고 한다. 자유주의를 혐오하고, 개인주의와 시민사회의 원리에서 등을 돌렸으며, 자본주의와 시장경제에 대해 회의적이었다. 양 체제 모두 책임이 있는 개인의 자율성에 기대하지 않고, 관치국가官治國家에 기대가 많았던 독일의 전통적 정치문화 속에서 특수성으로 자리매김했다는 것이다.

19세기와 20세기 서구문명의 핵심인 민주주의와 시장경제, 자유와 연대의 철학에 등을 돌린 나머지 붕괴됐다는 얘기다. 나치즘의 패망으로 서독은 반서구적 특수성에서 해방되어 민주주의를 회복했지만, 동독의 공산체제는 나치 독일의 독재가 1990년대까지 지속된 것이나 다름이 없다고 한다. 종속상태로 길들이기, 공적 일에서 진정한 참여의 결여,

'나와는 상관이 없다'고 체념하고 생각에서 지워버리는 정치적 소외, 그리고 독재에 순응하는 것 등이 동독 공산주의 체제에서 지속됐다는 지적이다.

나치즘과 공산주의의 공통성을 적출해낸 코크 교수의 논문은 독일통일 이후 탁월한 연구업적으로 높이 평가되고 있다. 독일을 패망시킨 나치즘이 2차 세계대전 후에도 동독에 지속돼 독일의 무거운 짐이 되었다는 그의 논문은 유럽뿐만 아니라 아직 분단을 극복하지 못한 한반도 문제에도 대단한 설득력을 지닌다. 그러나 그는 나치 독일과 동독의 차이점의 중요성도 동시에 강조하고 있다. 무엇이 나치즘과 공산주의의 다른 점인가.

동독은 나치 독일과 같은 대량학살 행위를 저지르지 않았다는 것이다. 코크 교수는 이렇게 설명하고 있다. "동독에서는 유대인 학살과 '기타 민족에 낯선' 혹은 '민족에 해가 되는' 소수민족에 대한 학살행위와 약간이라도 닮은 국가에 의해 주도되고 조정된 대량학살이 자행되지 않았다. 다시 말하면 동독은 무력에 의한 정복, '열등한 민족들'의 절멸絶滅이나 노예화를 겨냥한 세계전쟁을 일으키지 않았다."

동독이 조용히 붕괴된 이유

나치 독일이 50년 후 후손에게 어마어마한 부채로 남은, 과거로 될 수 없는 과거, 국가가 주도하고 조정한 역사상 전례가 없는 대량학살과 세계정복을 위한 제국주의적 전쟁을 동독체제는 하지 않았다는 얘기다. 이러한 차이점은 어디서 생겼는가? 동독의 공식 이데올로기가 획일주의적이고 계급투쟁의 사고방식에 고착된 적敵의 전멸全滅을 겨냥한 폭력적 요소를 포함한 것은 부정할 수 없다.

그러나 인종차별주의, 반유대주의 사회적 다원주의(Dawinism), 허무주의와는 거리가 멀었다는 지적이다. 이유는 동독 공산주의는 나치즘과는 전혀 다른 정신사精神史와 이념사理念史를 갖는 다른 전통 위에서 있었기 때문이다. 전통은 다름이 아닌 국제주의, 사회주의, 계몽주의라는 것이다. 다시 말하면 나치즘은 서구문명의 돌연변이이나, 공산주의는 역시 프랑스혁명이 창출한 근대적 전통에 뿌리를 둔 이념이라는 지적이다. 이것은 무지막지한 나치 독일과는 달리 동독에서 평등이라는 이상주의를 표현한 것으로, 최소한 이성理性의 지배를 유지시켰다는 말이다.

동독이 전쟁을 일으키지 않고 스스로 해체를 결정한 것은 합리적 이성의 전통과 평화정신이 만든 작품임에 틀림없다. 그렇지 않으면 동독 체제 붕괴에서 전쟁으로 유혈적 희생이 따랐을 것은 자명하다. 고르바초프의 소련제국의 붕괴가 평화적으로 종결된 것도 같은 문명사적 맥락에서 이해돼야 할 것이다.

코크 교수의 나치 독일과 동독체제의 유사점과 차이점은 김정일의 이른바 선군체제와 같이 사는 한반도 주민에게 중요한 시사점을 던진다. 코크의 이론은 여기까지이며 앞으로 필자의 견해를 전개할 것이다. 여기서 필자는 코크의 이론을 더 발전시켜 러시아, 중국, 북한, 베트남 공산주의의 성격을 규명하고자 한다. 특히 과거 북한과 형제국이었던 중국과 베트남의 공산주의 국가들과 길을 달리한 원인설명을 시도할 것이다.

나치 독일과 동독체제의 근본적 차이점의 배경에는 전통과 사상사의 상이성相異性이 있었다. 동독체제는 국제주의와 사회주의, 계몽주의의 전통을 이어받았기에 대량학살과 소수민족에 대한 박해를 자행하지 않았고, 세계대전을 일으키지도 않았다. 이는 코크 교수의 중요한 사관史觀이 밝혀낸 큰 업적이다. 그런데 그의 이론을 공산진영 전체에 적용하면 흥미 있는 사실을 발견하게 된다.

레닌의 '신경제정책'과 스탈린의 '수용소군도'의 차이점

먼저 러시아혁명의 지도자 레닌과 스탈린의 차이점도 전통과 문명에 기인된 것으로 보인다. 1917년 10월 레닌이 최초의 공산주의 혁명을 성공시켰지만, 민중이 기아상태에 빠지자 '신경제정책新經濟政策'을 도입해 민생문제를 해결하려고 노력했다. 이는 공산주의의 원칙에는 어긋나는 정책이자, 레닌의 휴머니즘이 민중의 생활고 극복을 위해 신경제를 집행하게 한 것으로 풀이된다. 레닌은 혁명 전에 스위스와 프랑스에 망명해 혁명을 준비하면서 프랑스혁명이 낳은 근대사상에 통달했으며, 여기서 계몽사상을 포함한 서구문명의 영향을 크게 받았던 것이다.

레닌주의의 뿌리인 마르크스주의도 프랑스혁명에 뿌리를 둔 사상임은 두말할 나위가 없다. 마르크스의 유명한 프랑스혁명 3부작인 '프랑스에서 계급투쟁', '루이 보나파르트의 브뤼메르 18일', 그리고 '프랑스의 시민전쟁'은 프랑스혁명의 현장에서 마르크스가 취재하고 공부해 쓴 논문(기사)들이다. 프랑스혁명은 자유와 관용주의를 창조한 볼테르, 인민주권론과 사회계약론을 만든 루소, 입법 사법 행정을 분리한 3권 분립의 몽테스키외, 그리고 최초의 공산주의 사상가로 급진성 때문에 프랑스혁명 주체들이 사형시킨 바뵈프 등의 이론과 철학의 현실적 실현이었다.

마르크스가 계몽주의의 세례를 받아 자유, 평등, 박애라는 프랑스혁명 정신으로 무장한 것은 너무나 유명한 전설이며, 여기에 그의 휴머니즘이 바탕을 이루고 있는 것이다. 마르크스—레닌주의가 혁명이론의 폭력성이 강조된 나머지 계몽주의와 휴머니즘이 밀려난 것이다. 스탈린은 이러한 계몽주의적 문명사와 인연이 없기 때문에 솔제니친의 '수용소군도'가 비난한 정치범수용소와 반체제인사 학살로 '제2의 히틀러'라는 악명惡名을 떨쳤던 것이다.

베트남과 중국공산당 지도층이 프랑스 유학파라는 사실이 오늘 개혁개방으로 고도성장을 이룬 배경이 되고 있음은 결코 우연이 아니다. 베트남의 호지명은 1910년대 프랑스에 유학하면서 프랑스 공산당에 가입한 베트남 최초의 공산주의자였다. 중국 공산당의 주은래, 등소평, 유소기 등 지도층 거의 모두가 1910~1920년대 프랑스에서 유학했다.

김정일 선군체제의 딜레마와 한반도의 위기

중국과 베트남 지도층이 마르크스가 프랑스의 혁명현장에서 공부해 이론을 구축한 사회주의 이념의 세례를 받은 것은 아무도 부인하지 못한다. 그러나 중요한 것은 이들이 창설한 베트남과 중국이 20세기 후반에 개혁개방 정책으로 새로운 도약을 했다는 사실이다. 프랑스혁명은 소유권과 자본주의적 발전을 이상理想으로 규정했으며, 그래서 부르주아혁명으로 명명되었다.

베트남과 중국의 개혁개방의 뿌리에는 계몽주의와 사회주의의 문명사, 정신사와 맥이 닿아 있는 것이다. 인민일보의 댓글이 '김정일도 베트남의 길을 가야 한다'고 촉구한 것은 정곡을 찌른 경고라 하겠다. 베트남과 중국은 개혁개방을 선도함으로써 아시아적 공산주의가 (사회주의적) 시장경제로 전환한 새로운 모델을 창출해 보여주고 있다. 북한이 베트남과 중국의 변화를 외면하고, 1989년에 이미 멸망한 공산주의 체제를 고수하는 데 한반도 위기의 본질과 위기가 있는 것이다.

북한의 선군체제는 앞으로 중국과 베트남의 '사회주의적 시장경제'와 양립할 수 없다. 북한정권의 수립은 김일성의 대부代父인 소련의 스탈린이 막후 지원한 것으로 현대사는 기록하고 있다. 스탈린은 레닌과는 달리 계몽사상이나 문명사의 영향을 받지 못한 러시아형 전체주의를 창설한 '차르'와 같은 독재자다.

김일성의 이러한 정치역정은 스탈린의 전제적 정치양식이 교사敎師였음을 말해준다. 여기서 나온 것이 김일성화한 사상인 주체사상이라고 보아 큰 무리가 없다. 유례가 드문 북한의 체제 경직성은 1994년 김 주석 사망 후 권력세습을 집행하면서 더욱 강화되었다. 북한은 수십만이 기아에 허덕이다 탈북하고 수백만이 굶어 죽는 지구상의 최대비극을 연출하면서도, 개혁개방을 거부하며 국제사회와 대결국면을 펴고 있는 배경이 바로 여기에 있다.

북한이 선군체제에 스스로 발이 묶여 오래전 사망이 선고된 스탈린주의—주체사상—봉건적 권력세습—국수주의의 늪에서 헤어날 길이 없게 된 것 같다. 북한은 베를린 장벽 붕괴 후, 체제의 취약성을 개혁개방으로 대체한 베트남 등 공산국가들과는 달리 체제결함을 핵폭탄·미사일로 대체했기 때문이다. 여기에 김정일 선군체제의 본질과 딜레마가 있다.

유엔 안보리 결의 1695호는 북한에 대해 효과를 보지 못할 위험이 많다. 노무현정권이 북한과 안보리 결의안 사이에서 우왕좌왕하는 것은 김정일 체제의 본질을 간과한 외교력 부재의 소치다. 나치즘과 스탈린주의보다 더 굳어버려 경직된 김정일의 선군체제를 어떤 명분으로도 지원할 수 없는 마지막 단계에 이르렀음을 안보리 결의 1695호는 달해주고 있기 때문이다.

무엇보다 시급한 일은 북한이 유엔에 계속 도전함으로써 국제사회가 유엔헌장 7조가 포함된 추가결의안을 채택해 한반도가 봉쇄되는 최악의 시나리오만은 피해야 한다는 것이다. 이러한 사태가 온다면 남한이 북한 때문에 파탄의 구렁텅이로 떨어질 위험이 너무나 크기 때문이다. 최악의 시나리오를 피하는 해법은 김정일 자신에게 있다. 그가 개혁개방을 결단하고 6자회담을 통해 문제를 해결하는 것이 유일한 해법이다. 이것이 북한도 살고 김정일도 살고 한반도를 위기에서 구하는 길이다.

실패한 무궁화꽃 — 한국의 핵 개발 프로그램
−70년대 이후 한국의 핵 개발과 국제사회의 의혹

"문제의 (한국의 우라늄과 플루토늄) 실험은 일부 과학자들이 '학문적 호기심'에서 개별적으로 한 것이며 한국 정부는 핵무기 개발은 물론 어떤 농축 및 재처리 프로그램도 갖고 있지 않다." 오스트리아 수도 빈의 국제원자력기구(IAEA) 이사회에서 조창범 한국대사가 밝힌 정부해명이다. 그러나 칸테리노 IAEA 이사회의장은 이렇게 응수했다. "(2004년) 11월24일 예정된 다음 IAEA이사회에서 한국의 핵물질 실험에 대해 본격적으로 논의할 것이다. IAEA사무국은 그 때까지 한국 핵물질 실험 사찰내용을 기초로 한 한국 핵 문제에 관한 보고서를 제출하라"고. 지난 2004년 9월17일 IAEA 이사회의 한국 핵 문제에 관한 의장결정에 따라 19일 2차 IAEA 사찰단이 입국해 조사활동을 개시했다. 9월3일 AP통신이 한국의 핵물질 실험 의혹을 처음 보도한 후 노무현정부는 해명에 진땀을 뺐다. 정부는 국제사회에 준 충격의 강도를 이해하지 못하고 ‘아무것도 아니야!’ 라는 정도에서 해명했지만 의혹은 너무나 커지고 말았다.

2004년 9월18일 정부는 국제사회에 다시 해명을 시도했다. 정동영 통일, 반기문 외교통상, 오명 과학기술부장관이 공동으로 기자회견을 열고 1) 군사적 목적의 핵개발 계획을 추진하지 않았다. 2) 핵무기 개발과 관련된 활동이나 교류에 참여하지 않을 것이다. 3) 앞으로 핵의 투명성 원칙을 확고히 유지한다. 4) IAEA의 공정성과 전문성에 입각한 검증에 기대하며 IAEA의 사찰에 적극 협력한다. 5)그러나 평화적 핵의 이용은 계속해 나갈 것이라고 밝혔다.

그런데 국제사회는 한국의 핵물질 실험에 대한 해명을 신뢰하지 않았으며, 찔끔 해명은 다른 의혹을 낳는 괴상한 현상으로 나타났다. 정부의 해명은 주로 ‘과학자의 호기심’을 거론하는 것이었으며, 진실을 밝히지 않는다는 국제사회의 의심만 키우고 있었던 것 같다. 국제여론은 이것이 북한 핵 문제의 물타기가 되지 않을까 걱정하는 소리도 들렸다.

한국 핵물질 실험에 대한 국제사회의 의혹은 엘바라데이 IAEA 사무총장이 ‘심각한 우려(serious concern)’ 라고 표현한 데서 정부의 ‘별 일이 아니야!’ 방식의 해명과는 거리가 있었다. 북한 핵 문제를 포함한 세계의 핵 확산을 차단하는 최고 핵전문가 집단인 IAEA에 대해 정부가 해명에만 매달리는 것은 핵외교에 대한 인식부족이나 무지를 드러내는 것이라는 비판이 나올 수 있다. IAEA의 한국 핵 의혹에 대한 우려가 ‘심각하다’ 는 것은 북한이나 이란 그리고 과거 이라크에 대한 ‘깊은 우려’ 보다는 매우 낮은 단계였지만 사찰결과에 따라서는 상향조정이 가능하다는 뉘앙스를 풍기고 있었다.

통상적으로 IAEA는 ‘심각한 우려’ 라는 표현을 핵안전 협정의 위반을 지적할 때 사용한다는 점을 고려하면 ‘별 일 없을 것’ 으로 보고 안일하

게 '과학자의 호기심' 으로 변명만 할 일이 아니었다는 것이다. IAEA를
포함한 국제사회, 특히 유엔 안보리 상임이사국들은 한국의 핵 의혹에
정부가 개입했는지, 기획된 수순을 밟은 실험이 아닌지, 특히 한국여론
에 광범위하게 확산되고 있는 '핵 주권' 과는 어떤 연관성이 있는지에 관
해 면밀히 주시하고 있다는 사실을 알아야 했다.

핵 주권에 대한 한국의 향수를 국제사회가 주목하다

한국의 핵물질 실험에 처음부터 민감한 반응을 보인 일본대표는 '한
국정부의 핵 활동 미신고' 에 유의한다고 말하고, IAEA 사무국의 사찰
결과 공식보고서를 기초로 판단할 것이라고 말했다. 우호적 발언을 한
미국대표는 한국정부가 IAEA의 핵안전조치협정 불이행을 11월에
IAEA가 판정할 경우 유엔 안보리 보고의 가능성을 지적함으로써 한국
에 대한 의문과 의심을 거두지 않았다. IAEA이사회는 사찰단의 최종
보고서를 보고 판단한다는 얘기다. 이것은 결코 우호적 태도라 보기 힘
들다.

이러한 추이를 보면, 한국의 핵물질 실험에 대한 국제사회의 눈초리
는 대단히 날카로운 것으로 조금도 안심할 수 없는 현실이다. 특히 '과
학자의 호기심' 으로 변명만 한 정부의 태도는 국제사회의 분위기를 고
려하지 않은 '변명' 으로 오히려 신뢰추락의 계기가 되지 않았을까 심히
우려된다. 이러한 '변명' 은 그것이 진실이라고 하더라도 '한국이 신중
하지 못하다' 는 인상을 주기에 충분한, 불필요한 것으로서 더 신중한 대
응이 필요하지 않았나 생각된다.

한국정부는 북한보다 앞서 핵무기개발을 시도했다는 '전과' 가 있기
때문에, 국제사회의 의심은 '변명' 으로 쉽게 거두어지지 않았다는 사실
을 간과해서는 안 된다. 한국은 건망증이 심해 과거사를 잊고 있지만 국

제사회는 절대로 잊지 않고 기억하며 과거를 기초로 현재를 판단한다는 사실을 상기할 필요가 있다. 소설 '무궁화 꽃이 피었습니다'가 베스트셀러로 한국인에게 '감동'을 준 '핵 주권'에 대한 향수는 북한 핵 문제가 국제사회의 시급한 해결과제로 부상하면서 남한에서 더욱 확산된 것으로 관측된다.

1992년 2월 IAEA이사회에 처음 제기된 북한 핵 문제는 1994년 10월 북·미간 제네바합의로 일단락된 것으로 보였다. 그러나 2002년 10월 북한이 고농축우라늄(HEU) 프로그램 문제가 터지면서 제네바합의는 현재 파기된 상태다. 게다가 북한은 제네바합의에 따라 IAEA가 북한 핵시설에 설치한 감시시설과 봉인을 해체하고 사찰요원을 추방했고, 핵확산금지조약(NPT)에서 탈퇴함으로써 국제사회에 큰 충격을 주고 있다.

북한은 영변 핵시설을 재가동하면서 제네바합의가 동결시킨 폐연료봉 8,000여개를 모두 추출해 재처리했다고 발표함으로써 '핵폭탄 제조작업'에 이미 착수한 것으로 보도되고 있다. 북한의 핵무기 보유에 부정적 입장을 보인 중국이 북한을 설득해 북한 핵 문제 해결을 위한 베이징 6자회담이 수차 열렸으나, 아직까지 완전한 해결은 보지 못하고 있다. 북한 핵 문제에 대해 이른바 "북한 핵은 통일되면 한국 핵이 되는 것 아니냐"라는 터무니없는 위험한 발상까지 일부에서 나오는 실정이다.

주불 한국대사관 공사의 재처리시설 구매계약

'핵 주권'에 대한 한국의 여론은 국제사회의 주목을 받았고 불안요인으로까지 작용하고 있다. 이미 1970년대 박정희정권의 핵무기프로그램이 미국의 압력에 의해 좌절된 사실을 안타까워하는 '무궁화 꽃이 피었습니다' 류의 '핵 주권'에 대한 향수가 이제는 북핵 문제가 대리만족을 시켜주는 것처럼 보인다고 국제사회가 보는 것 같다. 바로 이러한 시점에서 남한의 핵물질 실험이 터진 것이다.

1976년 7월 필자는 '무궁화 꽃'이 실패한 현장을 취재한 경험을 지금 자연스럽게 떠올리게 된다. 아마도 나의 경험은 한국의 핵 의혹에 대한 뿌리이기 때문에 여기에 확실히 기록해 둘 필요가 있다. 1975년 4월 주 프랑스 한국대사관에 이희일 경제담당공사가 부임해 왔다. 그는 당시 경제기획원 고위관료로 경제관계의 비중이 별로 크지 않은 프랑스에 경제공사로 부임해온 이유가 처음부터 석연치 않았다.

얼마 후 그는 청와대의 특수임무를 지니고 파리에 왔음이 확인되었다. 프랑스에서 핵연료재처리 시설을 극비리에 수입하는 것이 그의 핵심임무였다. 당시는 박정희 대통령이 선포한 유신시대維新時代이므로 극소수만이 이희일 공사의 비밀작업을 알았고 나는 그의 활동을 취재했다. 이 공사는 결국 프랑스의 실험용 핵재처리시설을 수입 계약하는 데 성공했다. 250만 달러로 재처리시설과 기술을 프랑스의 핵전문 기업 생고뱅사와 계약, 대금도 지불했다. 이 공사는 나의 끈질긴 추적취재에 이 사실을 암시했다. 그러나 프랑스의 핵재처리시설은 끝내 한국에 인도되지 않았다.

미국이 한국—프랑스의 핵재처리시설 계약을 탐지하고 은밀히 프랑스정부에 판매하지 않도록 설득하고 있다는 소문이 돌았다. 미CIA가 극비리에 추진된 프랑스 프로젝트를 탐지해내 포드 대통령에게 직보했다는 것이다. 당시 파리에는 한국의 박정희정부가 프랑스에서 핵찌꺼기 재처리시설을 도입해 와 플루토늄을 추출, 핵무기를 제조하려고 한다는 정보가 비밀리에 흘러 다녔다. 그러나 이것은 '유비통신'일 뿐 아무도 확인해 주지 않았다.

1976년 7월 프랑스 대통령 지스카르 데스텡 대통령의 미국독립 200주년 기념식에 참석하기 위한 국빈방미國賓訪美가 있었다. 지스카르의 방미는 한국 핵무기 프로그램의 장송곡을 울렸다. 필자는 당시 아사히 신문과 신화사통신 파리특파원, 프랑스와 유럽언론사의 수행기자단과 같이 프랑스 대통령을 수행해 워싱턴에서 미·불 정상회담을 취재했다. 워싱턴에 도착한 프랑스 대통령은 당시 포드 미국 대통령과 장시간 회담하고 내셔널 프레스클럽에서 미국언론과 조찬 기자회견을 가졌다. 나는 프랑스기자들과 같이 이 회견에 참석하고 '무궁화 꽃'이 실패한 사실을 직접 듣게 되었다.

사실 그때 나는 미·불 정상회담에서 프랑스의 핵재처리시설 한국판매가 중요의제가 되리라고는 추호도 생각하지 않았다. 미국독립 200주년기념 잔치에 프랑스 대통령이 미국시민의 호의에 국빈으로 참가한다는 의미가 보도의 주 내용이었다. 프랑스는 미국독립전쟁에서 라파이에트 장군이 지휘하는 정예군 1만8,000명을 지원군으로 파견해 승리를 가져오게 했다. 그리고 프랑스는 독립 100주년 기념식 때 유명한 '자유의 여신상'을 제작해 선물로 준 내력이 있다. 그래서 지스카르 대통령의 기자회견은 미국기자들과 프랑스 대통령의 대화 자리이므로 아시아출신 수행기자단은 회견조찬을 구경하는 입장이었다.

그런데 중앙일보 주프랑스 특파원이었던 나는 워싱턴포스트지 백악관 출입기자의 첫 질문을 듣고 귀를 의심했다. 바로 프랑스의 대한국 핵재처리시설 수출문제를 첫 질문으로 거론했기 때문이다. '어젯밤 포드 대통령과의 정상회담에서 프랑스의 한국에 대한 핵재처리시설 판매문제가 논의된 것으로 알고 있다. 어떻게 결론이 났는가?'라는 것이 질문의 내용이었다.

지스카르 대통령은 당연히 질문이 나올 것으로 예상한 듯 기다렸다는 자세로 간단히 대답했다. "그 문제는 사실 첫 의제로 논의했다. 나는 워싱턴에 오기 직전에 나에게 문제의 결재서류가 올라왔다. 나는 이 문제가 핵 확산의 우려가 있다는 사실을 주지했기 때문에 결재를 거부했다. 그리고 돌려보냈다.” 지스카르는 미국의 압력이 있었다는 암시를 전혀 하지 않았다. 그 자신의 자발적인 결정으로 한국수출을 거부한 것처럼 답변했다.

한국의 핵무기 프로그램

아마도 지스카르는 미국독립 200주년 국빈방문에 대한 선물로 핵재처리시설의 한국판매 거부를 준비해 포드에게 준 것이 틀림없다. 그러나 지스카르의 답변은 사실과는 거리가 있었다. 이희일 공사는 구매계약을 하고 대금을 지불했다는 사실을 나에게 넌지시 암시해 주며 프랑스 정부의 승인에 관해 자신감을 표했기 때문이다. 이 공사는 정부의 비준이 없이 계약과 대금지불은 불가능하다고 암시했던 것이다. 아무튼 지스카르의 답변은 미국언론에 대서특필되었다. 그러나 나의 기사는 한 줄도 보도되지 않았다. 유신시대의 언론통제 때문인 것 같았다.

1970년대 한국의 핵무기 프로그램은 이렇게 실패했다. 그 후 한국은 핵 의혹에서 슬그머니 멀어졌다. 그리고 베를린 장벽 붕괴로 동구공산권과 공산 종주국 소련이 멸망한 후, 1992년부터 이번에는 북한 핵 문제로 국제사회가 오늘까지 떠들썩하다. 한국의 핵 문제는 제네바합의를 계기로 끝난 것으로 모두가 알았고 그렇게 이해했다. 특히 1992년 남북한이 '한반도 비핵화 공동선언'을 체결했기 때문에 한국은 IAEA의 핵 안전협정을 충실히 이행하는 것으로 알려져 있었다. 그래서 한국의 핵 외교는 북한 핵 문제를 해결하면 한반도의 긴장이 완화되고 남북화해를 앞당겨 통일기반을 닦는다는 사실에 초점이 맞추어져 있었다.

그런데 9월3일 한국의 핵물질 실험이 외신에 폭로됨으로써, 한국은 뜻밖에도 북한과 같은 의혹의 당사자로 전락하고 말았다. 한국의 핵물질 실험은 무엇보다도 IAEA에 신고하지 않고 오랫동안 숨겨왔다는 점에서 국제사회의 불신을 자초한 것이나 다름이 없다. 1970년대 플루토늄 프로그램 이후 1982년 4~5월, 전두환 군사정권시절 플루토늄 추출실험을 했다는 것이고, 2000년 1~2월 김대중 정권시절에는 우라늄분리 실험을 했다는 사실이 드러난 것이다.

우라늄과 플루토늄 추출실험에 관해 정부는 모두 외신보도를 사실로 확인했다. 그리고 '과학자들의 호기심'으로 학문적 입장에서 행해진 실험이라고 해명했다. 정부는 실험의 '미신고'도 인정했다. 그런데 엘바라데이 IAEA사무총장은 한국정부의 해명에도 불구하고 여러 가지 의혹을 다시 제기함으로써 노무현정부를 막다른 골목으로 몰아넣었다.

한국 핵 개발에 대한 국제사회의 의혹

엘바라데이 사무총장은 우라늄분리와 플루토늄 추출실험 밖에도 1) 한국은 1982년 천연우라늄을 전환해 150kg의 금속우라늄을 생산했고 2) 금속우라늄 실험시설 미신고 3) 금속우라늄 150kg이 134kg으로 줄어든 변동량의 미신고 4) 플루토늄 추출실험 때 폐연료봉이 사용되었음에도 새 연료봉을 사용한 것으로 오기誤記한 사실을 추가로 제기함으로써, 한국의 핵 투명성이 결여된 국가가 아닌지 의문을 제기한 것이다.

이러한 의혹제기에 관해 한국정부의 해명은 IAEA가 의혹을 제기하면 곧바로 사실 확인을 해주며 '호기심'을 방패로 해명하고 있을 뿐이니 의혹은 눈덩이처럼 불어났다. IAEA와 국제사회는 정부의 뒷북치기 해명과 확인이 무언가 숨기려다가 들통이 나자 마지못해 인정하는 모습을 보인다는 오해의 소지마저 낳았다.

정부의 해명과 답변을 종합해 보면 이렇다. '우라늄 분리와 플루토늄 추출실험을 한 것은 사실이다. 핵물질 실험을 신고하지 않은 것은 학술

목적의 실험으로 정부가 알지 못했기 때문이다.' 과기부의 해명은 더 구체적이지만 국제사회가 설득 당하기에는 미흡한 것으로 보인다. '실험 당시 천연우라늄 가격이 비싸 연료의 국산화차원에서 0.02g의 우라늄을 함유한 인광석에서 천연우라늄 추출을 위한 연구를 했다. 이 과정에서 금속우라늄을 생산하게 되었다. 추출된 우라늄은 원전연료로 사용했고 남은 물량을 금속우라늄으로 변환해 이중 3.5kg을 2000년 우라늄 분리실험에 썼다. 실험에 쓰고 손실분을 제외한 나머지 134kg의 금속우라늄은 원자력연구소에 보관중이다. 이는 지난 7월에 IAEA에 신고했다' 는 것이다. 엘바라데이 IAEA사무총장이 금속우라늄을 생산한 이유에 관해 의혹을 품고 있는 것으로 관측된다. 사실 이러한 부분을 '학문적 호기심' 으로 돌리는 정부의 해명이 얼마나 설득력을 갖는지 의문이다. 왜 원전연료로 쓰는 천연우라늄이 금속우라늄으로 전환되었느냐는 질문이다. 이미 천연우라늄을 금속으로 바꾸는 데 쓰는 3개의 시설은 IAEA의 추가의정서 발효 후 신고했어야 했다. 그러나 이것도 '미신고' 였다. 원자력연구소는 '금속우라늄은 방사능 차폐장치와 기중기 항공기 등의 무게중심 장치 등으로 사용된다. 이것은 당연히 원자력 연구자들의 관심사이다' 라고 해명했다.

그런데 정부와 원자력연구소 등 핵 관련기관의 해명은 IAEA와 국제사회를 납득시키지 못하고 있는 데 문제가 있었던 것이다. 한국정부가 해명하면 할수록 국제사회의 의혹이 불어나고 불신은 증폭되는 양상을 보였다. 천연우라늄을 금속우라늄으로 변환한 실험에 성공했다는 사실에 대해 대체적으로 '단순한 학문적 호기심' 으로 볼 수 없다는 견해가 지배적이다. 국제언론은 우라늄변환 실험은 우라늄농축의 전 단계실험으로 정부차원의 핵 개발실험 가능성이 많다고 해석하고 있다.

1970년대 한국이 미국의 압력으로 핵개발 프로그램이 실패한 후 한국은 1980년대부터 비밀리에 핵개발을 해왔지 않았느냐? 라는 의심을 하고 있는 것이다. 정부의 실험확인만으로도 정부가 막후에서 핵개발 프로그램을 지원해 진행시켜 온 것으로 국제언론이 보는 데 무리가 없을 정도라는 것이다. 1980년대 초반에 플루토늄 추출 실험을 한 데 이어 1990년대에 천연우라늄을 금속으로 변환하는 실험을 했고 2000년에 우라늄 농축실험을 한 점으로 보면 한국정부의 '과학자의 단순한 호기심'이라는 해명을 믿을 수 없다는 것이다.

오명 과기부장관은 "4세대 원자로나 핵융합로 등의 기술개발의 의사"라고 설명했으나 플루토늄 추출을 위한 재처리시설과 농축우라늄 분리를 위한 시설에 관해서는 언급하지 않았다. 핵의 평화적 이용을 위해 이번에 의혹으로 떠오른 핵물질 실험을 계속하겠다는 정부의 의도가 숨겨져 있지 않은지 국제사회에 오해의 소지를 남긴 대목으로 보인다. 아무튼 노무현정부에 핵물질 실험 의혹은 핵외교가 얼마나 중요한지를 일깨워 준 셈이었다.

핵무기 프로그램은 국가의 운명을 좌우하는 중대문제다. 이 때문에 이라크는 미국의 침공을 받아 후세인정권이 붕괴되었고(핵무기를 포함한 대량살상무기가 발견되지 않았지만) 북한 양강도의 폭발이 행여나 핵실험이 아니냐? 라는 의문이 제기될 만큼(수력발전소 건설용 폭파작업이었다) 민감한 사안이었다. 한국정부가 핵의 평화이용 4원칙을 천명했으나, 앞으로 이를 국제사회에 어떻게 실천해 보이느냐는 것이 중요하다. 한국 외교통상부와 관련 부서들은 낙관하는 표정이 역력하다. 그러나 IAEA는 핵확산을 저지하기 위해서는 냉혹한 판단을 하는 세계 최고의 핵전문가 집단이다. 한국정부의 '학문적 호기심'에 의한 실험이라는 변명에도 불구하고 핵무기개발 의도가 행여나 숨겨져 있지 않은지를 철저히 따지고 검증한다는 사실을 잊어서는 안 된다.

　　마지막으로 첨언할 것은 한반도에서 핵 문제의 골칫거리가 북한인 줄로 알았으나, 남한도 마찬가지가 아니냐는 새로운 인식을 국제사회에 주고 있다는 점에서 한국 과학자들의 '호기심'은 한국에 큰 상처를 입혔다. 차라리 핵무기 프로그램을 갖는다고 큰소리친 북한에 비해 한국정부와 과학자들은 신뢰 상실이라는 부정적 이미지만 심었기 때문이다. 프랑스의 유력지 르몽드지는 "서울의 의도에 혼란을 주는 비밀실험"이라는 제목의 기사에서 이렇게 논평했다. "남한 과학자들의 플루토늄 추출과 우라늄농축에 대한 비밀활동의 폭로는 북한 핵무기 프로그램을 저지하기 위한 베이징의 6자회담의 협상을 어렵게 할 위험이 많고 한국정부의 (핵물질 실험에 대한) 의도에 의혹을 불러일으켰다."

PART 2

북핵 그리고
한반도 최악의 시나리오

북한의 핵실험과 미국의 딜레마

김정일과 부시, 마지막 담판의 장으로 접근하다

북핵 위기를 어떻게 극복할 것인가

북핵 문제는 국제공조로 풀어야 한다

북한의 핵실험과 미국의 딜레마
–북핵 위기와 한반도 전쟁 시나리오

북핵 문제는 이제 더 갈래야 갈 수 없는 벼랑 끝에 이르렀다. 2005년 평양이 핵무기 보유와 6자회담 불참선언을 한 지 많은 시간이 흘렀다. 이제는 방코델타아시아(BDA) 북한 계좌 문제 해결을 앞두고 상황은 급진전되고 있다. 북한은 2005년 이후 더 많은 '핵 억제력'을 갖기 위해 영변 5메가와트 실험용 원자로의 폐연료봉 8,000개를 인출해 재처리했다고 발표했다. 핵무기창고에 더 많은 핵폭탄을 만들어 넣겠다는 의지를 거침없이 드러낸 것이다. 그러나 아직 공개적으로 핵실험에 대한 언급을 하지 않고 있다. 대미협상을 위한 최후의 출구를 남겨둔 것이었다.

노무현정부는 북핵 문제 3원칙을 계속 고수하면서 북의 핵무기 보유선언을 협상의 몸값 높이기 전략 정도로 계속 평가절하하고 있다. 첫째 북한 핵무기 보유를 불용不容하며, 둘째 평화적 대화로 북핵 문제를 풀고, 셋째 한국이 주도적으로 해결하겠다는 것이다. 노정권의 3원칙이 앞으로도 계속 유효할지는 매우 의심스럽다.

북핵 위기와 한반도 전쟁 시나리오

미국은 여러 개의 카드를 갖고 강온전략을 구사하면서도 6자회담에 북한을 복귀시키려고 총력을 기울였다. 북한에 대한 호칭이 '악의 축'에서 '폭정의 전초기지'로 바뀌었다가 평양의 '폭정의 전초기지의 근거를 대라'는 요구에 부시 행정부는 북한은 '주권국가'라고 다시 수정해 불렀다. 북한은 2004년 6월 3차 6자회담이 성과 없이 끝난 후, 4차 회담을 거부해 국제사회의 현안인 북핵 문제를 미궁으로 몰아넣었다.

미국은 5월13일 급기야 뉴욕에서 북한과 비밀대화를 갖고 6자회담 틀 안에서 북·미 양자회담이 가능하다는 당근을 제시했다. 6자회담 복귀 신호로 보이는 북한의 반응이 나와 분위기가 호전되었다. 그러나 부시 행정부는 북핵 문제의 유엔 안보리 회부라는 처방도 비치고 특히 북핵시설 족집게 폭격계획인 콘플랜 8022—02가 보도되어 북한이 '혼란스럽다'는 반응을 보이기도 했다.

북핵 문제의 해결 실마리를 찾아내지 못하고, 한반도와 동북아에 긴장이 고조되자 국제언론이 북한의 핵실험 가능성을 대대적으로 보도하기 시작했다. 일본의 니혼겐자이 신문은 북한이 이르면 '9월에 핵실험을 강행할 수도 있다'고 미국CIA 동아시아국장을 지낸 아서 브라운 위기관리그룹 부회장의 말을 인용해 보도했다. 이에 앞서 미국의 NYT, WP, 영국의 FT, 가디언, 런던타임스, 프랑스의 르몽드지와 르 휘가로지 등이 길주에서 북의 핵실험 임박설을 보도했다.

브라운 부회장은 '북한은 파키스탄처럼 핵무기 보유국으로 인정받기를 원한다. 북한의 핵실험은 9월까지나 내년 3월초 이후 두 가지를 생각할 수 있다'고 말했다. 그는 북한과의 협상으로 해결이 어려울 경우 미군이 핵시설을 정밀조준 폭격할 것이냐는 물음에 대해 '선택되지 않을 것'이라고 전망했다. 그는 '북한의 핵폭탄과 고농축우라늄(HEU) 핵시설의 정확한 장소를 모르며 특히 한국정부의 지지를 얻을 수 없기 때문에 조준폭격이 어렵다'고 말하며 부시의 북핵시설 선제공격을 부정했다. 그러나 부시 행정부의 의사를 정확히 대변했는지는 확실치 않은 보도였다.

그럼에도 한반도 분위기는 평온 속의 긴장이 흐르고 있었다. 남북 차관급 회담과 북·미간 뉴욕접촉으로 다소 숨통이 트이기는 했으나, 북한의 핵무장과 핵실험 가능성이라는 근본문제는 여전히 미해결로 남아 있었기 때문이다. 그래서 전쟁 폭발가능 지역으로 한반도가 지목된 보도가 나왔다. 프랑스의 시사주간지 쿠리에 앵테르나쇼날지(Courrier Internarionale)가 '1945년 후 60년, 세계대전은 가능한가?'라는 특집보도를 한 것은 국제사회의 전쟁위기를 반영한 보도논평이었다. 이 시사주간지는 전쟁시나리오를 5개 제시했는데, 한반도는 '2006년, 제3의 시나리오'로 지목했다.

2006년까지 북핵 문제가 해결되지 않을 경우, 한반도에 전쟁폭발 위험이 있다고 전망한 것이었다. 제1의 시나리오 위험지역으로 중국과 대만의 양안이며, 대만독립문제가 평화적으로 풀리지 않으면 전쟁이 날 것이라고 했다. 제2의 시나리오는 미국이 핵 문제로 이란을 선제공격하면 중동에서 터진다는 것이다. 이 시사주간지는 20세기의 1, 2차 세계대전에서 미국이 승리했고, 제3차 대전도 동서냉전으로 핵전쟁 위험이 컸으나 공산진영의 자체몰락으로 종결되었지만, 결과는 미국의 승리였다고 진단했다.

2001년 9·11사태를 계기로 미국이 테러와의 전쟁을 계속하고 있으나, 아직은 세계대전이라고 부르기에는 어려운 이슬람 과격단체와 부시 행정부간 지역에 한정된 전쟁양상을 보이고 있다. 부시가 이라크를 선제공격했으나 제한전쟁으로 종결되고 있다고 해석했다. 제4의 시나리오는 2012년 콩고와 앙골라의 국경분쟁, 제5의 시나리오는 2019년의 콜롬비아의 마약과의 전쟁이다. 제4와 제5의 시나리오는 먼 후일의 전쟁위험이니 당장은 문제가 될 것이 없다. 제1의 시나리오는 중국―대만 관계가 호전되고 있어 일단 위기를 벗어나고 있다. 이란의 핵 문제도 유럽연합(EU)의 적극 중재로 해결의 실마리가 나타나고 있다. 제3의 시나리오로 지목됐던 한반도는 지금도 위험하며, 주변 강대국들의 이해관계가 상호 모순적으로 충돌할 가능성이 많아 심각성을 더해가는 양상이라는 것이다.

시사주간지의 한반도 전쟁 시나리오를 요약해 보면 다음과 같다. 먼저 북한의 스파이 잠수함이 남한의 동해안에 좌초하면서 남북간 군사상황이 통제 불가능 상태로 악화되어 전쟁이 시작된다. 1) 평양이 먼저 화학무기 탄두를 장전한 노동 미사일을 남측에 발사한다. 2) 북한 미사일은 미군의 방어벽과 충돌하는데, 미사일전쟁 양상을 보인다. 미군은 패트리어트 미사일을 발사해 북한 미사일을 중도에서 요격하며, AEGIS 레이더 시스템을 가동시키고 이스라엘산 레이저탄을 실험적으로 쓸 것이다.

3) 북한군은 핵탄두를 장전한 대륙간 탄도미사일 태평―2호를 미국 본토의 서부도시 시애틀을 겨냥해 발사한다. 태평―2호의 유효사거리는 4000km이다. 4) 북한의 미사일이 구름에서 나타나면 미군의 신무기인 레이저가 거의 완전하게 명중시킨다. 5) 알래스카에서 안티미사일 시스템을 가동해 태평양 위를 날아 미국본토로 날아가는 북한 미사일을 요격한다. 6) 태평―2호는 미군의 요격미사일에 대한 방해 장치를 가동

시키나 성공하지 못한다. 그리고 태평양에 추락해 소멸된다. 7) 미해군 함정들이 수많은 미사일을 북한 미사일기지와 핵시설을 정밀 조준해 발사한다. 8) 북한영토로 진격한 남한군과 중국군이 엄청난 충격으로 갈팡질팡하는 북한의 벙커들을 하나하나 파괴한다. 그러나 세계대전 확전이라는 대재앙은 극적으로 피한다.

쿠리에의 2006년 한반도 전쟁시나리오는 결과적으로 일어나지 않았다. 북한이 핵무기 보유국임을 과시하기 위해 핵실험을 실시한다면, 그 다음 단계로 부시 행정부가 선제공격의 유혹을 강하게 받으리라는 것은 쉽게 전망할 수 있었다. 물론 미국은 먼저 북핵 문제를 유엔 안보리에 회부해 국제사회와 공동으로 한반도를 봉쇄하는 전략을 거침없이 밝히고 있다.

그런데 대북 선제공격 준비를 완료한 것도 부정할 수 없는 사실로 드러나고 있다. 미국의 워싱턴 포스트(WP)가 콘플랜(Conplan) 8022—02를 수립해 놓고 있었다고 보도한 것은 그래서 중요한 정보가 된다. WP는 북한 핵시설에 대한 선제공격 계획 콘플랜 8022를 2004년에 이미 수립해 준비를 완료했다고 보도한 것이다. 이것은 북한의 핵과 중요시설에 대한 선제공격 전략을 구체화해 수립한 것이 골자다.

콘플랜 8022는 미국이 극비리에 수립한 비밀공격작전 계획이나, 지구촌 공습작전계획으로 부르며, 지구의 어느 곳에든지 위협상황이 발생할 경우 수분 이내에 폭격해 위험요소를 신속하게 제거하는 것을 목표로 한 계획이다. 콘플랜 8022는 북한과 이란 핵 문제에 대응하기 위한 구체적 선제공격계획으로, 재래방식과 사이버 공격을 동시에 적용·실시하도록 돼 있다는 것이다. 특히 북한의 핵무기 사용징후가 나타날 경우 미국이 즉시 핵무기를 쓸 계획도 포함하고 있어 주목된다.

미국의 북한 선제공격 계획

미국의 군사전문가 윌리엄 아킨은 '핵무기 사용을 포함한 선제공격도 포함돼 있다' 라고 콘플랜 8022에 관해 밝혀 미국이 핵무기를 선제공격에서 쓸 것이 확실시되고 있다. 콘돌리자 라이스 국무장관이 '미국은 아시아지역에서 북한의 어떤 도발에도 대응할 수 있는 모든 종류의 실질적 억지력을 유지하고 있다' 고 큰소리친 것은 핵 공격까지 염두에 둔 대북 경고로 해석해야 할 것이다. 콘플랜 8022의 특징은 지상병력을 배치하지 않고 공중폭격에 이은 소규모 작전으로 일시에 군사적 목적을 달성하는 데 있다. 북한에 대한 선제공격으로서 이 계획은 2가지 시나리오를 갖는다.

첫째, 구체적이며 긴급한 북한의 핵위협이 발생할 경우의 대응을 의미한다. 선택한 목표물을 신속정밀하게 공중폭격으로 타격하고 전자 및 사이버 공격을 결합해 북측의 군사적 대응을 무력화시킨다는 것이다. 미군은 폭격기를 동원해 북핵시설에 대해 족집게 폭격을 가한다는 말이다. B—2, B—52 폭격기로 공습을 가하고 벙커버스터를 사용해 지하 침투용 폭탄을 지하에서 터뜨려 지하 핵시설도 파괴한다고 한다.

둘째, 공중폭격과 동시에 사이버 공격을 가해 미사일망, 방공망, 통신시설과 각종 반격시스템을 파괴시킨다고 한다. 그리고 소규모 특수부대를 적진 깊숙이 목표물에 침투시켜 핵장비와 시설을 완전 무력화시키고 탈취한다는 것이다. 셋째, 북한이 핵무기를 사용할 징조가 나타날 경우 미국 대통령의 명령으로 핵무기로 선제공격해 북의 핵무기사용을 원천적으로 저지한다는 전략까지도 포함돼 있다.

부시 행정부는 콘플랜 8022를 2002년부터 구상했다고 하며 2003년 1월 완성했다는 것이다. 미국전략사령부 제임스 엘리스 사령관이 2004년 1월 부시와 럼즈펠드 국방장관에게 공식 보고했으며, 국방장관이

2004년 6월에 공식적으로 승인한 것으로 보도되었다. 2004년 8월 부르스 칼슨 미 8군 공군사령관은 콘플랜 8022에 따른 북핵시설 공격준비태세를 완료한 사실을 확인했다고 WP지가 보도했다. 군사전문가 아킨은 부시 행정부가 핵무기 전력만 관장해온 전략사령부에 재래식무기와 핵무기를 결합한 세계차원의 타격계획을 관장할 권한을 부여해 선제공격의 효율적 가능성을 더 높였다고 평가했다.

사실상 부시는 북한에 대한 핵공격을 포함한 선제공격 계획을 완료하고 북한의 핵무장에 관해 면밀히 관찰하고 있었던 것이다. 그런데 북한은 핵실험을 최후로 남겨 둔 상태로, 협상카드를 모두 소진한 상태다. 이것은 1990년대 초 북핵 위기와 견주어 보면 '붉은 선—레드 라인'을 여러 차례 넘어버린 것이다. 1994년 10월 제네바합의는 북한 영변 핵시설의 5메가와트 원자로 폐연료봉 8,000개를 인출, 재처리해서 플루토늄을 추출하는 것을 저지하기 위한 것이었다. 연료봉 인출을 봉쇄하는 작전이었다.

그래서 폐연료봉의 인출이 '붉은 선'으로 지목되었던 것이다. 폐연료봉 인출은 곧 플루토늄으로 핵폭탄을 제조하는 것을 의미하기 때문이다. 당시 김일성 주석이 극적으로 이해 3월 핵확산금지조약(NPT)에서 탈퇴한 것은 국제사회에 북한이 폐연료봉을 재처리해 핵무기를 제조하겠다는 의지를 공개적으로 표시하는 조치였다.

이 때문에 당시 미국의 클린턴 행정부는 영변 핵시설에 대한 폭격을 준비했던 것이다. 제네바합의는 폐연료봉을 봉인해 국제원자력기구(IAEA) 사찰요원의 상시감시 밑에 둠으로써 핵무장에 대한 북한지도부의 야망을 일차 저지했다. 그런데 북핵 문제는 제네바합의 때문에 2002년 1월 부시 행정부가 북한을 '악의 축'으로 지탄하기까지 거의 9년 동안 조용했다.

북한과 국제사회는 평화를 유지했으며, 아무도 제네바합의에 대해 시비를 걸지 않았다. 그런데 부시 행정부가 집권하면서 제네바합의를 '바보스러운 약속'으로 매도함으로써 파기의 수순을 밟았다. 북·미 관계가 얼어붙었고, 2차 북핵 문제가 여기서 터지면서 북핵 문제의 긴장된 평화는 깨어졌다.

북한은 2002년 10월 HEU 프로그램이 제네바합의 위반이라는 부시 행정부에 대해 처음에는 시인함으로써 제네바합의를 백지화하는 계기를 만들었다. 그리고 북한은 영변에서 활동하는 IAEA의 봉인과 감시시설을 해체하고 사찰요원을 모두 추방하며 NPT에서 다시 탈퇴했다. 2003년 1월에는 제네바합의에 따른 폐연료봉 8,000개를 인출해 재처리함으로써 10년 전의 '붉은 선'을 넘어버렸다.

북한은 제네바합의 백지화 후 스스로 핵무장을 향해 돌진하는 것 같은 인상을 국제사회에 주었다. 보통 핵무기 제조의지를 숨기고, 만들었다 해도 실험에 성공하기 전에는 비밀에 부치기 마련이다. 그런데 북한은 정반대의 행동을 취했다.

2·10 핵무기 보유 선언 후 미국의 선제공격에 대해 새로운 핵 억지력을 강화했다는 발표를 거침없이 쏟아냈다. 북한은 2003년에 이어 5월11일에도 영변 원자로에서 폐연료봉 8,000개를 성공적으로 인출하는 걸 완료했다고 발표했다. 북한은 '핵 무기고를 증대하기 위한 조치'라고 밝혔다. 다시 말해 핵폭탄을 더 만들어 핵무장을 강화한다는 대외선언으로, 국제사회에 충격과 불안을 더했다.

미국의 대북정책 변화와 6자회담

체제유지를 위해 핵폭탄제조를 공언하고, 수많은 아사자餓死者를 내며 탈북자들의 행렬이 줄을 잇는 마당에 환경문제가 겁나 핵실험을 하지 않는다는 주장은 너무나 낭만적이다. 특히 북한은 이미 유엔 안보리에 북핵 문제를 넘기면 '선전포고'로 간주한다고 공언해 이에 대한 결정적 명분을 줄 핵실험을 최대한 자제할 것으로 관측된다. 무엇보다도 핵실험을 한다면 북의 마지막 카드를 소진하게 되며, 특히 부시와 미국 신보수주의자들의 선제공격 주장을 강화할 위험이 너무나 크므로 최대한 자제할 것으로 보는 게 타당하다.

적어도 북의 핵무장에 관한 진실과 포기를 위한 협상조건을 타진하는 것은 필연적이며, 가능하면 북의 결정을 받아야 한국외교의 신뢰가 회복될 수 있다. 북한의 의사를 분명히 알아야 한미정상회담에서 북핵 문제 해결의 실마리를 풀 수 있기 때문이다. 그러나 이미 북한이 핵무기 보유국 행세를 하는 현실에서 '북한핵무장을 용납할 수 없다'는 남측의 논리가 얼마나 효과를 얻을지는 지극히 의심스럽다.

이미 비료 20만 톤만 주고 고작 장관급회담 약속을 건진 차관급 회담을 고려하면, 장관급회담에서 핵 문제에 대한 최후의 담판을 할 각오가 있어야 한반도 평화를 지킬 수 있다. 다시 나머지 비료 30만 톤만 안겨주는 '실패작'이 되면 안 될 것이다.

2005년 5월 하순 북한의 6자회담 복귀 분위기가 무르익어 가는 것으로 보였다. 북의 핵실험 보도로 한반도의 긴장이 고조된 것을 다소 완화한 것 같은 분위기였다. 특히 일본신문들의 북핵 관련 보도가 활발했다. 산케이신문은 워싱턴 발 보도에서 '6월 중하순께 6자회담 복귀에 관련한 긍정적 답변을 내놓을 것이라는 전망이 미국에서 강하게 대두되고 있다'고 보도했다. 이 신문은 또 '북·미가 복귀조건을 놓고 물밑 절충을 펴고 있다'고 말했다.

워싱턴의 외교소식통은 미국의 북한체제 인정과 북·미간 양자대화를 확대할 것 등을 놓고 북·미가 협의를 진행 중이며 합의에 이르면 북한이 복귀를 결단할 것이라고 밝혔다고 이 신문은 전했다. 산케이는 '부시정부는 6자회담 틀 안에서라면 북한과의 양자대화를 지금까지보다 확대한다는 방침을 이미 결정했으며, 이것이 북측에 전달되었다' 고 보도했다.

18일 미 국무부의 디트러니 대북협상대사는 '북한이 6자회담 복귀의지를 밝히면 뉴욕의 북·미대화 채널을 재개하고 6자회담의 틀 안에서 양자회담 협상을 가질 예정이다' 라고 밝혔다. 그는 '부시 행정부 2기 한반도정책 전망' 세미나에서 '북한이 6자회담을 거부한다면 5개국이 다른 옵션을 선택해야 하겠지만 우리는 아직도 북핵의 평화적 해결 가능성을 믿으며 북한이 6자회담에 복귀할 것으로 본다' 고 전망했다.

국제사회는 개성의 남북 차관급회담을 낙관론의 근거로 제기하며 희망적 전망을 나타내 관심을 끈다. 아마도 북한의 핵실험으로 긴장했던 국제사회가 10개월 만에 남북대화가 재개된 것을 보고 6자회담에 대해서도 대화국면으로 가는 징조로 보기 때문일 것이다. 존 메릴 동북아국장은 '개성에서 열린 남북대화에 큰 돌파구는 없지만 중요한 것은 10개월 이상 중단됐던 회담이 재개된 점이며 북한에는 매우 느린 속도지만 각 분야에서 변화가 진행 중' 이라고 평가했다.

남북 차관급회담이 북한의 대화재개 의지의 표현으로 높이 평가한 것이다. 모내기철에 비료가 시급히 필요한 북의 내부사정을 고려하지 않은 기대감에 의한 해석으로 보이지만, 현실적으로 북한은 마지막 카드까지 모두 보여준 상황에서 6자회담 복귀에 대한 결단을 내리지 않으면 안 될 마지막 순간에 도달한 것 또한 사실이다. 프랑스의 르몽드지도 '남북이 북한 핵위기를 대화로 푼다는 의지를 확인했다' 고 차관급회담 성과를 평가하고 뉴욕 북·미 접촉 결과에 관해 '부시의 태도 완화' 로 해석했다.

미국은 북핵 문제를 이라크 전쟁에 몰두한 나머지 오랫동안 방치해 북의 핵무기 보유사태를 빚어 대북정책에 실패했다는 비판마저 일고 있어 다급한 입장에 몰렸다. 그래서 부시 행정부는 '북한은 주권국가'임을 제창하고 양자접촉을 거부했던 태도를 바꾸어 뉴욕접촉을 재개했고, 6자회담 틀 안에서 양자회담의 확대의사를 전달한 것이다.

그러나 6자회담이 재개된다고 해서 북핵 문제가 바로 해결된다는 보장은 없다는 사실에 유의할 필요가 있다. 마치 전등불에 날아드는 불나방처럼 북한의 6자회담 복귀에 국제사회가 '올인하는' 모습이다. 그러나 실제 북핵 문제는 6자회담 재개 이후가 더 문제일 수 있다. 북한이 핵무기 보유를 선언한 이후에도 폐연료봉 8,000개를 인출해 재처리했으며, '핵 저장고를 늘리고 있다'고 공언했기 때문이다. 북한의 핵에 대한 전면적 포기를 얻지 못하면 4차 6자회담 전의 원점으로 돌아갈 위험이 상존한다. 여기서 북한은 체제보장을 위해 핵무장을 했다고 수차 밝혔다.

과연 미국과 주변 5개국의 보증으로 체제보장을 한다고 해도 북한이 과연 전면적으로 핵을 폐기할 것인가? 북한은 핵무기 보유만이 확실한 체제보장의 보증수표라고 생각하는 것이 분명하다. 제3차 회담에서 이미 6자회담 참가국들은 북한체제 보장 제안을 했다. 그럼에도 북한은 미국과의 양자협상과 불가침조약, 체제보장을 계속 요구하며 핵무장 과정을 차례차례 밟아 왔다. 그리고 거침없이 핵무장 강화작업을 계속하고 있다.

그래서 북한은 핵무기 보유를 계속 유지하면서 미국의 체제보장과 수교를 얻어내려는 꿈을 꾸고 있는 것이 아닌가? 핵무장을 해야 북의 전체주의 체제를 유지할 수 있다고 확신하는 북의 지도층이 핵을 포기하지 않고도 미국의 체제보장을 받을 수 있다고 망상을 한다면 중대한 오판이다. 이것은 부시의 콘플랜 8022—2를 가동시킬 명분이 될 것이 확실하기 때문이다. 이러한 추정은 비관적일지도 모르지만, 제네바합의 파기

이후 지난 몇 년 간 북핵 문제 진전을 살펴보면 결코 낙관만 할 수도 없는 것이 현실임을 인식할 필요가 있다.

김정일과 부시, 마지막 담판의 장으로 접근하다

-부시의 당근을 김정일은 과연 먹을 것인가

드디어 2005년 7월26일 열린 4차 베이징 6자회담은 결론을 내지 못하고 일단 휴회에 들어갔다. 1994년 제네바합의를 백지화시키고 북핵 문제 해결을 다시 시도하는 4차 6자회담은 사실상 제네바합의 내용의 범주範疇를 벗어나지 못해 미국의 부시 행정부와 북한 김정일 위원장의 게임이 계속 원을 그리는 것 같다.

모든 북한 핵의 전면적 폐기를 요구하면서 북한의 체제보장과 에너지 지원, 그리고 경제지원을 하겠다는 부시 행정부와 북한의 밀고 당기기식 게임은 11년 전 제네바회담과 다르지 않다. 다만 협상무대가 제네바서 베이징으로 옮겨졌고, 북·미 양자회담에서 남북한, 미·중·러·일 등의 6자회담으로 확대된 것이 다른 점이다. 아무튼 휴회 후 진전은 북·미가 해결을 위한 돌파구를 여는 것 같다.

북한 입장을 중국보다 더 대변한 한국의 중재안

꽤 긴 기간인 13일 동안 열린 6자회담이 합의문을 채택하지 못한 이유는 북한의 평화적 핵 이용권에 대한 북한과 미국의 이견을 좁히지 못했기 때문이었다. 미국은 '모든 핵의 전면적 폐기'를 주장한 반면에 북한은 '모든 핵무기만의 폐기'를 고집해 결국 합의도달에 실패했다는 것이다. 특히 주목된 점은 북한이 중국의 중재안을 거부했다는 사실이다.

중국은 '북한이 핵확산금지조약(NPT) 아래서 권리와 의무를 갖는다'는 중재안을 냈으나, 북한이 거부함으로써 사실상 북핵 문제는 난관에 봉착한 것이다. 여기서 주목해야 할 것은 북한이 중국의 중재안을 거부했다는 사실이다. 중국은 북한의 혈맹으로 미국보다는 북한입장을 더 배려한 중재안을 마련했음에도 북한이 거부하자 심기가 불편했을 것으로 보인다.

중국의 중재안이 거부되자 한국이 새로운 중재안을 냈으나 이번에는 미국이 거부했다. '북한은 NPT 아래서 핵의 평화적 이용권리와 의무를 갖는다'는 것이 한국의 중재안이었다. '핵의 평화적 이용권리'라는 문구가 추가된 것이 중국안과 다른 점이다. 미국의 입장은 '평화적 이용권리'를 북한에 부여할 수 없다는 것인데, 한국이 북한 편을 들었으니 미국이 수용할 리가 없는 것이다. 한국 중재안은 중국안보다 북한의 입장을 노골적으로 대변해 준 인상이 짙다.

미국은 근본적으로 북한 핵의 평화적 이용을 신뢰하지 않는다. 북한은 영변의 5메가와트 (실험용) 원자로를 에너지 공급을 위한 평화적 이용이라고 계속 주장했다. 그러나 제네바합의를 파기하고 NPT를 탈퇴한 후 폐연료봉을 추출해 재처리했다고 북한이 발표해 의심을 샀다. 폐연료봉 추출은 재처리를 통한 플루토늄의 생산을 의미하기 때문이다.

그래서 중국은 미국의 내심을 제대로 읽고 막연하게 'NPT 아래서 권리와 의무를 갖는다' 라고 '평화적 이용'을 빼고 표현해 북·미간의 민감한 부분을 피하려고 중재안을 낸 것이 확실하다. 그러나 북한은 평화적 핵 이용권을 가져야 한다는 주장을 끝까지 고집함으로써 결국 합의문 채택에 실패했다. 당혹스러운 입장에 빠진 한국은 '평화적 핵 이용권'을 명문화한 중재안을 마련해 미국을 설득하려 했으나 실패했다.

결국 한국은 평화적 핵 이용권을 주장한 북한의 입장을 대변하는 꼴이 됨으로써 중립적이며 공정한 중재자의 입지를 잃게 되지 않을까 우려된다. 한국대표단이 4차 6자회담의 실패를 면하기 위해 응급처방으로 중재안을 냈다고는 하지만 악수惡手를 둔 것이 아닌지 우려되는 대목이다. 휴회 후 정동영 통일부장관이 북한의 평화적 핵 이용권에 대해 미국과 견해가 다르다는 입장을 천명함으로써, 앞으로 6자회담에서 한국의 입지는 북한의 평화적 이용권 위에 있음이 분명해졌다.

노무현정권, 200만 메가와트의 전력 북한에 공급제의

미국의 크리스토퍼 힐 대표는 2005년 9월 또는 10월 말까지 6자회담을 매듭지을 것이라고 말했다. 그러나 회담의 성패에 관해서는 입을 다물었다. 특히 힐 대표는 한반도 평화체제에 관해 북한·한국·중국과 협의했다고 밝혀 비상한 주목을 받았다. 6자회담의 귀추를 잘 보기 위해 7월26일부터 8월7일까지 회담경과를 재점검해 볼 필요가 있다.

2005년 봄에만 해도 6자회담 개최여부는 불투명했다. 2002년 10월 농축우라늄(HEU) 프로그램에 대한 부시 행정부의 주장에 북한이 '있다'고 시인한 후, 북핵 문제는 계속 악화의 길을 걸어왔다. 2005년 2월에는 북한이 핵무기 보유 선언을 했고 영변의 폐연료봉을 인출해 재처리를 성공적으로 끝마쳤다고 발표하기에 이르렀다. 핵무기를 둘러싼 북·미간 공방전은 이제 타협의 여지가 없는 것처럼 보일 정도였다. 돌파구는 특사외교에서 열렸다. 북한에 대한 중국과 한국의 특사외교가 부시의 선제공격을 포함한 '최악의 시나리오'를 해소하기 위해 적극적으로 펼쳐졌다.

특히 정동영 통일부장관이 6·15공동선언 5주년 행사에 남측단장으로 참석해 김정일 위원장과 면담한 것이 결정적이었다. 김 위원장은 6자회담 참가와 핵무기 프로그램의 폐기와 국제원자력기구(IAEA)의 사찰수용 용의까지 비치는 적극적 해법을 표명했던 것이다. 그리고 노무현정부의 200메가와트 전기공급 제의가 정동영 특사의 입에서 나왔다. 물론 북한이 핵무기 프로그램의 전면적 폐기가 전기공급의 전제조건이었다.

남북의 화해분위기가 무르익는 가운데, 김정일이 '7월에는 6자회담에 나갈 수 있다'고 말했으나 결단을 내리지 못하는 것으로 비쳐졌다. 미국을 비롯한 국제사회는 '김정일이 과연 6자회담에 참가할지'에 비상한 관심을 보였다. 북한은 7월에 참가하기로 극적으로 결정했다. 그래서 7월26일 베이징 4차 6자회담이 3차 6자회담 후 1년2개월 만에 열린 것이다. 3차와 4차 회담 사이 북핵 문제는 최악의 상황에 빠져 있었다. 그런데 북한은 핵 프로그램보다는 한반도 평화협정 문제를 먼저 끄집어냈다. 북한의 관심은 '김정일의 공산주의 체제보장'에 있고 또 휴전협정을 평화협정으로 대체하는 데 있다고 판단했기 때문이다. 평화협정 문제는 휴회기간에 힐 대표가 기자회견에서 설명했듯, 4차 6자회담 전에 먼저 협의한 것으로 밝혀졌다. 북한은 오래 전부터 휴전협정을 평화협정으로 대체하자고 주장해 왔으나, 이는 '주한미군의 철수'를 얻어내기 위한 '공작'이라는 비판 때문에 긍정적 반응을 얻을 수 없었다.

한국은 4차 6자회담에서 북측의 평화협정 주장을 긍정적으로 수용하기로 방침을 정했다고 한다. 내부논의를 통해 평화협정보다는 '평화체제'에 관해 논의가 가능하다는 입장을 정리했다는 것이다. 남측은 7월 24일 남북대표 실무협의에서 평화체제 구축을 위한 논의를 할 수 있다는 입장을 밝혔다. 평화체제 문제는 이미 1990년대 남·북·미·중 4자회담의 논의에서 합의한 바 있으므로 수용은 어려운 일이 아니었다.

그러나 남측은 이것이 주한미군 철수에 대한 북한의 종래 요구이므로 그대로 수용할 수 없는 일로, 불가입장을 고수했다. 북한은 '미군철수'를 고집하다가 '주한미군의 지위변경'이라는 말로 표현을 바꾸었다. 즉 북한은 한국전쟁에서의 적대관계 결과, 주한미군이 주둔한다는 사실을 다른 목적의 주둔으로 바꾸자는 것이다. 주한미군은 북한에 대한 억지력뿐만 아니라 다른 포괄적 목적으로 주둔하는 것으로 바꾸자는 것으로, 6·25전쟁 참전에 의한 주둔의 의미를 완화할 수 있다는 것이다.

중국의 중재안마저 거부한 북한

그런데 한반도 평화체제 구축 문제는 북핵 문제가 해결된 후에야 다루어지고 처리될 문제다. 특히 여기에는 북한의 신뢰문제가 핵심사안으로, 북한의 체제보장뿐만 아니라 북의 군사행동에 대한 국제사회의 보장도 필요하다. 1950년 6월25일 북한이 시작한 한국전쟁에 대해 유엔 안전보장이사회의 결의로 미국을 포함한 16개국이 참전했기 때문에, 단순히 미국과 남북한의 논의만으로 매듭을 지을 수는 없는 것이다. 북측은 평화체제 구축문제를 '우리 민족끼리' 논의하자고 제의하기도 했다고 한다. 이것은 뜻밖의 제의다.

지금까지 북한은 평화체제와 핵 문제에서 남측을 배제해 왔는데, 왜 갑자기 태도를 바꾸었는지 배경이 궁금하다. 이것은 노무현정권의 대북 화해와 경제지원 정책이 영향을 미친 것으로 풀이되지만, 1953년 7월 휴전협정 당사자도 아닌 남한이 평화체제 구축문제의 협상 파트너가 된

다면 특수지위의 획득으로 평가돼야 할 것이다. 북측의 대남인식對南認
識이 크게 전환하는 것으로 해석되지만, 앞으로 북한이 변심하지 않을
는지는 두고 보아야 할 일로 국제사회가 평가할 것이다.

그러나 평화체제 문제는 핵 문제 해결이 없으면 논의가 근본적으로
불가능하다는 한계를 지닌다. 그래서 4차 6자회담의 진전은 북핵 문제
에 대한 쟁점과 합의와 타협이 어떻게 전개되어 13일 만에 합의 없이 휴
회에 들어갔는지를 파악해야 한다. 북한과 미국의 핵심쟁점은 미국의
'북한의 모든 핵 프로그램의 완전한 폐기'와 북한의 '모든 핵무기 프로
그램의 폐기'라는 이견이 좁혀지지 않은 데 있다. 미국은 핵무기뿐만 아
니라 모든(평화적) 핵무기 프로그램도 폐기해야 한다는 것이다.

북한은 '모든 핵무기 프로그램만을 폐기하면 되지 다른 평화적 핵 프
로그램까지 폐기할 수 없다'고 주장하며 조금도 양보할 기색이 없었다
는 것이다. 북한은 미국의 안을 거부했다. 당황한 주최국 중국은 8월2
일 마지막으로 4차 공동발표문 초안을 작성해 제시했다. 북한의 평화적
핵 이용권에 대해 중국이 중재안을 마련한 것이다. 여기에는 '북한은
NPT 아래에서 권리와 의무를 갖는다'고 표현돼 있었다. 중국은 북한
의 입장을 잘 알고 있기 때문에 표현이 애매하지만 사실상 평화적 핵 이
용권을 허용하는 내용의 중재안을 낸 것이다. 모두가 북한이 중국 안을
받을 것으로 보았다.

그러나 놀랍게도 북한은 중국의 중재안을 거부했다. 중국이 북한과
사전협의를 하지 않고 중재안을 낸 것이 탈이었다. 한국 대표단의 일원
은 '만일 중국이 북한 대표에게 중재안 초안을 보여주었다면, 북한이 받
을지의 여부로 고민했을 것'이라고 안타까워했다. 중국의 중재안을 북
한이 거부한 것은 앞으로 북한과 중국의 외교적 이상기류 가능성을 비쳐
주는 것이다. 왜냐하면 중국은 북한의 입장을 고려해 중재안을 마련했

는데도 불구하고 북한이 바로 거부해 버렸기 때문이다.

중국의 4차 중재안 초안에 대한 답변 시한인 8월3일 오후 3시까지 북한만이 답변서를 제출하지 않아 거부되었다는 것이다. 중국은 중재안이 북한으로부터 거부당하자 회담을 계속할 의미가 없다고 판단했다. 그리고 이날 밤 10시 수석대표회의를 소집했다. 이것은 중국이 바로 휴회를 제안하기 위한 회의 소집이었다. 이대로 가면 4차 6자회담은 일단 실패할 위험이 컸다.

한국 대표단은 남·북·미 3자회동을 긴급히 성사시켜 위기를 일단 넘겼다. 북·미 수석대표들은 핵의 평화적 이용을 제외한 나머지 합의사항의 정리와 조정을 차석대표회담에 넘겼다. 미국의 디트러니 대북담당특사와 이근 북한 외무성국장은 일부 구체적인 사항을 두고 협의를 했으나, 의견의 일치를 보지 못하고 합의사항 전체를 오히려 흐트러지게 했다.

미국은 계속 '모든 핵무기와 모든 핵 프로그램을 폐기해야 한다'고 고집해 결국 '모든'이 두 번 들어간 강력한 문구를 조금도 양보하지 않았다. 북한은 '모든 핵무기'라는 표현에는 동의했으나 다른 '모든 핵 프로그램'이 아니라 핵무기 프로그램에 한정해야 한다고 주장했다. 북·미의 주장이 평행선을 긋자 한국대표단이 북한이 수용하도록 아이디어를 냈다. 중국의 중재안에 '평화적 이용'이라는 표현을 추가하자는 것이다.

그러나 한국의 아이디어를 미국이 거부했다. 결국 핵의 평화적 이용권에 대한 북·미간 이견으로 회담은 더 이상 진행될 수 없는 막다른 골목으로 밀려갔다. 중요 핵심쟁점이 좁혀지지 않으면 회담을 더 끌고 갈 수 없었다.

이밖에도 이견이 없었던 것은 아니다. 북한이 경수로를 완공시켜 달라고 추가로 요구한 것이다. 제네바합의로 신포에 건설하다가 폐기된 프로젝트를 살려달라고 한 것으로 보이는 요구였다. 북한은 이를 합의문에 추가해 달라고 요구까지 했다는 것이다. 실무선의 협상에서 경수로는 미국의 반대로 불가능하다는 사실을 북한이 인정했다고 한다. 경수로의 핵심기술을 미국이 갖고 있다는 사실을 북한도 잘 알기 때문에, 강하게 주장하지 않아 해결되었다는 것이다.

송민순 한국수석대표는 휴회선언 후 북한의 경수로건설 요구는 사실과 다르다고 해명했으나, 이것은 또다른 의혹을 남겼다. 또 북·미간 관계정상화 문제를 놓고 옥신각신했었다고 한다. 원래의 문안에는 '양자대화를 통한 관계정상화' 라는 표현이 있었다. 북한이 이를 삭제해 달라고 요구한 것이다. 이것은 북한이 미국과 양자대화를 통해 관계정상화 협상을 할 경우, 미국이 인권문제 등 북한의 아킬레스건을 건드릴 것이 확실한 만큼 피하려 한 것 같다. 그러나 북한의 요구는 받아들여지지 않았다.

핵을 둘러싼 북한과 미국의 입장

8월6일 중국은 휴회를 전제하고 회담재개 일자를 '9월에는 각국의 외교 일정이 많이 있으므로 10월쯤 재개하자' 는 입장을 표명했다. 일각에서는 4차 6자회담이 끝났으니 10월에 5차 6자회담을 열자는 주장도 나왔다고 한다. 한국대표단은 10월이면 휴회기간이 3개월이나 돼 회담이 표류할 가능성이 있기 때문에 휴회기간을 최대한 줄이는 전략을 구사했다. 북한과 미국은 회담 재개일자에 관해 언급이 전혀 없었다.

한국대표단이 '회담의 동력을 잃으면 안 되니 8월의 마지막 주에 재개 일자를 못 박자' 고 제안했다. 5개국이 모두 동의해 8월 말경으로 재개일자가 확정되었다. 휴회기간에 회담성공을 위한 막후 외교가 치열하게 펼쳐지겠지만, 성패의 일차적 열쇠는 김정일이 쥐고 있는 것 같다.

그가 중국의 중재안을 받으라고 지시한다면 다음에 열릴 4차 6자회담은 성공할 수 있기 때문이다. 그렇지 않고 끝까지 평화적 이용을 확보하라고 지시했다면 회담의 전망은 그리 밝지 않았을 것이다.

그래서 휴회기간 북한의 동향과 반응이 중요한 암시를 줄 것이다. 북한 언론들이 6자회담에 대한 입장을 표명하는 것이 그래서 큰 관심을 모은다. 북한 언론은 대체로 미국의 불시 선제공격을 경계하는 논조를 펴면서, 평화체제 구축의 필요성을 강조하고 있다. 노동신문은 10일자 논평에서 미국이 첨단 무인정찰기를 한반도 주변에 배치해 대북 선제공격을 할 수 있도록 주한미군과 주일미군 무력의 재편성을 추진하고 있다고 주장했다.

이 신문은 '미국이 정말 우리나라를 침략할 의사가 없고 조선반도의 평화를 바란다면 군사행동을 일절 하지 말아야 한다. 미국은 우리를 침략하지 않을 것이라는 말을 실천행동으로 보여야 할 것이다' 라고 주장했다. 이 신문은 특히 한반도의 휴전체제를 평화체제로 전환하는 것이 핵 문제 해결의 요체라고 말했다. '핵 문제의 발생근원이 되고 있는 미국의 대조선 적대시정책과 핵위협이 없어지게 되며, 그것은 자연히 비핵화 실현으로 이어질 것' 이라고 강조했다. 북핵 문제 해법은 평화협정 채결에 있다는 북한의 주장이다.

북한 언론의 대미비난이 사라지고 평화체제 구축이 바로 핵 문제 해결이라는 대안제시가 특징이다. 4차 6자회담 이전의 북한 언론은 '미국의 조선침략 기도가 날로 강화되고 있으나, 우리는 싸울 만반의 준비태세를 갖추고 있다' 며 전의戰意를 고양하는 내용이 주류였다. 휴회기간에 나타난 북한 언론의 논조는 평화체제 구축에서 핵 문제 해결의 길을 도출하고 있는 것이 특징이었다.

북한언론의 방향은 북한 수석대표 김계관 외무성 부상의 기조연설과 기자회견 내용을 그대로 반영하고 있다. 여기서 북한의 핵 문제 해결방향이 사실상 결정된 것으로 보인다. 김계관 대표는 기조연설에서 '미국의 핵위협 제거, 남북한의 비핵지대화가 북한의 목적이며 이를 위해 적대관계 종식, 평화공존을 위한 법적·제도적 장치 구축, 무조건적 핵 불사용 담보가 필요하다'고 주장했다.

김계관의 기자회견도 내용은 모두 비슷하다. '미국이 우리를 치지 않겠다는 공약과 함께 미국을 믿을 수 있도록 법적·제도적 장치를 마련해야 한다'고 말하고 '이 같은 연장선상에서 남한에 대한 미국의 핵우산도 철회하는 방도를 찾아야 한다'고 주장했다. 북한은 핵무장 이유로 '남한에 대한 미국의 핵우산'을 거론함으로써 은근히 미군철수와 남한에 대한 미국 핵우산을 겨냥하고 있는 것이다.

그런데 북한은 이번 회담의 핵심쟁점인 핵의 평화적 이용문제에 관해서는 그의 연설에서 언급이 없다. 아마도 평화적 핵 이용보다 휴전협정의 평화협정체제로의 전환에 무게중심을 두는 것으로 보인다. 다시 말해 북한의 김정일 공산주의 체제의 안전을 보장받기 위해서는, 휴전체제를 평화체제로 바꾸는 것이 안전판이라고 판단하는 것이 확실하다.

그러면 미국은 어떤 입장을 갖고 있었는가? 8월10일 힐 미국대표가 기자회견을 열고 미국과 북한의 입장을 자세히 밝혔다. 그는 회담의제에 관해 북·미가 한반도 비핵화를 최종목표로 하고 있으나, 미국은 북한의 모든 핵의 폐기를 염두에 두고 있으며, 북한은 자신들의 것과 남한과 주일 미군기지를 포함한 한반도의 비핵화를 주장하고 있다고 말했다. 그리고 그는 북의 '평화적 핵 활동' 문제가 팽팽히 맞서고 있는 회담의 최대 쟁점임을 시인했다.

김계관 북한대표는 8월9일 중국 신화사통신과의 인터뷰에서 '북한은 평화적 핵 프로그램을 보유할 권리가 있고, 이는 정당한 요구'라고 계속 주장했다. 또 그는 '미국이 우리의 평화적 핵 프로그램을 받아들일 지에 관해 결정을 내리지 못하고 있다'고 주장했다. 그러나 힐 대표는 '평화적 핵 이용권은 잘못된 의제'라며 '북한을 어떻게 전기로 밝힐 수 있는지 구체적으로 논의하는 것이 더 좋다'고 주장했다.

힐은 평화적 핵을 뜻하는 경수로문제에 관해 '북한에 어떤 원자로도 없어야 한다는 점에 북한을 제외한 5개국이 같은 입장을 취했다'라고 강조했다. 그런데 김계관 대표는 '한 나라(미국)만이 반대하지만 끝내는 지지하게 될 것'이라는 상반된 견해를 보였다. 여기서 한국이 북한의 입장을 지지하고 있는 것은 분명해졌다.

힐 대표는 대북 보상책에 관해 '에너지와 경제수요 충족방안, 양자관계 정상화, 북한의 경제발전을 도울 수 있는 국제기구들을 포함한 국제관계 정상화' 등을 제시하고 '이는 상당히 포괄적인 목록'이라고 강조했다. 지금까지 부시 행정부는 '잘못된 행동에 대한 어떤 보상도 없다'고 밝히면서 경수로 2기 건설과 중유공급 등을 규정한 제네바합의를 '바보외교'라고 비난했었다. 2004년 6월 3차 6자회담에서도 '반대급부는 없다'는 입장을 고수했다.

이번에 미국이 제시한 북핵 문제의 보상책은 부시 행정부가 엄청난 당근을 준비한 것으로, 실제 제네바합의 이상의 반대급부로 보인다. 심지어 힐 대표는 '북한 측에 추가하고 싶은 게 있느냐고 물으니 북측은 모두 제대로 망라되었다는 반응을 보였다'라고 실토했다. 이러한 부시 행정부의 보상책은 북한이 모든 핵과 핵무기 프로그램을 완전히 폐기해야 먹을 수 있는 당근임은 두말할 나위가 없다. 그럼에도 북한이 부시의 제안을 거부한다면, 6자회담의 의미는 사라진다. 부시도 김정일에게도 최후의 담판을 할 시간이 다가오고 있었던 것이다.

그런데 북한은 핵 폐기의 전제조건으로 휴전협정의 평화협정 전환문

제를 지속적으로 제기했으며, 4차 6자회담에서도 논의했다고 힐 대표
가 털어놓았다. 그는 8월17일 미국의 국제전략문제연구소(CSIS)에서 열
린 베이징 6자회담 전망강연에서 이같이 밝히고, 6자회담 개최에 앞서
북한측과 '심도 있게 협의했다'고 밝힌 사실에서 부시 행정부가 휴전협
정을 정리하고 평화협정으로 대체하면서라도 북핵 문제를 풀겠다는 강
한 의지를 읽게 된다.

힐은 '7월초 김계관 부상과 6자회담 재개문제를 협의하면서 정전협
정의 평화협정 전환문제를 논의했으며, 6자회담에서도 평화협정 아이
디어가 거론되었다'고 공개했다. 그는 '우리는 한국과의 협의에서 북한
과의 평화협정 추진이 한·미간의 이해관계에도 부합된다는 점을 확인
했으며 중국과도 협의했다'고 털어놓았다. 그러나 그는 6자회담은 휴전
협정문제를 논의하기에는 적합하지 않기 때문에, '핵 문제가 해결되면
한국 등 관련 당사국들이 참여하는 회담의 틀을 만들어 평화협정 전환문
제를 협의할 것'이라고 말했다.

북·미간 평화협정 문제를 핵 문제와 분리해서 해결하겠다는 것이 미
국의 구상이라는 얘기다. 힐 대표는 '북한이 우리에게 대북 적대시 정책
을 포기하라고 요구해 왔는데, 우리가 대북 적대시 정책을 갖고 있지 않
다는 점을 보여주기 위해 필요하다면 이를 준비해 추진하겠다'고 밝혔
다. 북한의 체제보장책으로 평화협정체제 문제를 다룬다는 것이었다.
북핵 문제는 이제 단순한 핵 문제와 아울러 한국전쟁의 청산문제로 확대
된 것으로 보인다.

그러나 한국전쟁은 발발책임이 미국과 한국에 있는 것이 아니라 북한
에 있고 유엔군과 중공군이 참전함으로써 국제전으로 확대되었으며, 휴
전협정 서명 당사국이 미국과 북한과 중국이므로 국제기구인 유엔에서
다루는 것이 바람직할 것이다. 그러나 휴전협정의 평화협정 대체는 전

쟁과 적대관계가 종식되었다는 객관적 사실이 없어도 북핵 문제 처리의 일환으로서 가능한지는 앞으로 국제법 차원의 법리적 검증과 국제사회의 여론수렴이 필요한 사안이다.

아직은 이른 북핵 문제 낙관론

북핵 문제에 대한 낙관론이 한국과 미국에서 풍선처럼 팽배해 마치 9~10월에는 완전해결이 되는 것 같은 분위기였다. 그러나 해결가능성이 있었다는 것이지, 해결될지를 전망하기에는 시기상조였다. 4차 6자회담은 미국이 북한이 만족할 만한 당근 제공을 결심하고, 한국이 200메가와트의 전력공급을 제안함으로써 해결의 돌파구가 아련히 보이는 지점에 이른 것만은 확실했다. 그러나 이것만으로 낙관론을 펴기에는 너무 일렀다.

북한 김정일의 공산주의 체제가 민주주의와 시장경제로의 개방과 전환이 없이 과연 이념적 적대관계가 해소될 것인지, 심각히 고민하며 검증해야 할 문제다. 미국과 한국의 회담주체가 북한 핵과 평화체제 문제를 너무나 간단하게 처리할 수 있는 것으로 판단하는 것 같다. 반기문전 외교장관은 미국 CNN과의 인터뷰에서 '김정일 위원장이 핵 프로그램을 폐기하도록 결정한 것으로 보인다' 며 '우리는 현재 협상을 통해 이를 다루고 있다' 고 강조했다. 극단적 낙관론을 펼친 것이지만 회담결과를 보기도 전에 너무 나간 것이 아니었는지.

낙관론이 적중할지의 여부는 김정일만이 알 것이다. 그런데 한국관리들이 너무나 북치고 장구를 치고 있어 불안하기까지 하다. 북핵 문제 해결의 필요조건은 어느 정도 충족된 것이 사실이다. 그러나 충분조건이 갖추어졌다고 장담하기는 이르다. 모든 의문은 회담결과를 봐야 풀릴 것이다.

　낙관론이 현실화되어 한반도에 항구적 평화체제가 구축되기를 간절히 바라지만, 베를린 장벽 붕괴 후 국제사회 최악의 난제로 떠오른 북핵문제가 과연 낙관론대로 풀릴지는 두고 볼 일이다.

북핵 위기를 어떻게 극복할 것인가
-안보리 제재, 잘 대응해야 심지의 불 끈다

결국 한반도는 '최악의 시나리오'를 향해 달려간 형국이 되었다. 북한 김정일 국방위원장이 핵실험이라는 파국의 심지에 불을 붙이고 말았기 때문이다. 한반도는 제2 한국전쟁으로 대폭발하든지, 아니면 국제사회와 북한의 대타협으로 심지의 불을 끄든지 둘 가운데 하나로 가는 막다른 길을 마주하게 되었다. 국제사회의 여망은 대타협을 희망하지만, 북한 핵무기와 핵 프로그램이 전면적으로 폐쇄되지 않으면 어렵다는 점에 문제의 심각성이 있다. 북한 핵실험에 대해 국제사회는 유엔 안보리 대북결의 1718호 채택으로 대응했다. 유엔 안보리 결의 1718호는 북한이 핵을 국제사회가 검증 가능한 방법으로 폐기하고 6자회담에 복귀하라고 결정했다. 안보리는 여기서 핵물질 등 대량살상무기와 기타 군사무기들, 핵과 연관된 경제금융 봉쇄를 실시할 것을 결정했다. 유엔 안보리는 대북제재위원회를 본격적으로 가동하고, 192개 전

회원국들이 결의의 철저이행을 보고하도록 조치했다. 대북제재위에 보낼 회원국의 보고는 의무사항이라는 사실에서 대단히 엄격히 시행될 것임을 강조했다. 안보리의 대북제재는 그래서 한반도의 '최악의 시나리오'가 되지 않을까 우려됐다.

김정일의 북핵 발언과 국제사회의 대응

유엔 안보리의 제재와 병행해서 미·중·러 등 안보리 상임이사국과 일본 등 비상임이사국들은 북한을 6자회담으로 복귀시키기 위한 외교노력을 마지막으로 시도했다. 중국이 탕자쉬안 특사를 워싱턴과 모스크바 그리고 평양에 특파했고, 미국은 라이스 국무장관이 서울 도쿄 베이징 모스크바를 순회해 대북제재 문제를 조율했다. 이러한 '최악의 시나리오 심지'의 불끄기 외교는 중국의 노력에도 불구하고 가시적 성과가 당장 나타나지는 않았다.

김정일이 탕자쉬안 중국특사를 통해 국제사회에 보냈다는 메시지라는 것도 아리송하고 애매모호한 어투여서 시간 벌기 아니면 중국특사의 면피용이라는 인상이 짙었다. 김정일 발언의 진의는 라이스 미 국무장관이 부정적 의사를 표명, 유엔 안보리의 대북제재에 영향을 줄 수 없을 것이 확실했다. 라이스는 조건 없는 6자회담 복귀를 거듭 강조해 북한을 더욱 압박했다.

베이징에서 '김정일이 추가 핵실험을 하지 않겠다', '6자회담에 복귀하겠다', '한반도 비핵화선언을 지키겠다'고 한 탕자쉬안의 전언은 라이스가 '듣지 못했다'며 전면적으로 부인해 국제사회의 기대에 찬물을 끼얹었다. 미국이 금융제재를 풀어야 한다거나 미국이 북한을 못살게 굴지 않는다면, 또 북·미간 양자회담을 하자는 등의 조건을 단 것을 보면, 과거의 북한 주장과 별 다름이 없어 보였다.

특히 한반도비핵화 선언이 김일성 주석의 유훈이므로 준수한다는 김정일의 발언은 핵실험을 했기 때문에 아무도 믿지 못할 허구라는 비판이 일고 있었다. 왜냐하면 영변 핵시설을 재가동해 폐연료봉을 인출, 재처리해 플루토늄을 추출하고 핵폭탄을 제조해 핵실험을 한 것으로 보이기 때문이었다. 한반도비핵화 선언이라는 남북한과 국제사회에 대한 약속을 헌신짝 버리듯 핵폭탄 실험을 해놓고 비핵화선언을 지킨다니 웃기는 수작이었다. 6자회담에 나갈 것이니, 금융제재를 해제하라는 것도 선후만 바뀐 것이었다. 미국은 달러위폐 등의 조사가 끝나기 전에는 풀 수 없다고 누차 공언한 것으로 타협의 여지가 당시에는 없는 것 같았다.

그래서 외교적 타협의 길은 멀기만 했다. 국제사회의 전략적 선택은 김정일에게 핵실험과 핵무기 보유가 얼마나 값비싼 대가를 치르는 것인지, 실증적으로 보여주겠다는 것이었다. 미·중·일·러의 외교노력에 언론보도가 집중되고 있었으나, 유엔 안보리의 제재와 그 효과에 무게중심이 이동할 가능성이 많았다. 외교노력이 소진되면 안보리의 제재가 전면에 나타날 것이며, 국제사회가 필요시 7장 42조의 칼을 뽑아 군사제재를 가할 가능성도 배제할 수 없었다.

유엔 안보리의 북한 제재

안보리는 유엔헌장 7장 42조는 카드로 갖고 있고, 41조의 핵물질 등 군사무기와 경제금융 제재만으로도 북한의 모든 핵 폐쇄를 끌어낼 수 있다는 계산을 한 것 같다. 안보리는 북한에 제재압력을 가중시킴으로써 6자회담에 무조건 복귀하게 하는 효과를 기대하고 있었다.

안보리의 제재가 효과를 내 대타협으로 간다면, 이보다 더 다행스러운 일은 없다. 그러나 제재과정에서 무슨 일이 터질지 아무도 예상할 수 없었다. 여기서 안보리 결의 1718호의 내용을 구체적으로 파악함으로써 국제사회의 대북압박 강도와 목적을 알아보기로 하자.

유엔 안보리는 먼저 북한의 핵실험이 '국제평화와 안전에 명백한 위협이 된다'고 밝히고, 북한 미사일 발사에 대한 안보리 결의 1695호와 '핵실험을 하지 말라'는 안보리 의장성명(10월6일)을 무시했다고 북한을 규탄했다. 유엔 안보리 결의를 무시하고 핵실험을 했다면서 북한을 '국제사회의 공적公敵'으로 규정한 것이다. 북핵 추가실험과 미사일 발사를 중지하라고 촉구하고, 핵확산금지조약(NPT)과 국제원자력기구(IAEA)의 안전규정에 복귀할 것을 강력히 요구했다.

안보리는 '북한의 모든 핵무기들과 핵 프로그램들을 완전하고 검증 가능하며 돌이킬 수 없는 방법으로 완전히 제거할 것을 촉구'했다. 그리고 '다른 대량살상무기와 탄도미사일 프로그램들을 포함한 투명한 조치를 취할 것을 결의'함으로써 사실상 북한에 핵무기, 미사일, 기타 대량살상무기의 완전폐기를 결의한 것이다.

유엔 안보리의 '결의'는 북한이 지켜야 할 의무사항을 말함으로써 북한이 거부할 경우 당연히 제재가 뒤따르기 마련이다. 유엔 안보리 결의 1718호는 국제사회가 북한의 모든 핵과 대량살상무기를 '검증가능하고 돌이킬 수 없는 방법'으로 폐쇄하라는 명령이라 하겠다.

유엔 안보리는 결국 북한의 핵무기와 핵 프로그램, 기타 대량살상무기 및 미사일의 완전철거를 목적으로 192개 회원국들이 제재할 항목을 조목조목 나열했다. 먼저 회원국들은 다음과 같은 무기들과 상품들을 국적선·항공기로 이전, 판매, 제공하는 것을 금지했다. 1) 탱크, 장갑차, 중화기, 전투기, 공격용 헬기, 전함, 미사일 일체와 관련 물품. 2) 핵이나 미사일 기타 대량살상무기 프로그램에 도움이 될 수 있는 품목과 물질, 장비, 상품, 기술과 각국 통제리스트 등. 3) 사치품 등. 북한은 위 품목들의 수출 금지, 모든 회원국들은 수입 금지, 회원국들은 북한에 이전금지移轉禁止하고 위 보완품목들의 비축, 제조, 유지, 사용에 도움이 되는 기술훈련, 자문, 서비스, 지원이 북한에 제공되거나 이전을 금지한다.

특히 모든 회원국들은 북한 핵, 대량살상무기, 미사일 관련 프로그램을 지원하는 자금과 금융자산, 경제적 자원들을 즉각 동결하며, 북한의 지시에 따른 개인이나 단체들도 자국 내 자금, 금융자산, 경제적 자원을 사용하지 못하도록 조치해야 한다.

또 북한 핵 등에 연루된 자와 가족들이 자국에 입국하거나 경유하지 못하도록 조치해야 하고, 핵과 화생방무기 밀거래와 전달수단 및 물질을 막기 위해 북한으로부터 화물 검색 등 협력조치를 취하도록 모든 회원국에 요구한다는 것이다. 안보리는 회원국들이 효과적으로 제재를 이행하기 위해 회원국들이 취한 조치들을 결의채택 30일 이내에 안보리에 보고하도록 결정했다.

또 회원국들의 임무수행을 위해 대북제재위원회의 구성을 결의했다. 안보리 결의는 모든 군사무기들, 핵과 미사일 등 모든 대량살상무기들, 김정일이 구매해 통치에 악용하는 것으로 보이는 사치품들의 수입도 금지했다. 그리고 전 회원국들에는 사치품들의 대북수출을 금지시켰다. 연관된 자금, 금융자산, 경제적 자원의 동결과 사용금지도 했고, 연루된 자와 가족들의 입국과 경유를 못하도록 조치할 것과 화물검색 등 필요조치도 취하도록 요구했다.

노무현 정권의 어설픈 북핵 대응

안보리 대북제재위원회는 본격적으로 가동되었다. 피터 버리안 유엔주재 슬로바키아 대사를 위원장, 아르헨티나와 카타르주재 대사를 부위원장으로 하는 대북제재위는 안보리 결의에 명시된 대북제재 이행을 집행하고 감독하기 위한 기구로, 결의의 목적이 달성될 때까지 활동한다. 대북제재를 위한 각종 규정과 해석 그리고 유권해석 등으로 최종판단을 하고 안보리 결의가 신속 효과적으로 이행하도록 돕는 실무집행기구다.

대북제재위가 대북수출과 수입품목을 결정하고 대량살상무기를 적재한 것으로 의심되는 북한 화물선을 육·해상에서 검색하는 방법과 범위를 정한다. 관련 금융자산과 경제적 자원에 대한 범위도 정해 안보리에 보고할 것이다. 제재위의 활동에서 북한의 대량살상무기와 관련된 자금, 금융자산, 경제적 자원에 대한 해석과 범위 규정이 노무현정권의 대북 포용정책에 큰 영향을 미칠 것이 확실해 보인다.

노정권은 대북제재 자체안을 마련해 안보리제재위에 제출해 심사를 받아야 할 것이며, 여기서 통과돼야 대북협력을 할 수 있을 것이다. 노정권은 안보리 결의 후 대북 포용정책에는 영향이 없다고 말했고, 특히 개성공단사업과 금강산관광은 제재대상이 아니라고 여러 번 밝혔다. 그래서 사업계속을 공언했으나, 이는 주관적 생각으로 최종 판단은 안보리제재위의 몫이라는 사실을 알아야 한다.

북핵 실험과 유엔 안보리 결의 1718호 채택이라는 최악의 국가위기에 대한 노정권의 대응은 방향을 잃고 우왕좌왕함으로써 국민의 불안과 의혹은 증폭되고 있다. 노무현 대통령의 북핵 실험 당일 기자회견은 국가원수로서 리더십을 보여주지 못하고 무능만 드러냈다. '대북 포용정책에 효용성이 더 있다고 주장하기도 어렵지 않겠는가' '상황에 따라 거역할 수 없는 상황이 발생할 수도 있다' 는 등 뜬구름 잡는 듯한 말을 했다.

그는 국민이 '외화 퍼주기' 로 의심하고 있는 금강산 사업 등의 재검토를 암시하는 듯한 아리송한 말로 일관해 국민을 실망시켰다. 국가와 국민의 안전을 보장해야 할 국군통수권자로서의 회견으로는 너무나 무책임하고 결단성이 없는 것이었다.

전직 대통령과의 오찬에서는 YS가 '햇볕정책의 실패' 를 지적하고 '대북 포용정책의 중단' 을 권했으나, DJ는 격렬하게 반대했다. DJ에게는 햇볕정책은 실패가 아니며 미국의 대북정책이 실패라는 것이다. DJ는 노 대통령에게 포용정책의 계속을 주장하자, 노 대통령은 바로 말을 바꾸었다.

한명숙 총리, 김근태 열린우리당 의장, 김한길 원내대표, 이병완 청와대비서실장 등 당정 4인 회동은 의혹투성이의 개성공단과 금강산사업의 계속 추진을 결정했다. '당정은 두 사업이 유엔 안보리 결의와 관련이 없다는 판단을 공유하고 두 사업의 계속적 추진이 필요하다는 기본입장을 재확인했다' 고 김석환 총리실 공보수석이 발표했다.

기자회견에서 '포용정책 효용성을 주장하기 어렵다' 던 노 대통령의 공언이 4자 당정회동에서 거부된 것이나 다름없다. 김근태 의장은 '미 정부가 우리 정부와 국민들의 의견을 진지하게 경청하는 것이 우선' 이라고 말했고, 이종석 통일부장관은 '금강산은 정상적 상거래' 라고 단정했다. 이는 노정권의 주관적인 판단으로 안보리제재위가 어떤 결정을 내릴지 주목되는 대목이다. 그리고 이러한 결정은 안보리 대북제재위의 활동을 보아가면서 결정해도 될 일을 너무 성급하게 서두른 감이 없지 않다. 마치 안보리와 엇박자라도 놓겠다는 인상을 주기 때문이다.

노정권이 금강산과 개성사업에 집착하는 것은 햇볕정책의 계승과 민족공조를 우선하는 자주이념에 기초한다. 햇볕정책의 상징인 금강산이나 개성공단은 한반도의 해빙解氷에 기여한 것은 사실이다. 그러나 북한이 미사일 발사와 핵실험을 감행함으로써 햇볕의 효과가 사라지고 북한의 개혁개방은 멀어지며 김정일의 세습적 공산주의 강화에 악용惡用되었다는 결과를 낳았다고 보는 시각이 팽배하고 있다.

이것은 분명 북한체제에 햇볕을 쏘여 전체주의 체제를 개혁해 시장경제를 도입하게 함으로써, 국제사회에 책임 있는 일원이 될 것이라는 햇볕의 목적과는 정반대로 귀결된 것이다. 특히 북한이 앞으로 체제개혁을 할 전망이 보이지 않으므로 분명 햇볕정책은 실패한 것이라는 평가도 많다.

노 대통령은 당연히 '대북 포용정책의 효용성을 주장할 수 없는' 지경에 이르렀다는 판단으로 '사업 중단'을 검토할 필요가 있었다. 그러나 노 대통령도 '금강산은 우리가 결정할 사안'이라고 말했다는 보도가 나오니, 핵실험을 당하고도 피해자인 남한이 유엔 안보리의 대북제재 결의와 근본적인 충돌을 빚고 있다고 보아도 무방하다. 너무나 성급하게 내심을 드러내 국제공조를 거부한다는 선전을 한 것 같다.

청와대의 유아독존, '유엔에 우리 운명을 맡길 수 없다'

김정일 정권에 대규모 외화벌이를 지속적으로 담보하는 금강산관광과 개성공단이 김정일 개인의 자금줄이라는 의혹은 이미 오래전에 제기되었다. 보수세력과 한나라당뿐만 아니라 미국과 일본 그리고 유럽에서 막대한 한국외화가 금강산 등을 통해 김정일 정권에 제공되고 있으며, 미사일과 북핵개발에 악용된 것으로 추정하고 있다.

그럼에도 노무현 정권의 최측근 인사들의 금강산과 개성 구하기 운동은 열기를 더하고 있다. 송민순 청와대 안보실장이 국제평화를 위한 국제질서를 발전시키는 유일한 최고 국제기구인 유엔을 마치 한반도문제 해결에 걸림돌이나 되는 것처럼 혹평해 파문을 일으켰다. 그는 중앙일보가 후원하는 '21세기 동북아 미래포럼'에서 연설을 통해 이렇게 말했다.

"국제사회가 우리 운명을 결정할 수는 없다. 제대로 된 나라는 자기 나라문제를 절대 국제화, 다자화하지 않는다. 국제사회와 엇박자를 내자는 말은 아니지만, 엇박자 내지 말라 하면서 유엔에 우리 운명을 맡기면 자기 운명을 포기하는 것과 같다.”

이것은 유엔 밖에서 혼자 한국의 운명을 쥐고 설사 국제사회에 피해를 입히더라도 민족만을 위해 나간다는 국수주의의 극치다. 특히 핵실험으로 한반도의 운명이 크게 흔들리는 현실 앞에서 유엔을 비난하는 듯한 발언은 결코 바람직하지 않다.

19세기 약육강식시대에 걸맞은 시대착오적 발상으로, 오늘의 북한이 바로 국제사회와 완전 단절하고 ‘우리식대로’ 살며 국제사회와의 협력과 연대를 끊고, 그들의 운명을 혼자 결정하고 있지 않은가. 대단히 위험하고 독단적이며 오만한 사고로 마치 한말의 실패를 상징하는 위정척사에서나 볼 수 있는 유아독존唯我獨尊적 발상이라 아니할 수 없다.

이러한 주장은 평론가나 국수주의적 학자는 얼마든지 할 수 있다. 그러나 청와대의 안보실장이 북 핵실험으로 한반도가 비상한 위기에 빠진 상황에서 더욱 유엔 안보리 결의로 제재를 시작하는 순간에 공언한 것은, 노정권의 ‘천박한’ 수준을 말해주는 것이다. 왜냐하면 유엔 회원국들이 한국정부가 북한핵을 변호하고 안보리 결의를 무시하려 한다는 인상을 줄 수 있기 때문이다.

그는 개성공단과 금강산관광에 관해 ‘안보리 결의에 어떻게 부합되는지를 준거기준으로 해서 운용방식을 검토할 생각’ 이라고 말하고 ‘존재양식을 바꾸지 않고 운용방식을 상황에 맞게 조정해 한쪽으로 치우치지 않게 조화시키는 게 정부의 입장’ 이라고 말했다. 기존사업을 계속하되 지불방식 등 운영방식만 바꾸겠다는 것이다.

유엔 안보리제재위가 출범하기도 전에 독단적으로 모두 결정하겠다는 오만한 발언이며, 북핵의 피해 당사국의 안보를 책임진 청와대 안보실장의 발언으로 믿기 힘들다. 유엔에 운명을 맡기지 않겠다는 발언은 독불장군식 사고의 표출이며 유엔이 북핵 문제에서 손떼라는 노정권의 의지라는 오해의 소지가 충분한 발언이다.

　20세기 후반 베를린 장벽 붕괴 후 유엔 등 국제사회의 협력과 연대는 새 국제질서 구축에 필수조건이 되었고, 나토 등의 다자기구가 분쟁 해결과 평화유지에 결정적이라는 사실이 유고내전 등에서 이미 증명된 오늘, 노정권이 어떻게 국제사회의 협력과 타협, 합의 없이 한반도 문제를 독단적으로 해결한다는 것인지 도무지 이해할 수 없다.

　특히 김근태 열린우리당 의장의 개성방문과 '북한 여종업원과의 한판 춤'은 코미디라고 보기에는 너무나 심각한 문제를 안고 있다. 노무현 정권의 오만방자한 유아독존적 망발을 '김근태의 춤판'이 집약적으로 보여주기 때문이다. 참을성 없는 행동으로 무엇이 그리 급해 망동을 부리는지 이해하기 어렵다.

　집권당의 수장으로 국제사회가 한반도의 위기로 비상한 관심을 집중하는 개성공단을 방문하는 것만으로도 국민의 불안과 국제사회의 우려를 무시한 오만한 행보로 비난받아 마땅한데, 북한 여성 접대원과 춤판을 벌인 것은 국민과 국제사회를 모두 조롱했다는 비판을 면하기 어렵다.

　김 의장과 원혜영 사무총장 등 지도부 7명은 공식일정을 마치고 공단 내 식당 봉동관에서 술을 곁들여 점심식사를 했다는 것이다. 김 의장, 원혜영 총장, 이미경 의원 등이 북한 여접대원들이 노래를 하며 무대로 이끌자 무대에 올라가 같이 춤을 추었다는 것이다. 연합뉴스가 촬영한 사진을 보면 김 의장 등의 웃는 모습에 국민이 아연실색하지 않을 수 없을 것이다.

　한나라당과 민주당이 '축하사절단처럼 춤추었다는 사실을 국민과 함께 개탄한다'는 등의 성토를 했으니, 첨언할 것이 없다. 다만 유엔 안보리제재위와 국제사회가 역시 한국 집권세력은 '핵실험을 한 김정일을 축하하는구나…'라고 오해하지 않을까? 이것이 두렵다.

노무현 정권의 민족 공조가 간과한 것들

노정권의 민족공조와 국제사회 거부 기류는 제일 먼저 김정일에게 바르지 않는 메시지를 보낼 수 있다. 김근태가 열린우리당의 만류에도 불구하고 개성공단을 방문하는 이유를 '추가 핵실험 금지를 알리는 것'이라는 변명으로 둘러대지만, 믿을 사람은 아무도 없다. 핵실험으로 유엔 안보리의 제재대상에 오를지도 모를 북한 외화벌이 지역에서 쇼를 벌임으로써 노정권의 사업계속 의지를 공개 표명하는 것이 목적이라는 사실은 국민 모두가 알고 있다.

집권세력의 이러한 민족공조와 자주국방을 빙자한 낡은 사고방식과 논리는 국제사회의 대북제재와 근본적으로 갈등을 빚을 것이다. 이것은 김정일이 '남한은 핵실험을 해도 역시 우리 편'이라는 인상을 심어주기에 충분한 메시지로, 김정일의 오판을 부르기에 알맞은 행동이다. 그러니 북 핵실험으로 최악의 국가위기에 직면한 남한 여론이 단결과는 거리가 먼 핵분열을 거듭하고 있는 것이다.

보수세력이 광화문에서 '북핵규탄을 위한 촛불시위'를 연일 펼치며, 북핵의 폐기를 위해 천만 명 서명운동에 돌입하는 한편에서는 안보리의 대북제재 규탄과 반미 반일 시위가 맞대응하고 있는 형편이다. 여론의 통일을 전혀 기하지 못하고 보수는 북 핵실험과 여권의 '대북 퍼주기'를 규탄하고, 여권과 진보세력은 북 핵실험에는 침묵하고 안보리제재 반대 운동을 펼치고 있으니, 이런 '적전분열敵前分裂'이 어디 있는가. 국가적 위기에 직면해 대통령이 국민단결을 도모하지 못한 비극적 결과다.

노무현 정권의 북 핵실험에 대한 흐리멍덩한 대응은 오히려 국제사회에 우리 운명을 전적으로 떠넘기는 사태를 조장하고 있다. 고작 미국 중국 러시아와 김정일의 눈치 보기만이 노정권의 대책이고 행동으로 보인다. 노정권의 변명은 한 가지뿐이다.

단호한 대응을 해야 한다는 비판에 대해 '전쟁을 하자는 말인가?' 라는 반문이 전부다. 이처럼 매사에 무능하지만 간교한 노정권에 언어의 기교만 있지 행동이 전혀 없어 도무지 국가안보의 의지가 있는지, 국민의 안위에 관심이나 있는지 의심스럽다.

김근태의 춤판이 보여주듯 노정권의 자주국방, 자주외교, 국제사회 배척은 김정일에게 한통속이라는 인식을 심어주어 안보리의 북핵제재를 무시하도록 유도하는 악영향을 줄 수 있다. 고립무원의 세계에서 남한이라는 '형제' 만이 김정일을 도울 것으로 생각할 것이기 때문이다.

특히 송 실장의 '우리 운명을 유엔이 결정할 수 없다' 는 발언은 국제사회에 한반도 문제에 간섭하지 말라. 북핵 문제를 우리끼리 해결한다는 나쁜 메시지를 주는 것이 확실하다. 북핵 문제의 해결능력도 없는 세력의 독백으로는 너무 국민에게 부담을 주는 경우다.

그렇다고 해서 유엔 안보리가 결의를 유보하거나 완화시키는 일은 없을 것이다. 국제사회가 북 핵실험을 세계평화와 안전에 위협이 되는 것으로 규정했기 때문에 노정권의 '자주 쇼' 에 관계없이 예정대로 대북제재를 집행해 나갈 것이다. 안보리 결의는 북핵에 대해 자금, 금융, 경제적 자원을 명백히 동결했으며, 북핵과 미사일 등 대량살상무기에 연관된 자와 가족들의 입국과 경유를 금지하도록 192개 회원국 모두에 조치를 취하도록 요구했다.

이 조항은 한국의 대북 포용정책을 결정적으로 제한하는 대목으로, 특히 '경제적 자원의 문구' 는 개성공단, 금강산관광과 유관한 것으로 보인다. 북의 대량살상무기 등과 연루된 자와 가족들의 입국과 경유 금지조항은 앞으로 남북간 인적교류와 정부차원의 회의에까지 영향을 미칠 가능성이 있다. 이러한 안보리 대북제재는 멀지 않아 한반도에 상당한 압력과 제약으로 옥죄어 오지 않을지 우려된다.

　노정권이 자주를 부르짖으며 안보리의 대북제재를 거부한다면 바로 한국이 제재 대상으로 전락할 위험도 배제되지 않는다. 노정권이 주제를 제대로 파악하지 못하고 '우물 안 개구리'처럼 행동하면 안 될 이유가 여기에 있다. 이것은 한국을 '세계의 적'으로 전락시키고 북한과 한 통속으로 자승자박自繩自縛하는 역사상 최악의 과오가 될 위험이 있다.

　마지막으로 강조할 것은 노정권과 집권세력의 좌고우면左顧右眄과 자주이념은 외교적 대타협을 배제하는 길이 될 가능성이 있다는 사실이다. 김정일의 체제 경직성이 더 굳어질 것이기 때문이다. 이것은 심지의 불을 확대해 옮아 붙게 하는 '최악의 시나리오'로 진전될 수 있다.

　외교적 대타협을 가져오기 위해서는 지금부터라도 안보리 결의에 제대로 적응해 국제사회와 협력하고 연대하는 것이 긴요하다. '21세기는 국제공조와 동맹시대'라는 명명백백한 진리와 원리를 간과하면, 한반도와 국가 위기에서 돌이킬 수 없는 헛발을 디딜 수 있음을 알아야 한다.

북핵 문제는 국제공조로 풀어야 한다
－노무현의 아마추어 외교로는 북핵 문제 못 푼다

북한 핵 문제 해결을 위한 한국 정부 주도론은 김대중 정부가 '최후의 평화작품'으로 제시한 외교역량의 시험대였다. 미국과 북한이 상호 강경노선을 포기하지 않고 평행선을 그으며 대치하는 긴장 고조 국면을 대화로 타개하려는 노력은 높이 평가할 만한 일이다. 한국 정부가 미국 부시 대통령의 일방주의적 북핵대응과 북한 김정일 국방위원장의 모험주의적 핵개발 노선을 한발씩 양보시켜 협상 테이블로 끌어낸다는 것이 한국 주도론의 1차 목표였다. 그래서 먼저 김대중 정부는 평양에 특사를 파견했고, 노무현 태통령도 부시에게 자신의 특사단을 각각 파견했다.

북핵 문제 주도론과 외교 아마추어리즘

국제사회는 한국 정부의 북핵 문제 주도론에 긍정적 입장을 취하며

환영했다. 특히 오스트리아 빈에 있는 국제원자력기구(IAEA)는 특별이
사회 개최를 한국 정부 특사단의 방북 이후로 연기하면서 큰 기대를 걸
었다. 김대중 정부는 평양에 임동원 청와대특보, 임성준 외교특보, 이
종석 인수위 외교통일위원 등을 급파했다. 특사단의 이종석 위원은 노
무현 대통령 인수위 대표자격으로 참여해 신·구정부의 종합방북특사단
의 성격을 갖추었다. 그러나 특사단은 맨손으로 돌아왔다. 김정일도 만
나지 못하고 '핵무기 개발은 안 된다'는 원론적 입장만을 전달하고 돌
아왔을 뿐이다. 국제사회에 실망을 안겨 준 셈이다. 김정일은 한국이
북한 핵 문제에 개입할 일이 아니라는 입장임을 분명히 했다. 한국 정부
중재론이 실패해 주도론은 사실상 좌절되고 말았다.

다음에는 노무현 대통령의 특사단이 미국 워싱턴과 일본 도쿄를 방문
했다. 민주당 정대철 단장과 유재건, 추미애 민주당의원 그리고 윤영관
인수위 외교통일위 간사로 구성된 특사단은 부시를 만나지도 못하고 돌
아왔다. 특사단은 럼즈펠드 국방장관과 체니 부통령 그리고 콜린 파월
국무부장관을 만났으나 막상 미국의 최고 의사 결정권자인 부시를 만나
지 못하고 북한 핵 문제에 대한 미국의 입장만 들은 격이 되었다. 특히
주한미군의 철수위협을 받는가 하면 적어도 한국의 남부지역으로 재배
치한다는 부시 행정부의 입장을 전달받았다. 특히 특사단은 럼즈펠드
면담에서 주한미군 철수 문제가 거론됐다(유재건 의원), 안됐다(정대철
단장)는 등의 발표에 혼선마저 빚어 '외교 아마추어들의 부질없는 행각'
이라는 비판을 받았다.

특히 윤영관 간사의 발언은 한·미간 큰 오해를 부르기에 충분한 중대
한 실언이었다. 월스트리트 저널은 '한국특사단에 포함된 한 한국관리
는 북한붕괴보다 핵무기를 보유한 북한을 더 선호한다'고 말한 것으로
보도했다. 이것은 노무현정부의 의사로 해석되기에 충분한 오해의 소지

가 있는 내용이다. 발언 당사자인 윤 간사는 "한국 젊은이들의 견해를 소개한 것이 와전됐다"라고 해명했다. 그러나 해명은 국제외교의 경험이 부족하다는 고백을 한 것이나 다름없는 변명이다. 특사단 일원의 발언은 상대방에게 노 대통령의 의사를 반영하는 것으로 해석되며 특히 윤 간사의 의지로 받아들여지기 마련이다. 인수위 간사의 발언은 그래서 경솔한 실언이 되며, 이것이 한국 젊은이들의 일치된 의견인지도 대단히 의심스럽다.

윤 간사의 해명은 그래서 국제사회뿐만 아니라 한국사회에서도 납득하기 어려운 점이 있다. 특히 윤 간사는 다른 정치인 특사단원과는 달리 인수위 간사라는 직위가 '노 대통령의 진짜 대변인'이라는 외교적 이미지를 갖기 때문에 오해의 파장은 더욱 크다. 마치 한국 정부와 한국의 청년층이 모두 '김정일의 붕괴보다 김정일이 핵무기를 보유하는 것을 선호한다'는 오해를 국제사회가 믿게 만들었기 때문이며, 마치 한국 대통령과 국민이 북한 핵무기를 북한붕괴보다 선호하는 것 같은 부정적 이미지를 심어 놓은 것이다. 더욱이 럼즈펠드의 발언에 대한 정대철 단장과 유재건 단원의 혼선도 노무현정부의 외교능력이 수준미달이라는 인식을 주기에 충분한 것이었다.

결국 미 국방부 대변인이 철수론에 관해 '미국은 세계도처에 있는 주한미군에 대해 주재국이 떠나라면 철수한다'는 일반적 입장을 말했다고 밝힘으로써 오해의 여지를 일단 지웠다. 이것은 일반론의 형식을 빌려서 노무현의 특사단에 주한미군 철수를 시사했다는 미 국방성의 해명이된 셈이다. 결국 유재건 의원의 발언이 사실로 확인된 것인데, 북핵 문제 한국 주도론의 일환으로 요란하게 기자회견까지 하고 떠난 노 대통령의 대미 특사단도 결국 맨손으로 귀국했다. 오히려 미군철수 또는 주한미군 재배치라는 혹을 달고 온 것이다. 특히 이들은 비록 우주선 컬럼비아호의 폭발참사 때문에 부시를 만나지 못한 것으로 변명했으나, 이것은 변명의 여지가 없는 외교실책이다. 만일 부시면담이 이루어지지 않으면 한국 대통령의 특사단 일정을 바꾸거나 가지 않는 것이 좋다. 아무튼 김대중 정부 말기 노무현정부 출범전야의 북한 핵 문제에 대한 한국 정부 주도론은 국제사회에서 한국의 신뢰를 추락시키고 말았다.

한국 정부 외교의 실패를 주시했던 국제사회는 지체 없이 IAEA 특별이사회를 소집해 북한 핵 문제를 유엔 안보리에 보고했다. 국제원자력기구의 조치로 북한 핵무기 문제가 국제사회의 과제로 급부상한 것이다. 유엔 안보리 보고는 필요할 경우, 특히 북한이 IAEA의 경고를 무시함에 따라 국제사회가 북한에 대한 제재를 가하는 수순을 밟기 시작한다는 신호탄이다. 북한은 지금까지 집요하게 미국과 직접 대화를 부르짖었고 불가침조약 체결을 요구해 왔다. 그리고 북한은 이미 IAEA의 영변 핵시설 감시시스템을 파괴하고 사찰요원을 추방했으며 핵확산금지조약(NPT) 탈퇴 유보입장마저 취소했다. 이것은 대미 협상용이라는 해석이 지배적이지만, 반드시 그렇지 않다는 관측도 많다. 이러한 북한의 행태는 이라크의 사담 후세인이 유엔과 IAEA의 대규모 사찰단을 수용한 것과는 대조를 이룬다. 이것은 북한 핵 문제가 '이라크보다 더 시급한 중대문제'라는 인식을 국제사회에 심어주었다.

북한의 벼랑 끝 전술은 이미 10년 전에 국제사회가 경험한 것으로, 새삼스러운 것은 아니다. 1993~1994년 북한의 핵 위기는 그래도 북한이 핵무기를 만들 의사가 없다고 누차 밝혔기 때문에 위기의식이 덜했다. 당시 북한은 핵시설은 단순한 에너지 공급용이며 핵무기는 국제사회의 오해라고 변명했다. 그럼에도 IAEA의 핵사찰을 거부하고 NPT를 탈퇴함으로써 북한 영변의 핵시설에 대해 당시 클린턴 대통령이 무력공격을 결정하는 일촉즉발의 전쟁위기를 만들었던 것이다. IAEA는 유엔 안보리에 북한 핵 문제를 넘겼고, 안보리는 경제봉쇄 가능성을 비치는 등의 의장성명을 내 국제사회 최후의 경고를 발했다. 이 때 카터 전미대통령이 1994년 6월 평양을 방문, 김일성 북한주석과 담판 끝에 평화적 해결에 합의하고 한반도전쟁 위기는 진정되었다.

1994년 9월 북·미는 제네바합의를 끌어내 북한 핵 문제는 국제사회의 중대현안에서 벗어났다. 그러나 10년 후 이번에는 북한이 '핵무기와 그보다 더한 무기도 있다' 며 국제사회를 위협하며 제네바합의를 파기한 후 지속적으로 강경대응과 공격적 입장을 증폭시키고 있다. 국제사회는 10년 전과는 달리 북한이 핵무기 제조 가능성이 많다는 위험 때문에 신중한 접근을 시도하고 있다. 특히 북한은 유엔 안보리가 대북제재 결의안을 채택하면 '선전포고로 간주한다' 고 발표해 놓고 있어 국제사회와 김정일 간의 대결양상이 첨예하게 나타나고 있다.

특사단의 방북 실패는 햇볕정책의 실패를 암시

국제사회는 북한 핵 문제는 제네바합의의 '재탕' 이라는 사실을 명백히 인식하고 있다. 그러나 김정일이 정말 핵폭탄 제조를 할 것인지, 아니면 단순히 에너지와 파탄 상태인 경제문제에 지원을 얻기 위해 벼랑 끝 외교를 하고 있는지에 대해서는 일치된 견해를 갖고 있지 않다. 김대중 정부의 햇볕정책이 북한을 개혁개방으로 유도하기 위해, 다시 말하면 북한의 공산주의 옷을 벗기기 위해 평양에 가능한 한 많은 현금지원을 했음에도 아무것도 얻어내지 못하고 김정일의 의도조차도 알지 못하고 있다. 이것은 특사단의 방북실패에서 드러났다. 그리고 한반도의 번영과 경제발전의 기초인 평화조차도 보장받지 못해 햇볕정책은 실패라는 평가가 지배적이다.

그래서 햇볕정책은 현실적으로 무용한 김대중 개인의 졸작이라는 평가가 가능하다. 현대를 앞세워 5억 달러라는 막대한 외화현금을 비밀리에 김정일에게 쥐어주고도 얻은 것은 평화도 북한의 개혁개방도 아니었고, 전쟁의 먹구름을 동반한 북한 핵 문제가 계속 한반도를 위협하기 때문이다. 김대중 정부가 마지막으로 평양에 특사단을 파견했음에도 김정일의 문전박대를 받아 만나지도 못하고 돌아온 것은 햇볕정책의 비참한 말로를 잘 설명해준다. 김대중과 그의 추종자들이 떠드는 이른바 '햇볕정책은 서독 브란트의 동방외교' 라는 말은 지금까지 국민여론을 무마하기 위한 술책에 불과하다. 왜냐하면 브란트는 공산주의자에게 '검은 돈' 을 주지도 않았고, 동서독 경제교류를 투명하게 했으며 동서독간 기본조약부터 체결해 대사를 상호 교환함으로써 항구적 평화를 얻었다. 그리고 서독의 동방외교는 국민합의를 받아 정정당당하게 실천된 것으로, 국민동의도 없이 밀실에서 비밀로 또 국민합의도 없는 햇볕정책과는 근본적으로 달랐다. 동방외교가 1989년 11월 베를린 장벽 붕괴—독일통일—냉전해체—공산주의 멸망으로 연결된 것은 결코 우연이 아니었다.

그 후 18년이 지났지만 한반도는 분단과 냉전이 지속되고 있으며 북한 공산주의가 과거에는 존재하지 않았던 부자세습 전체주의 정권으로 전락하면서 국제사회의 난제로 떠오르게 되었다. 북한 핵 문제는 김정일의 전제專制적·세습世襲적 공산주의 체제의 생존논리로 개발되었기 때문에 현실적으로 해소되기는 어려운 조건을 갖고 있다. 김정일이 부자세습 체제를 지양하고 시장경제를 도입함으로써 북한을 정상국가로 전환시키려는 결심을 했다면 1994년 제네바합의는 존중되었을 것이다. 그리고 북한은 지난 10여년간 상당한 경제발전을 함으로써 기아사태와 탈북자문제를 발생시키지 않았을 것이다. 그러나 김정일은 반대로 스탈린적 전체주의 체제를 계속 유지하는 데만 총력을 기울인 것이 확실하며, 이것이 북한 핵 문제를 악화시키는 핵심요인으로 작용했다. 최근 김정일이 그의 2남을 후계자로 지명한 것은 그의 개혁개방이 진실성이 없다는 점을 설명하는 것이나 다름없다.

유엔 안보리와 세계 각국의 북핵 대응

이제 유엔 안보리라는 국제사회의 테이블로 북한 핵 문제는 넘어갔다. 그래서 김정일이 원했던 미국과의 단독 대화·협상의 길은 사실상 닫혀 버렸다. 이제 북한 핵 문제는 국제사회 공동의 과제가 된 것이다. 유엔 안보리는 어떻게 북한 핵 문제를 처리할 것인가. 문제는 김정일이 10년 전에 써먹은 에너지와 경제지원을 얻기 위한 핵개발이라는 설명이 이제 설득력을 잃었다는 점에 있다. 유엔 안보리는 먼저 의장성명을 통해 북한에 경고할 것이다. 북한이 제거한 IAEA의 핵사찰 시설 복구와 사찰요원의 재입국 및 NPT 탈퇴철회 등 원상복구를 촉구하면서 농축 우라늄 핵폭탄 제조프로그램의 포기를 다시 요구할 것이다. 시한을 정해 제시할 가능성도 없지 않다.

여기까지는 10년 전과 대체로 같은 프로세스이지만, 다음 단계의 유엔 안보리 조치는 대단히 다른 것으로 나타날 가능성이 많다. 10년 전에는 카터가 평양을 방문해 김일성 주석과 평화적 해결원칙에 합의해 돌파구가 열렸다. 이번에는 김정일이 어떻게 대응할지 불투명하기 때문에 중재나 담판이 가능할지는 확실하지 않다. 또 유엔 안보리 5개 상임이사국들의 의견이 일치된 것도 아니다. 미국, 영국, 프랑스, 러시아, 중국 등 5개 상임이사국들은 북한이 핵폭탄 보유에 반대하는 점에서는 견해를 같이한다. 그러나 북한 핵무기 보유를 제거하기 위한 방법론에는 의견이 다르다. 방법론이란 유엔 안보리가 대북 봉쇄정책으로 나가느냐, 그렇지 않느냐는 핵심 사안이다. 미국은 북한이 불가침조약 체결을 위한 대화를 수차 요구했으나 끝내 선先 농축우라늄 핵무기제조 프로그램 포기 후 대화한다는 정책을 고수한 나머지 대화기회를 잃었고, 북한의 핵 문제를 악화시켰다는 비판을 받게 되었다.

그러나 북한 핵 문제를 국제화시킴으로써 이라크 전쟁 개시를 앞두고 부시 행정부의 부담을 덜어보려는 의도도 있었다. 그리고 가능한 한 조속히 유엔 안보리의 대북 봉쇄결의안을 받아내려고 외교노력을 집중했다. 이라크 전쟁과는 달리 프랑스와 영국은 미국의 입장에 동조할 가능성이 많았다. 프랑스는 이라크처럼 북한에 경제적 이해관계가 없으며 수교도 하지 않은 상태다. 특히 시라크 프랑스대통령의 대북관은 인권과 기아문제에 부시와 시각을 공유하고 있다. 유럽연합(EU) 회원국들이 거의 모두 북한과 수교했음에도 프랑스는 인권 등의 검증을 요구하며 외교관계 수립을 거부하고 있는 나라다. 무엇보다도 유럽은 이제 '북한의 위협을 받는다' 는 위기의식을 갖게 되었다. 왜냐하면 북한은 중동의 리비아, 이집트, 시리아, 이라크, 예멘 등에 스커드 미사일을 판매하고 있으며 유사시에는 파리, 로마, 런던, 베를린이 스커드 미사일의 사정거리 안에 들기 때문이다.

그러나 중국과 러시아의 입장은 미·영·불 3국과 같지 않다. 중국은 IAEA 이사회에서 북한 핵 문제를 안보리에 보고하는 데 찬성하기는 했다. 그러나 중국은 북한의 핵확산 문제와 관련해 국제원자력기구가 안보리에 보고해야 할 규정에 찬성했을 뿐이며 안보리가 북한 핵 문제를 다루는 것에 동의한 것은 아니라는 입장을 밝혔다. 중국은 유엔의 봉쇄나 미국의 공격을 원하지 않는다는 것이다. 러시아는 쿠바와 함께 안보리에 보고하는 것을 기권한 나라다. IAEA는 북핵 문제의 안보리 보고에 대한 찬반투표 결과 찬성 31개국, 반대 제로, 기권 2개국으로 거의 만장일치로 일치된 견해를 보였다. 그러나 러시아는 '북한 핵 문제를 현

시점에서 안보리에 회부하는 것은 시기상조이며 비생산적'이라고 말하고 '북한의 부정적 반응을 불러일으킬 것'이라며 기권했다.

문제는 안보리 의장성명이 나온 다음 북한의 태도에 달려 있다. 이미 국제사회와 전면 대결자세를 보이는 북한이 끝까지 국제사회가 납득할 만한 긍정적 조치를—예컨대 농축우라늄 프로그램 포기선언이나 IAEA 의 사찰기구의 원상복구와 사찰요원의 조사활동 허용 등—거부할 경우 유엔 안보리의 대북 경제봉쇄 결의안 채택에 유리한 조건을 조성하게 될 것이다. 중국과 서울을 순방한 솔라나 EU 외교담당 집행위원은 '지금 이 대북 응징을 위한 적절한 시기라고 생각하지 않는다. 북한은 우리가 생각한 방향과는 반대로 갈 것이기 때문이다'라고 유엔 안보리 결의안 에 유보적 입장을 밝혔다. 그리고 그는 "앞으로 우리는 평양에 특사를 파견할 것이다. 만일 북한체제가 북핵 문제를 강화해 새로운 단계를 전개한다면 응징유보의 분위기는 허물어질 것이다"라고 전망했다.

북한이 국제사회와 대화를 트고 협상국면을 열지 않으면 중국과 러시아도 무한정 안보리 응징을 반대할 명분을 잃게 될 가능성이 많다. '응징유보 분위기가 허물어질 것'이라는 솔라나 위원의 경고를 새겨들어야 한다.

노무현, 북이 민족공조 환상 주는 언동 자제해야

아마도 미국이 '맞춤형 봉쇄'를 뉴욕타임스 보도에서 드러나듯 다시 끄집어내는 것은 이 때를 위한 준비로 보인다. 현실적으로 미국은 콜린 파월이 설명했듯 유엔이라는 모자를 쓰고 북한 핵 문제를 처리하기로 결정했으며, 그러나 봉쇄는 미국이 주도적으로 할 태세를 갖추는 것으로 보는 것이다. 노무현정부의 선택은 무엇일까? 그러나 필자가 유고연방에서 현지 취재한 경험에 비추어보면 노정권 선택의 폭은 지극히 좁다는 점을 말할 수 있다. 그동안 노무현 대통령의 전쟁반대 발언은 너무나 정당하다. 그러나 북한은 민족공조 기대에 대한 환상을 갖게 될지도 모른다. 그리고 노 대통령은 국제사회와도 등을 돌릴 수 없을 것이다. 설사 전쟁반대라는 명분을 갖고 유엔 안보리 결의안에 동의하지 않더라도 노무현정부의 의지와는 관계없이 한반도는 유엔의 군사적 봉쇄망으로 포위될 것이라는 점을 명심해야 한다. 그리고 노무현 대통령의 반전논리 反戰論理는 전쟁을 궁극적으로 막아내는 방법과 외교적 효과를 보이기 전에는 설득력을 얻기 힘들 것이다. 오히려 '북한 붕괴보다는 김정일의 핵무기보유를 선호' 하는 부정적 이미지를 국제사회에 줄 위험이 있다는 점을 간과할 수 없다.

노무현 대통령과 그 측근의 한 마디는 한반도와 국제사회에 매우 중요한 영향을 미친다. 특히 김정일이 이른바 민족공조에 대한 환상을 갖거나 오판을 하지 않도록 노정권은 신중에 신중을 기하는 세련된 외교적 자세를 유지하며 언동을 해야 한다. 노 대통령은 가급적 북핵 문제에 대한 언급을 자제하는 슬기가 필요하고 의제설정과 회담약속이 되지 않은 상태에서 외국방문은 금물이라는 권고를 드리고 싶다. 북한 핵 문제는 국제사회의 현안으로 다루어지기 시작했을 뿐이므로 국가원수가 자주 이러쿵저러쿵 언급하는 것은 국익을 위해서도 바람직하지 않다.

PART 3

김정일,
또 한번의 기회와 선택

밀로셰비치의 비극이 김정일에게 준 교훈

북 미사일 발사, 국제공조만이 해법이다

탈북자와 '게르만 엑소더스'

헬싱키헌장과 1990년대 공산주의 몰락의 교훈

북한은 개혁개방으로 갈 것인가

밀로셰비치의 비극이 김정일에게 준 교훈
−왜 유럽연합은 북한인권 결의안을 주도하나

슬로보단 밀로셰비치 전 유고연방 대통령은 세르비아공화국 수도 베오그라드 남쪽 70km 떨어진 고향 포자레바치의 별장 뒤뜰에 묻혔다. 네덜란드 헤이그의 국제유고전범재판소(ICTY)의 감방에서 급사한 밀로셰비치는 1990년대 4년간 유고전쟁에서 대량학살과 인종청소를 자행해 전쟁범죄와 반인도적 범죄, 집단학살 등의 혐의로 재판을 받고 있었다. 그의 죽음은 한때 타살설로 세계에 충격을 주었으나 시체해부 결과 심장마비로 자연사한 것이 확인되었다. ICTY는 반인도적 범죄 혐의자 밀로셰비치의 재판을 바로 종결지었고, 그의 시신은 구 유고연방 세르비아공화국으로 옮겨졌다. 장례식은 그가 창당한 사회당장으로 거행되었다.

냉전 후 반인도적 범죄로 심판받은 첫 공산지도자

밀로세비치의 장례식은 유럽 최후의 공산지도자의 비극을 설명해주고 있다. 열성 공산주의자였던 부인 미라 마르코비치는 권력남용 혐의로 공개 수배된 상태다. 보수정권 코스투니카 총리가 남편의 장례식 참석을 위해 부인에 대한 경찰의 수배해제를 얻어냈으나, 세르비아 경찰은 장례식 후 조사할 예정이어서 끝내 장례식에 불참했다. 밀로세비치는 2차대전 때 반反나치 게릴라전의 영웅 티토가 창설해 40년 동안 유고연방을 지배했던 유고공산주의연맹의 당수로 뽑혔다.

1989년 11월 베를린 장벽 붕괴 후 그는 공산당의 깃발을 내리고 중도적 사회당(SPS)으로 전환시켰다. 오늘에도 여전히 야당으로 활동하는 SPS 주도로 그는 고향에 돌아올 수 있었다. SPS는 장례식을 국장으로 치르려다 실패했다. '유고연방의 아버지'로 존경받는 티토가 잠든 '꽃의 집' 바로 옆 역사박물관에서 조문객을 받으려 했으나 좌절되었다. 결국 세르비아민족주의 지지자 7만 명의 애도를 받으며 대형 세르비아 국기에 덮여 묻힐 수 있었다.

밀로세비치의 기구한 운명은 발칸반도의 험난한 역사와 깊은 관계가 있다. 그는 1980년대 후반 처음 발칸의 지도자로 부상했을 때, '베오그라드의 강자' '늑대들 속의 염소'로 불렸다. 티토 사후 흔들리는 발칸지역 안정을 도모할 공산주의 지도자로 큰 기대를 모았다. 그러나 그는 2001년 4월 '발칸의 도살자' 낙인이 찍혀 ICTY에 이송돼 4년간 반인도적 범죄 등의 혐의로 재판을 받았던 것이다.

유럽의 냉전해체로 공산지도자가 반인도적 범죄로 기소된 최초의 경우였다. 베를린 장벽 붕괴 후 공산정권이 민중혁명으로 줄줄이 전복되었으나 공산지도자가 처단된 경우는 거의 없었다. 폴란드, 체코, 슬로바키아, 헝가리 등 구정권 지도자들은 모두 면죄부를 받았다. 루마니아의 차우셰스쿠만이 민중봉기를 무력으로 진압하려다가 도주한 끝에 인민군에 의해 체포되었다. 그는 부인과 같이 즉결 군사재판에서 사형선고를 받아 총살되었다. 동독 공산당수 호네커가 재판에 회부되었지만 베를린 장벽을 넘어 서독으로 탈출하는 동독인을 경비대가 사살한 책임을 추궁 받았을 뿐이다.

밀로셰비치는 차라리 루마니아의 독재자보다 더 비참하다고 말할 수 있다. 발칸반도의 현실과 미래를 이해하기 위해 그의 이력을 살펴볼 필요가 있다. 발칸반도는 13세기부터 6백년간 오스만터키의 침공과 지배를 받아 이슬람교가 깊이 침투했다. 특히 오스만터키의 군대가 보스니아와 코소보를 장악했다. 오스만터키의 침공 때 제일 격렬하게 저항한 것이 세르비아 민족이었다. 코소보에는 코소보 전투에서 수백만이 몰사한 기념비가 세워져 세르비아 민족의 역사적 성지聖地가 되었다. 1961년 유고의 노벨문학상 수상작 이보 안드리치의 대하소설 '드리나강의 다리'는 보스니아 주둔 터키군이 기독교 가정의 10세 미만 어린이를 무슬림교의 제물로 바치기 위해 잡아가는 장면이 잘 묘사되어 있다. 세르비아정교와 이슬람의 종교적 갈등은 발칸반도 역사의 산물이다.

밀로셰비치는 1941년 8월생으로 부모가 모두 자살한 불행한 유년기를 보냈다. 세르비아 정교 목사인 아버지와 초등학교 교사로 공산주의자였던 어머니가 자살한 후 고학으로 베오그라드대학 법대를 나왔다. 그는 상당 기간 공무원을 지냈고 유고국영 가스회사 간부를 거쳐 베오그라드은행 재무담당 임원을 지냈다. 그리고 동 은행 미국지점 간부로 활동하기도 했다. 43세에 유고공산당 당원이 되었고, 티토 사후 당수가 된 이반 스탐볼리치의 측근이 되어 출세가도를 달렸다. 1984년 스탐볼리치는 밀로셰비치를 공산당 베오그라드지부장으로 임명했다. 그러나 밀로셰비치는 스탐볼리치의 등에 칼을 꽂고 당권을 장악했다.

　　1987년 코소보에 간 그는 유고연방 자치구인 코소보의 소수 세르비아 민중에게 '나는 유고연방의 운명을 바꿀 것이다. 아무도 세르비아 민족을 내려칠 권리를 갖고 있지 않다'고 외쳤다. 그의 첫 세르비아민족주의 발언이었다. 그는 코소보의 소수 세르비아 민족의 단결을 강조해 세르비아 민족주의의 깃발을 높이 들었다. 그러나 그의 민족주의가 그를 비극의 주인공으로 만들었다.

　　밀로셰비치는 공산주의 지도자지만 깊은 철학의 소유자는 아니었고, 민족주의자이나 이념성에는 강하지 못했다. 맹목적 선동으로 공산당을 장악해 권력을 잡으려는 생각이 강했다. 세르비아 민족은 그의 민족주의에 열광했다. '슬로보—자유!' '슬로보—슬로보다'를 외치며 그의 세력은 눈덩이처럼 불어났다. 그는 정치적 대부 스탐볼리치를 강제로 해임시키고 당권을 장악했으며, 1989년 8월 최초의 자유선거에서 세르비아 대통령에 당선되었다.

　　유고연방에서 당시 프랑스방식 2차 결선투표가 공산권에서 최초로 실시돼, 2차 결선투표에서 압도적으로 당선되자 국제사회는 유고가 발칸반도의 안정추이며 그를 유고의 구원자로 평가해 기대를 걸었다.

　　그러나 공산권에서 최초 민주선거를 통한 대통령으로 부상했으나, 여기서 비극은 시작되었다. 그는 3개월 후 1989년 11월9일 베를린 장벽 붕괴로 공산주의 몰락과 나란히 '비극의 길'로 굴러 떨어지기 시작했다. 그는 당선 직후 코소보의 '성지 폴제 전투' 600주년 기념식에 참석해 세르비아 민족주의를 절정에 올려 놓고 민족주의 영웅으로 부상했었다.

세르비아 민족주의와 유고연방의 해체

　　세르비아 민족주의는 유고연방 유지의 '아킬레스건'이었다. 분단 독일이 통일되고 1989년 말까지 동베를린에서 루마니아, 불가리아까지 공산정권이 추풍낙엽처럼 붕괴돼 서구민주주의체제로 편입되었다. 그러나 밀로셰비치는 사전에 민주주의 선거제도를 도입해 대통령에 당선된 만큼 법통이 흔들리지 않았다. 그는 재빨리 공산당을 사회당으로 개명해 동구공산주의 몰락 물결에 선수를 쳤다.

유고에서 그가 정치적 정점에 도달했을 때, 공산주의와 냉전체제가 종말을 고했다. 그러나 독일 통일 후 동구의 변화를 주시한 유고연방의 일부 공화국들이 변화의 바람을 타기 시작했다. 슬로베니아와 크로아티아가 1991년 독립을 선포한 것이다. 바로 유고전쟁의 시발점이었다. 유고연방의 최북단인 슬로베니아와 크로아티아 공화국은 옛 오스트리아—헝가리제국에 속해 있다가 강대국들이 유고연방에 편입시킨 나라들로 유고연방과는 이질적異質的이다.

유고연방은 1919년 6월 1차대전 전후처리를 담당한 파리평화회의에서 강대국들이 인위적으로 만들어낸 다민족多民族 모자이크 국가였다. 윌슨 미국 대통령이 주창한 민족자결주의는 피지배 약소국들에 독립의 희망을 안겨 주었다. 폴란드, 헝가리, 루마니아, 체코 등 유럽의 약소국들이 이 때 독립했다. 오스만터키 제국이 몰락해 수백 년 동부유럽을 지배한 터키군대가 추방된 자리에 유럽의 새 민족국가들이 출현했던 것이다.

일본제국주의의 식민지로 신음하고 있던 한국도 상해 임시정부가 김규식 박사를 단장으로 한 독립청원단을 파리에 파견한 것도 이때였다. 3·1 독립만세운동이 한반도 전역에 메아리쳤으나 한국독립은 실패했다. 일본이 1차대전에 참전해 전승국이 되었기 때문이다. 일본은 전승국으로 무임승차해 중국의 청진 등 독일식민지를 분배받았다. 베르사유조약이 체결되었지만, 민족자결주의는 동유럽지역의 민족국가들을 만드는 데 그친 유럽질서 재편성의 한계를 드러냈다.

나치 독일은 2차대전으로 유고를 군사적으로 점령했다. 슬로베니아와 크로아티아는 나치 독일의 전위대가 되어 세르비아민족의 반反 나치 게릴라를 탄압했다. 세르비아민족은 크로아티아 출신 티토의 지휘 아래 게릴라전쟁으로 나치 독일과 싸웠다. 그래서 세르비아민족에 대한 미·영·프랑스 그리고 러시아의 인식은 대단히 우호적이었다. 또 '나치와 싸워 이겼다'는 자부심이 세르비아 민족에게는 깊이 스며들어 있었다.

냉전시대에 유고연방이 비록 공산진영에 속해 있었으나 독자노선을 걸었다. 냉전시대 중국과 구소련이 티토를 수정주의자와 배신자로 낙인찍어 친親서방으로 규탄한 것은 이 때문이었다. 티토는 제3세계를 규합해 비동맹 블록을 결성해 주역으로 활약했다. 특히 서방진영은 유고연방을 공산국으로 다루지 않고 경제개발협력기구(OECD)에 옵서버 국으로 참여시키는 등의 대접을 했다.

베를린 장벽 붕괴 후 구미 강대국은 유고문제를 심각하게 보지 않았다. 당시 유럽연합(EU)은 독일통일과 동구의 안정적 체제전환에만 외교력을 집중했다. 통독과 동구의 자본주의 병합과 민주주의 전환에 있어 연착륙하는 데 역량을 집중했고 공산주의 종주국 소련의 '조용한 몰락'을 견인하는 데 성공했다. 냉전 후 새 질서를 잡았다고 스스로 평가했으나 발칸반도는 여기서 빠져 있었던 것이다.

1990년 초 미국과 EU는 유고연방의 불안정성을 우려했다. 다만 유고연방을 그대로 유지시키면서 동구와 같이 자본주의와 민주주의 이행에 연착륙시킨다는 막연한 구상을 하고 있었다. 당시 베이커 미 국무장관이 베오그라드를 방문해 서방진영 강대국들이 유고연방의 현상유지를 희망한다고 연설했다. 밀로셰비치와 같은 희망의 설정이었다.

사실 발칸반도가 1차 세계대전의 도화선이 되었듯, '세계의 화약고'라는 사실을 강대국들이 알고 있었지만, 달리 어떻게 할 수 없는 상황이었다. 유고연방은 티토의 공산정치 밑에서는 6개 공화국이 잘 유지되었다. 그러나 공산주의시대가 종결되면서 유고가 그대로 있을 수 없다는 것은 자명한 일이었다. 모자이크 연방국가의 해체는 불가피했다. 그래서 밀로셰비치의 유고연방 유지 전략은 불가능한 꿈이었다.

1991년 슬로베니아와 크로아티아의 독립선언은 바로 유고전쟁으로 번지지는 않았다. EU가 긴급 외상회담을 소집해 유고문제를 토의하고 행동통일에 합의했기 때문이다. 회담은 슬로베니아와 크로아티아를 승인하거나 불승인하더라도 공동으로 대처한다고 합의했던 것이다. '유럽의 아킬레스건'을 잘못 건드렸다가는 공산권을 통째로 삼킨 냉전시대 종식결과에 '재를 뿌리는 격'이 될지도 모르기 때문이다. 밀로셰비치는 일부 국가들이 독립을 주장해 유고해체를 기도하면 군사개입이 불가피하다고 으름장을 놓았다. 유고해체를 방지하기 위한 군사행동을 미국과 EU가 묵인할 것으로 기대했다.

적어도 영국과 프랑스는 동의할 것으로 판단했다. 왜냐하면 크로아티아는 친親나치였고 세르비아는 반나치였으므로 2차대전에서 긴밀히 협력한 공적을 인정해 줄 것으로 믿었다. 특히 러시아는 같은 문자를 쓰며 세르비아정교가 러시아정교와 같은 종파이므로 당연히 지원해 줄 것으로 믿었다.

포격을 뚫고 사라예보에 온 미테랑

그런데 돌연 독일이 슬로베니아와 크로아티아의 독립을 승인한다고 발표해 국제사회를 진동시켰다. 영국과 프랑스 등 EU 회원국들이 일제히 행동통일 합의 위반을 비난하며 독일에 철회를 요구했으나 이미 버스가 떠난 다음이었다. 독일이 발칸반도의 시한폭탄 심지에 불을 붙이고 만 것이다. 밀로셰비치는 유고연방군을 동원해 독립을 막으려 했다. 사태가 악화되면서 세르비아민족이 소수인 지역에서 내전형태로 전쟁은 확산되었다. 세르비아민족이 살지 않는 슬로베니아가 먼저 독립했고, 크로아티아에서 세르비아민병대와 유고연방군이 합세해 크로아티아의 독립군과 전쟁을 벌였다.

설상가상으로 보스니아―헤르체고비나도 독립을 선언하자, 유고는 격렬한 내전에 휘말렸다. 유고전쟁에서 크로아티아의 부코바시市 공방전이 전환점이 되었다. 현지 세르비아민병대와 유고연방군이 합동으로 인종청소를 겨냥한 대량학살을 저질러 국제사회의 비난이 빗발쳤다. 유고전쟁에 대한 국제사회의 시각은 세르비아의 야만적 인간청소라는 만행을 비난하는 데 집중되었다.

국제사회는 유고전쟁의 야만성에 경악했다. 유고연방군의 개입으로 크로아티아의 독립의지를 꺾을 수 없었고, 크로아티아는 비교적 적은 희생으로 독립에 성공했다. 또 남쪽 공화국인 마케도니아는 전쟁의 혼란을 틈타 피를 흘리지 않고 슬그머니 독립했다. 보스니아전쟁은 차마 눈으로 뜨고 볼 수 없는 살육전에다 인종청소가 자행되었다.

1992년 6월28일 보스니아의 수도 사라예보에서 장갑차를 열고 군복을 입은 한 노인이 나왔다. 그는 '사라예보에 평화를!' 이라고 외쳤으나 그의 말에 귀를 기울이는 사람은 국제사회뿐이었고 유고 안에서는 누구도 들은 척을 하지 않았다. 이 노인은 프랑스 대통령 미테랑이었다. 세르비아민병대에 완전 포위되어 날마다 포격으로 공격을 받는 사라예보를 구하기 위해 포격위험을 무릅쓰고 유엔평화군의 군용기를 타고 도착한 미테랑도 시산혈하屍山血河가 된 사라예보에서 아무것도 할 수 없었다.

그가 도착한 6월28일은 1914년 사라예보에서 오스트리아 왕자를 세르비아 민족주의청년이 암살한 날로, 이 때문에 1차대전이 터진 날이었다. 미테랑은 이 날을 택해 위험한 사라예보 방문을 선택함으로써 유고 전쟁의 위험성을 국제사회에 주지시키려 했던 것이다. 그러나 유엔평화군으로 미군과 러시아군까지 파견되었으나, 학살과 인종청소는 멈추지 않았다. 미테랑이 '전쟁이 전쟁을 계속 추가하고 있구나!' 라고 탄식했지만, 전쟁은 1966년 데이턴협정에 밀로세비치가 서명하기까지 4년이나 더 계속되었다.

국제사회의 개입과 유엔전범재판소의 창설

보스니아는 안드리치의 소설 「드리나강의 다리」에서 잘 묘사됐듯, 오스만터키의 수백 년 간의 지배로 도시지역 주민이 모두 이슬람교도로 개종되었다. 반면 농촌과 산악지역 주민은 모두 세르비아정교 신도로 남아 있는 특수한 곳이다. 같은 세르비아민족임에도 종교의 차이로 상호 살육전이 연일 계속되고 있었다.

특히 유고연방군이 사실상 해체된 후 플라디치 총사령관의 세르비아 민병대와 세르비아의 정치지도자 카라지치가 도시를 점령하기 위해 산에서 연일 포격하고 밤이면 도시에 민병대를 풀어 총격을 가하거나, 인종청소라는 이름으로 부녀자들을 무차별 강간하는 무법천지를 만든 것이다. 국제사회는 밀로세비치에게 압력을 넣어 카라지치와 플라디치의 야만행위를 중단할 것을 요구했지만 성공하지 못했다.

보스니아전쟁을 종식시키기 위해 국제사회는 비상수단을 썼다. 네덜란드 헤이그에서 유고평화회담을 열고 유럽특사를 수시로 파견했으나, 전쟁은 끝날 기미가 없었다. 최초로 인권침해를 명분으로 무력개입을 실행한 것이다. 미국과 프랑스는 유엔의 승인을 받아 산악지역의 세르비아 진지를 공중폭격하기로 결정한 것이다. 이것은 인권을 명분으로 유엔이 무력개입을 나토에 승인한 첫 사례가 되었다.

보스니아의 세르비아민족은 카라지치를 지도자로 한 세르비아독립을 선포했지만, 국제사회는 승인을 거부했다. 밀로셰비치는 국제사회와 보스니아의 세르비아민병대 중재와 사실상 세르비아민족의 배후 조종역을 해내는 두 개의 얼굴로, 실제로는 세르비아 민족을 한 곳에 모아 '대大세르비아의 꿈'을 이루려는 책략을 집행했다.

보스니아전쟁은 1996년 클린턴 미대통령과 미테랑 대통령의 노력으로 1996년 데이턴협정이 체결됨으로써 휴전에 들어갔다. 밀로셰비치는 웃으며 협정에 서명했으나 그는 국제사회가 지목한 공산주의적 민족주의자로 '새로운 독재자'이며 '유고전쟁의 전범 1호'로 지목되었다.

유엔 안보리는 1993년 5월 결의 828호로 네덜란드의 헤이그에 국제유고전범재판소(ICTY)를 설치하고 세르비아와 크로아티아의 전범들을 수배해 체포하기 시작했다. 밀로셰비치는 코소보를 세르비아의 성지로 지목하고 자치국自治國 지위를 박탈하고 세르비아에 편입시켰다. 코소보에는 소수 세르비아민족과 이슬람신도인 다수 알바니아민족이 섞여 살고 있었다.

유고의 해체현상을 지켜 본 알바니아민족은 1998년 코소보의 독립을 선언했으며, 밀로셰비치의 반인권적 무력개입은 다시 한번 자행되었다. 세르비아군의 코소보 개입을 규탄하며 유엔이 철군을 요구했으나 거부되었다.

유엔 안보리는 세르비아에 대한 인권명분의 무력개입을 다시 한번 결정했다. 이번에는 베오그라드를 포함한 세르비아공화국을 직접 겨냥한 공중폭격이었다. 78일간의 미·영·프랑스 폭격기들의 폭격으로 유고가 자랑했던 산업시설이 무참히 파괴되었다. 또 도나우강을 연결했던 베오그라드의 대교大橋도 두 동강 나 가라앉았다.

결국 밀로셰비치는 폭격에 견디다 못해 코소보에서 철군을 명령했다.

ICTY는 코소보전쟁 결과를 보고 밀로셰비치를 전쟁범죄, 반인도적 범죄, 대량학살범죄 혐의로 기소하고 체포에 나섰다. 그는 공산지도자로 민주적 선거에서 두 번이나 대통령에 당선되었으나, 국제전범재판소에 '발칸반도의 도살자'라는 악명과 함께 회부되었다.

그는 2001년 세르비아에 보수정권이 수립되자마자 세르비아 경찰은 그를 체포해 헤이그의 ICTY법정에 넘긴 것이다. 그의 재판은 4년을 끌었지만 인종청소와 전쟁범죄, 그리고 대량학살에 대해 모두 부인하는 것으로 일관했다. 그의 죽음은 냉전해체 후 유럽의 새 질서구축—공산권의 자본주의와 민주주의 병합—과정에서 끝까지 살아남았던 민족주의적 공산주의 지도자의 최후가 되었다. 그의 비극은 여기서 마침표를 찍었으나 발칸의 항구적 평화는 확실하지 않다. 인종과 종교적 갈등이 계속 내연內燃하고 있기 때문이다.

유고내전의 비극이 김정일에게 남긴 교훈

1997년 5월 유고내전 취재차 유고를 방문할 때의 한 에피소드를 소개할 필요가 있다. 쥐리히 발 베오그라드 행 스위스항공 기내 바로 앞자리에 한국기업인 3명이 타고 있어 인사를 했다. 당시 현대자동차 정세영 회장과 사장, 전무 일행이었다. 많은 대화를 나누었지만, 특히 현대자동차의 유럽기지를 물색하러 간다면서 필자의 의견을 물었다. 나는 먼저 베오그라드를 후보로 생각하느냐고 물었더니 그렇다는 것이다.

"발칸은 유럽의 화약고이며 세계의 화약고다. 또 전쟁이 소강상태일 뿐이며 언제 다시 터질지 모르는 전쟁위험지역이다. 설사 전쟁이 없더라도 유럽연합에 내다 팔기 힘들다. 회원국 가입이 요원하고 유고의 인프라가 형편없고 거리도 멀다. 차라리 헝가리나 그 주변국이 바람직하다"라고 권유했더니 참고하겠다고 했다. 프랑스의 르노자동차 유고조

립회사 경영진과 만났으나 현대는 발칸반도를 피했다.

밀로셰비치는 유럽 최후의 공산지도자로 비극의 주역이 되었으나 한반도에 메시지를 보내고 있다. 그가 인권문제로 국제사회의 무력개입을 자초한 중대한 선례를 남겼기 때문이다. EU가 북한인권 문제를 국제사회에 환기하기 위해 유엔인권위원회에서 결의안을 계속 채택시켰다. 2005년에는 드디어 유엔총회에 제출해 통과시켰다.

지난해 3월16일에는 유엔인권위원회를 인권이사회로 승격시켰다. EU는 유럽에서 북한인권 청문회를 개최했다. 인권을 최고의 가치로 존중하라는 국제사회의 결의를 말하는 것으로 국제사회의 북한인권에 대한 기상도가 범상하지 않다. 국제사회가 세르비아에 적용했던 인권의 잣대를 북한에 적용할 것을 준비하는 것으로 보이기 때문이다.

노무현 정권은 국제사회의 흐름을 애써 외면하고 유엔결의안에 불참하거나 기권했다. 이는 노정권의 북한인권 기권정책이 중대한 시련을 겪게 될 것을 예고하는 것이었으며, 국제사회의 고립을 자초할 위험이 있는 것이었다. 특히 동북아의 민족주의적 공산주의자 북한 김정일 위원장에게 유고내전과 밀로셰비치의 비극은 깊은 메시지를 보내고 있다.

북 미사일 발사, 국제공조만이 해법이다
–노정권 민족공조, 홀로서기냐 동맹외교냐의 갈림길

한반도가 위기국면으로 접어드는 것 같다. 북한 핵 문제가 해결되지 않은 가운데 설상가상으로 대륙간 탄도미사일(ICBM) 대포동 2호 시험발사 문제로 한반도에 긴장이 고조되었다. 대포동 2호는 사정거리 6700~1만km 정도이므로 미국 본토까지 날아갈 수 있는 탄도미사일이다. 이 때문에 미국은 요격미사일(MD) 체제를 실전모드로 가동시켜 북한 미사일에 대한 요격체제를 갖추었다.

일본도 북한이 대포동 2호를 쏘면 '공격으로 간주' 해 유엔 안보리에 회부할 것이라고 선언했다. 또 경제제재 등 강력대응조치를 취하겠다고 말했다. 부시 미대통령은 유럽연합(EU) 정상들과 회담을 갖고 북한 미사일 문제를 주 의제로 토의한 다음 미·EU의 공동대응에 합의했다. 이에 앞서 부시는 러시아와 중국의 정상에게 전화를 걸어 북한의 미사일 실험발사 중단을 위한 중재를 강력히 요청했다. 그러나 북한은 미사일

실험이 '자주권이므로 아무도 막을 수 없다'며 계속 강행의지를 드러내
국제사회를 불안하게 했다.

북한 미사일 발사가 미치는 파장

북한이 국제여론의 압력을 받아 설사 실험을 중단한다고 해도 문제가
완전히 풀리는 것은 아니라는 점에, 심각한 문제가 내재해 있다. 북한은
핵 문제를 풀기 위한 베이징 6자회담의 9·19합의문 이행을 위한 6자회
담 회의에 계속 불참하고 있다. 그래서 6자회담은 사실상 '식물인간'이
된 것이나 다름없다. 대포동 2호의 발사실험에 미국과 일본, EU 등 국
제사회가 민감한 반응을 보인 것은 북한이 핵무기를 보유한 후 대륙간 탄
도미사일에 핵탄두를 장착할 가능성이 있는 것으로 판단했기 때문이다.

노무현 정권은 인공위성 발사라고 변명했으나, 이것은 긍정적 반응
을 얻지 못했다. 북한이 1998년 대포동 1호 실험을 인공위성으로 발표
했으나, 곧 미사일 발사임이 밝혀졌던 것이다. 만일 핵탄두를 장착한다
면 이것은 한반도의 파국을 의미하기 때문에 노정권의 인공위성 변명은
위험한 북한 감싸기였다.

우리가 간과해서는 안 될 것은 북한이 대포동 2호를 제작한 것만으로
도 한반도의 안정과 평화는 크게 위협받고 있다는 점이다. 북한이 김정
일체제 유지를 위한 핵무장과 핵 운반체인 미사일 보유에 성공한 것으로
보이기 때문이다. 이것은 김정일체제 유지를 위한 첨단무기 제조단계를
완성하는 데 성공한 것을 의미한다. 북한이 2005년 2월 11년 전의 북·
미간 제네바합의를 깨고 핵무기 보유선언을 한 후, 대포동 2호로 미국
을 핵 공격할 수 있는 능력을 갖추었다는 사실을 말해주는 것이다.

한반도의 이러한 정세변화는 국제사회의 평화라는 기본흐름에 역행
한다는 점에서 중대한 위기다. 북한의 전체주의적 김정일체제의 강화를

의미하기 때문이다. 지구촌이 시장경제와 의회민주주의로 세계화되는 21세기적 가치관에 정면으로 배치되는 한반도만의 '역사의 퇴행'이다. 금강산관광이나 개성공단 등의 남북경제협력이 결국 김정일체제의 강화에 기여했고, 북을 국제사회에 등장시키거나 시장경제에 개방시킨다는 이른바 햇볕정책이 실패하고 있다는 생각을 갖기에 충분한 사태진전이다.

전체주의체제는 독재자 1명이 인류의 재앙을 부르는 결정을 독단적으로 내리고, 자기 혼자 살기 위한 도박에 모든 것을 걸어 파멸도 불사하는 체제임을 20세기의 양차 대전의 비극에서 잘 경험했다. 결국 북한 김정일체제는 중국과 같이 개혁개방으로 국제사회에 합류하는 결단을 내리지 못하고 핵과 미사일로 대결하는 역방향으로 갈 것을 결정한 것이 아닌가. 그래서 한반도는 최악의 위기국면에 진입해 있다.

양측이 서로 강경대응을 선언하고 한반도와 동북아 정세가 매우 불안하며 긴장 고조가 정점에 달했다. 지난해 6월20일 주유엔 북한대표부 한성렬 차석대사가 처음으로 북의 입장을 밝혔다. 그는 '미사일의 개발, 배치, 실험 및 수출이 주권국가의 권리라고 주장하며 미·일의 압력에 대응하면서 미국과의 단독 협상'을 제의했다.

그는 연합뉴스와의 인터뷰에서 '모라토리엄(미사일 실험발사 유예조치)은 조·미간 대화진행 기간에만 적용된다'고 말했다. 그의 발언은 인공위성이 아니라 미사일이라는 점을 분명히 해 북한이 대륙간 탄도유도탄 시험발사임을 확인해 주었다. 노정권의 '인공위성 변명'이 무색하게 되었다. 그리고 그는 1999년 클린턴정부와의 대화에서 모라토리엄을 결정한 사실과 2002년 다시 연장했으나 부시 행정부와는 대화가 단절되었기 때문에 시험발사 유예를 중단할 권리가 있다는 것이었다.

그는 그러나 '미국이 우리의 미사일 시험발사에 대한 우려를 잘 알고 있다. 그러면 협상을 통해 문제해결을 하자는 것이 우리 입장'이라고 밝혔다. 미사일 문제에 대한 북한의 첫 입장표명으로 미사일 발사가 부시 행정부와의 협상용일 가능성을 강하게 내비쳤다.

북한의 입장을 대변하는 신문인 일본조총련 기관지 조선신보의 보도도 대미협상을 위한 '벼랑 끝 전술'이라는 해석을 낳게 했다. 이 신문은 '(북한의) 무수단리에서 탄도미사일의 존재를 확인했다고 강변하는 측이(미국) 먼저 움직여야 한다'고 말하고 있다. 미사일문제 해결을 위해서는 '미국이 먼저 움직이기를 바라는' 논조다. 북한 외무성 대변인 담화는 크리스토퍼 힐 6자회담 미국 수석대표의 방북 초청을 했음에도 미국이 거부한 사실을 상기시켰다.

조선신보는 '미국이 초청에 관해 말하지 않고 조선을 제외한 타국들과 대응책을 논의하는 것은 비논리적이다'라고 보도했다. 조선신보의 보도는 북한은 미사일발사를 대화의 명분으로 제기했다는 인상을 주면서도, 대화가 성립되지 않으면 계속 발사가 불가피할 것이라는 강한 암시를 하고 있다. 북한이 미사일로 배수진을 친 듯한 인상을 주었다.

북 미사일과 미국의 대북 강경론

북한의 미사일 문제는 국제사회 초미의 관심으로 등장했으며, 제네바 유엔인권이사회와 오스트리아 빈에서 열린 미국—유럽연합(EU) 정상회담의 주 의제로 토의되었다. 미국은 북의 협상 대화제의를 즉각 거부했다. 북한이 조건을 달거나 군소리를 하지 말고 6자회담에 돌아오라는 입장에 변함이 없음을 알 수 있다. 부시는 미—EU정상회담이 끝난 후 기자회견에서 이렇게 말했다.

"핵탄두를 보유한 불투명한 정권이 미사일을 발사할 경우, 누구나 사람들은 위기감을 느끼기 마련이다. 북한은 미사일 실험발사 유예선언과 국제규범을 준수해야 하며 투명성을 보여주기 바란다."

또 부시는 "미사일 발사와 같은 행동을 북한이 하지 말라"며 강력히 경고했다. 미 국무부 어럴리 부대변인도 "북한은 이런저런 구실을 내세우지 말고 6자회담에 복귀하라"고 촉구했다. 미 하원의 던컨 군사위원장은 "북한의 도발적 프로그램은 미사일방어체제(MD)의 필요성을 절실히 보여주는 것으로 MD를 신속히 강화해야 한다"고 강조했다.

대북강경론도 등장했다. 1990년대 클린턴 행정부의 국방장관을 지낸 페리 스탠퍼드대 교수와 애슈턴 카터 하버드대 교수는 '북한 미사일기지를 선제공격하라' 는 요지의 공동기고문을 워싱턴포스트지에 발표했다. 1990년대 북핵 문제가 처음 터졌을 때 북한을 방문, 북·미간 충돌을 피하게 한 클린턴시대 국방장관을 역임한 페리 교수는 민주당임에도 미사일문제의 심각한 사태를 직시하고 강경론을 펴 큰 주목을 받았다.

그는 '필요하다면 미국이 한국정부의 반대에도 불구하고 대포동 미사일기지를 초정밀폭격을 가해 파괴해야 한다' 고 주장했다. 페리와 카터 교수는 '대북외교가 실패로 끝난 만큼 북한의 위협을 그대로 방관하면 안 된다. 핵 보유를 선언한 북한이 대륙간 탄도미사일을 발사한다면 바로 미국안보에 직접적인 위협이 된다. 북한이 미사일에 주입한 연료를 빼지 않으면 군사적 폭격을 한다는 사실을 미국이 숨길 필요가 없다' 고 역설했다.

상대적으로 온건한 민주당 전문가들이 강경론을 펴는 것은 북한의 핵·미사일 위협을 외교적으로는 해소하기 어렵다는 판단을 내렸기 때문으로 보인다.

그러나 백악관은 페리의 폭격제의에 대해 신중한 태도를 보였다. 스티븐 해들리 백악관 국가안보보좌관은 "우리는 외교가 올바른 해법으로 보고 있으며, 이것이 우리가 추구하고 있는 것"이라고 말했다. 부시가

6자회담과 유엔 등 국제다자기구를 통한 외교적 해결을 계속한다는 기본방침에 변함이 없다는 것이다.

해들리 보좌관은 "북한이 미사일 실험을 해서는 안 된다"고 거듭 강조하고 북한이 미사일을 쏘면 북핵 문제 해결을 위한 6자회담이 "분명히 파국적일 것"이라고 경고했다. 그는 북한의 의도에 관해 "북한이 불투명한 사회이므로 의도를 읽기가 매우 어렵다. 우리가 할 일은 그들의 능력을 살피는 일이며 잘 파악하려고 하고 있다"고 설명했다.

그는 요격용 MD에 관해 "북한의 장거리 미사일과 같은 무기를 방어하는 데 제한적인 실전 능력밖에 갖추지 못하고 있다"고 말했다. 북이 미사일을 쏠 경우 요격할 능력이 불완전함을 시인한 것이다. 그러나 하와이에서 펼친 군사훈련에서 MD가 요격에 성공했음이 보도되었고, 럼즈펠드 국방장관은 요격여부는 최종 부시 대통령이 내릴 것이라고 말했다.

미국은 국제공조를 강화하는 데 성공하고 있다. 해들리 보좌관은 미사일 실험을 하면 안 된다는 메시지를 중국, 한국, 일본에 계속 보내고 있다고 설명했다. 북한의 미사일 발사문제는 지난해 6월21일 빈에서 열린 미국—유럽연합(EU) 정상회담에서 공조할 것에 합의했다. 쉬셀 오스트리아 총리는 부시와의 회담 결과에 관해 유럽이 대북규탄에 참여할 것을 결정했다고 발표했다.

그는 "북한이 미사일을 쏘면 우리는 미국과 같이 대북 규탄대열에 동참할 것"이라고 밝혔다. AFP통신은 러시아 외무부가 박의춘 모스크바 주재 북한대사를 불러 미사일 실험발사에 관해 "동북아지역의 안정을 위협하는 행위를 하지 말라"고 경고했다고 보도했다. 국제사회는 만장일치로 북한의 미사일 모험을 포기하라고 요구하고 있는 것이다.

국제공조 선택이 중요한 이유

민족공조는 민주주의와 평화, 인권 등 국제사회의 보편적 가치추구와 일치할 경우에만 정당성을 갖는다. 국제공조에서 이탈하는 나라는 국제사회에서 고립되고 소외되기 마련이다. 노정권의 민족공조는 김정일체제와 전체주의를 지원하는 것이 분명한 논리이므로 북한인권과 탈북자 문제를 다루는 유엔 등 국제공조보다 우선할 수 없다. 민족공조와 국제공조의 내용과 성격이 모순되거나 갈등관계에 있으면, 국제공조를 선택하는 것이 원칙이다. 그럼에도 노정권은 국제공조를 외면하고 민족공조를 선택한 과오를 범했다.

노정권의 외교안보의 전략적 선택이 동북아 균형자론이며, 북·미간 중재론이었던 것은 사실이다. 이것은 국제사회의 냉혹한 현실을 간과하거나 무시한 외교적 악수惡手로 평가된다. 냉전이 지속되고 6·25전쟁이라는 이념전쟁이 종식되지 않고 있는 휴전상황의 한반도에서 김정일체제와 공조하면서 유엔 등 국제사회의 협력을 무시하는 것은 고립을 자초하는 일이다.

자주외교의 기치로 한·미동맹에서 벗어나는 듯한 외교안보 전략이 중·일中·日 등 이웃나라와 북한의 한국 얕잡아보기의 계기를 만들었다. 핵강대국도 아니고, 경제적 선진국도 아니며, 최고의 도덕성도 갖추지 못한 노정권이 국제공조에서 이탈할 때, 원칙이 없이 우왕좌왕하게 되는 것은 필연적이다.

틈새를 노려 주변국들이 집적대고 괴롭히는 것은 뻔한 일이다. 일본이 독도영유권을 주장하고, 고이즈미 총리가 신사참배를 강행하며 일본 군국주의를 미화하는 교과서를 왜곡해 편찬한 것은 노정권 출범 후 더 심화되었다. 특히 중국도 동북공정으로 고구려와 발해를 자국 지역사地域史에 편입한 것도 이와 궤軌를 같이한다.

노정권이 EU와 국제사회의 대북인권결의안에 동참하는 것은 당연한 민주국가의 의무다. 한국은 민주주의를 시민의 역량으로 쟁취한 나라로서 당당하게 북한의 개혁개방과 인권문제를 거론하고 인권개선을 촉구해야만 했다. 인권결의안에 찬성표를 던지며 EU의 대북인권운동에 동참함으로써 한국의 민주적 도덕성을 제고해야만 했다.

선택의 갈림길에 선 대한민국

북한 미사일문제는 이제 북·미간 대결이 아니라 북—국제사회간 대결 양상으로 발전하고 있다. 그럼에도 노정권은 강력한 대북경고를 내놓지 않고 있다. 고작 이종석 통일부장관이 한나라당에 가서 "북한의 미사일 발사가 쌀과 비료지원 문제에 영향을 미칠 것으로 본다"고 피력했다. 그는 북이 미사일을 쏘면 쌀과 비료지원을 동결할 가능성을 언급한 것이다.

이 장관은 "지금은 미사일이 발사될 때 어떤 일이 일어날 것인가에 대해 분명히 북한에 경고하고 실제 미사일이 발사될 경우, 그러한 경고를 그대로 실천하는 것이 중요하다"고 말했다. 그는 "북한이 미사일을 쏘았는데도 아무렇지도 않은 것처럼 넘어 갈 수는 없다"고 설명했다. 아마도 그가 말하는 경고란 식량과 비료지원 중단을 말하는 것 같다. 국제사회를 진동시킨 미사일 문제치고 너무나 미지근한 온건대응이었다.

그래서 한반도를 중심으로 동북아정세는 대단히 불안정하며 긴장이 지속되고 있다. 북핵 문제는 1992년 3월 빈의 국제원자력기구(IAEA)에서 발생한 후 15년째 해소되지 않고 있다. 1994년 간 제네바합의는 폐기되었고, 2005년 9월19일 베이징 6자회담의 공동선언이 채택되었으나 행동을 위한 후속 회담에 북한의 불참선언으로 문을 닫았고, 2007년 방코델타아시아(BDA) 문제로 6자회담이 어처구니없이 정회된 상태다.

북한은 제네바합의 폐기 후 2003년 8,000개의 폐연료봉을 추출해 재처리했으며 핵확산금지조약(NPT)에서 탈퇴했고, 2005년 2월에는 핵무기보유를 선언했다. 9·19 공동선언은 북한 핵의 선先폐기를 담고 있으나, 북한은 처음부터 선先경수로공급을 주장하며 이견을 드러냈다. 게다가 부시 행정부가 북한의 슈퍼노트(위조달러) 문제를 제기하며 금융제재를 단행하자 북한은 6자회담 불참을 선언했다. 지금까지 미국과 중국이 북한의 6자회담 조속복귀를 촉구했으나, 미국의 위조달러 명분의 금융제재를 구실로 불참해 왔다.

이제 북한은 미국 본토에 도달하는 대륙간 탄도미사일 실험으로 미국과 국제사회를 위협하기에 이르렀다. 여기서 동북아와 한반도의 불안정과 긴장의 핵심에 북한의 김정일체제가 도사리고 있음을 알 수 있다. 김정일의 선군정치와 세습군주적 전체주의의 유지가 동북아 긴장과 불안의 진원지震源地인 것이다. 공산당 일당지배임에도 '사회주의적 시장경제'를 발전시켜 국제사회의 지도국으로 업그레이드된 중국모델이 북의 본보기가 되어야 함에도 마이동풍馬耳東風이다. 북한 핵 문제와 미사일 문제는 북한의 체제유지용이기 때문에 앞으로도 풀릴 전망은 매우 흐리다.

지금 한국은 중대기로에 섰다. 민족공조냐 국제공조냐, 그리고 홀로서기 외교냐 동맹외교냐의 선택의 갈림길에 선 것이다. 지금 한반도의 긴장이 증폭되고 있음에도 민족통일만을 부르짖으며 북한주민과 나눔이 없는 분배는 의미가 없다는 외침이 들린다. 만사를 제치고 선先통일을 외치며 '통일이 모든 것을 해결한다'는 맹목적 통일지상주의가 판치고 있다.

노정권의 맹목적 대북유화주의와 궤를 같이하는 한국적 현상이다. 한국민주주의는 선진국과는 아직 먼 취약성을 내포하고 있으며, 경제는 10년째 정체상태에 빠져 있다. 남한은 사회적 갈등이 표출되면서 제2의 아르헨티나로 주저앉는다는 우려마저 나온다. 북한이 변화를 거부하고 국제사회 긴장의 원인 제공을 지속하는 마당에 무조건 통일, 무조건 나누어 먹자는 낭만적 주장은 '공멸共滅'을 의미할 뿐이다.

먼저 남한의 민주화를 견고하게 다지고 경제적 '파이'를 더 키우는 선진국으로의 업그레이드가 급선무다. 남한보다 엄청난 부자인 서독이 동독을 흡수통일한 지 16년, 매년 1천 억 달러 규모의 동독지원으로 오늘의 독일은 EU 회원국 가운데 꼴찌에서 4등이라는 빈국으로 전락한 사실을 참고해야 한다.

해답은 이렇다. 민족공조의 정당성이 결여될 때 국제공조로 가지 않으면 안 된다. 이유는 김정일의 전체주의를 강화하는 민족공조는 국제사회의 지탄거리로 고립을 자초하기 때문이다. 민족공조는 홀로서기 외교와 백지 한 장 차이다. 미·중·러 3개 핵강대국으로 포위되어 있고 제2경제대국 일본을 지척에 둔 한반도가 강대국의 핵우산을 뛰쳐나와 홀로서기를 하는 것은 '자멸自滅의 길'을 선택하는 것과 다름없다. 1990년대 영국과 프랑스 등 서구선진국들이 핵강대국임에도 소련이라는 공산주의의 적敵이 멸망했음에도 나토에서 이탈하지 않고 미국의 핵우산 밑에 계속 잔류하는 까닭을 알아야 한다. 서구나라들은 미국 핵우산 밑에서 러시아 핵으로부터 보호받고, 영국과 프랑스는 중국, 인도, 일본 등에 얕보이지 않는 방패로 쓰고 있다.

사정이 이러한데, 핵강대국도 아니며 경제선진국도 아니고 냉전적 분단이 지속되고 있는 현실에서 한국이 외교안보상 홀로서기를 한다는 것은 '낭만적 우행愚行'이다. 그렇다고 중·러의 핵우산을 쓸 수는 없을 것이다. 이미 북한이 쓰고 있으며 지정학적으로, 역사적으로 한국은 자본주의와 민주진영에 속해 왔음으로 미국 핵우산을 쓰는 것이 더 자연스럽다.

탈북자와 '게르만 엑소더스'
–베를린 장벽 붕괴 18주년의 의미

탈북자들이 연일 중국 수도 베이징 주재 한국공관과 외국대사관, 심지어는 외국인학교에까지 진입해 한국행을 요청했다. 비단 베이징에서뿐만 아니라 중국의 도시들과 몽골, 베트남 등 동남아 지역에 숨어들어 한국행을 기도하기도 했다. 입국하는 탈북자도 많았다. 지난 2004년 10월21일에는 29명이 베이징의 국제한국학교에 진입해 한국행을 요구했다. 이제 탈북자의 외국공관 진입—한국행 요구는 베이징 등 중국과 동남아에서 일상적인 사건이 되었다.

현지 한국대사관은 이들을 보호해 한국으로 데려오는 일이 중요 업무 가운데 하나가 되었다. 캐나다대사관에 40명이 넘는 최대의 탈북자들이 진입했고 이어 한국총영사관에 15명이 들어가는 등 탈북자는 이제 동독난민의 엑소더스를 방불케 하는 공산국가 엑소더스의 양상을 보이고 있다. 2000년부터 2004년 6월까지 입국한 탈북자는 모두 4,080명으로 집계되었다.

3개월 만에 종결된 게르만 엑소더스

국정원은 입국탈북자가 1만 명을 넘어설 것으로 관측했다. 적어도 매년 1만 명이 입국한다면 간단한 문제가 아니다. 그런데 탈북자 숫자를 독일의 게르만 엑소더스에 견주어보면 그리 많은 것은 아니다. 10만 내지 최대 30만 명으로 추정되는 탈북자들이 중국과 북한 공안기관의 추적을 피해 한국에 오는 '구멍'을 중국에서 찾아 헤매고 있다고 한다. 그러나 한국망명 성공률은 너무나 낮다. 그럼에도 탈북자의 필사적 탈출과 외국공관 진입이 일상적 사건이 되고 있는 것이다.

탈북자 문제에 대한 노무현정부의 대책은 대단히 소극적이다. 우리 공관이나 외국 공관에 진입하면 뒤따라 보호조치에 나서고 중국 정부와 협의해 탈북자의 희망에 따라 중국의 '양해'를 얻어 신병을 한국에 보내는 방식이다. 탈북자의 난민지위 획득노력은 나타나지 않는다. 탈북자에 대한 우리 국민의 태도도 이제 시큰둥하다. 처음에는 대대적으로 환영하고 언론도 크게 보도했으나, 이제 묵살하거나 단신 정도로 취급할 뿐이다. 이러한 현실에서 탈북자문제가 근본적으로 해결되는 것을 기대할 수 있을까? 해답을 기대하기는 어렵다.

18년 전 베를린 장벽 붕괴를 가져온 동독주민의 '게르만 엑소더스'의 경우는 가장 현실적인 해답을 준다. 1989년 8월 동유럽 공산정권을 진동시킨 '엑소더스'는 막이 오른 후 3개월 만에 완전히 해결되었기 때문이다. 11월9일 베를린 장벽 붕괴가 동독난민의 서독 행에 종지부를 찍었다. 해마다 11월이 되면 베를린 장벽이 붕괴되던 그날의 모습이 생생히 떠오른다. 세계일보 유럽총국장으로 파리에 주재하며 특파원으로 뛰었던 나는 붕괴 이튿날인 11월10일 오전 베를린 장벽 밑에서 취재에 열중하고 있었다.

베를린을 공산―민주진영으로 분단했던 장벽 위에 동·서독 시민들이 올라가 춤추고 있었다. 한 손에는 분단장벽 붕괴를 축하하는 샴페인병을 들고 다른 한 손으로는 어깨동무를 한 채 덩실덩실 춤추고 있었다. 그동안 동·서독 주민들은 같은 말, 같은 글, 같은 문화, 같은 땅에 살고 있음에도 동·서로 갈려 자유롭게 왕래할 수 없었다. 수십 년 후 한반도에서 계속 벌어지고 있는 탈북자의 비참한 운명은 동독 공산정권이 오늘의 북한과 마찬가지로 여행의 자유를 불허하고 빈곤의 평등화 때문에 일어난 '게르만 엑소더스'와 본질이 다르지 않다. 이념분단의 장벽을 동독주민의 '엑소더스'가 허물었으나 한반도의 휴전선 장벽이 너무 높아 탈북자들이 중국으로 탈출하고 있을 뿐이다.

'게르만 엑소더스'의 의미는 그래서 대단히 크다. 동·서독은 이미 1972년 동·서독 기본조약을 체결해 경제교류, 인적교류, 특파원교환, 통신교환과 동·베를린과 서독의 임시 수도 본에 상주대표부를 두고 있었다. 서독시민들은 동독에 비교적 자유롭게 왕래했으나, 동독주민은 공산정권의 통제로 서독에 자유왕래가 허용되지 않았다. 동독은 60세 이상의 노인들에 한해 서독의 친척방문을 엄격한 심사 후 방문을 허용할 뿐이었다. 그래서 베를린 장벽은 '동·서진영간 냉전의 상징'이며 '유럽의 수치'로 지적되었으며, 독일 최고의 관광명소로 각광받았다.

장벽을 구경하기 위해 서베를린으로 관광객이 몰려들었으며 특히 브란덴부르크문이 보이는 장벽 앞에는 동베를린 쪽 경비병들과 주민의 움직임을 망원경으로 바라보는 구경꾼이 인산인해를 이루었다. 마치 통일전망대에서 북한을 바라보듯 말이다. 베를린 장벽은 바로 동베를린 시가지가 눈앞에 펼쳐지고 있어 한국의 비무장지대를 바라보는 것과는 큰 차이가 있었다.

1960년대 케네디 미 대통령이 서베를린을 방문해 "우리 모두가 서베를린 시민이다"라는 명연설을 한 곳도 바로 여기였다. 난공불락難攻不落처럼 보였던 베를린 장벽이 '어처구니없게도' 서독으로의 자유왕래를 절규하는 동독주민의 대탈출과 시위로 허물어지고 만 것이다. 동독난민의 탈출은 북한 탈북자보다는 조건이 아주 유리했다. 동독의 공산주의 형제 나라들을 경유해 중립국 오스트리아로 나오면 바로 민주진영인 서독 등 서유럽이기 때문이다. 여기서 서독적십자사 등이 대기하고 있다가 탈출 동독인을 환영하며 '모셔갔다'.

'게르만 엑소더스'는 당시 소련의 위성국인 헝가리가 동·서 유럽의 분계선을 폐지함으로써 가능했다. 1989년 5월 헝가리의 개혁적 공산당정부가 헝가리—오스트리아 국경선의 전류가 흐르는 철조망을 철거해 사실상 공산진영의 문을 개방해 버렸다. 동독주민들은 헝가리국경의 개방을 동독탈출의 통로로 이용했다. 실제 이해 7월 동독주민 수만 명이 헝가리에서의 휴가를 빙자해 동독을 떠난 다음 귀국하지 않고 헝가리—오스트리아의 서방으로 열린 국경선에 몰려들었다. 그리고 공산진영을 빠져나가 서독으로 들어갔던 것이다. 동독의 공산당정부는 헝가리정부의 탈주묵인을 맹렬히 비난하고 '모든 책임을 헝가리정부가 져라'고 위협했다.

엑소더스, 2주일간 21,000여 명이 탈출에 성공하다

헝가리정부는 '모든 동독주민들이 헝가리를 떠나도록 허용하는 조치가 시급하다. 우리가 동독시민에게 자유롭게 모든 나라를 여행하도록 허용하는 것은 동독과 맺은 1969년 여행협정을 폐기하는 것'이라고 선언했다. 1989년 9월10일 헝가리의 혼 외무장관은 동독난민의 자유로운 여행을 허가한다는 결정을 공식 발표했다. 이튿날 헝가리—오스트리아 국경에 집결했던 동독난민 제1파가 오스트리아로 빠져나가 국제언론과 서독적십자사의 대대적인 환영을 받았다.

동독언론들은 '서독정부가 우리 동포들을 매수했다. 서독정부는 우리 동포를 안개가 자욱한 한밤중에 이동시켰다'라고 보도했으나 실상은 정반대였다. 동독난민들은 대낮에 서독적십자사의 환대를 받으며 대형버스 편으로 서독 서남부 지방도시 파사우의 난민수용소에 도착해 서독시민의 대대적 환영을 받았다. 무려 1만500명의 동독난민들이 서독으로 탈출하는 데 성공한 것이다. 서독정부는 9월26일까지 불과 2주일간 2만1000여 명의 동독난민이 헝가리—오스트리아 통로로 탈출해 서독에 입국하는 데 성공했다고 발표했다.

'게르만 엑소더스'는 헝가리—오스트리아 통로로만 이루어진 것이 아니다. 헝가리의 탈출이 성공했다는 소식은 재빨리 폴란드와 체코에 휴가를 갔던 동독주민에게 전해졌다. 동유럽주재 서독대사관에 난데없이 동독주민들이 담을 넘어 쇄도해 들어왔다. 체코와 폴란드주재 서독대사관 정원은 동독주민의 텐트촌으로 돌변했다. 구호는 "우리를 서독으로 보내 달라"는 한마디뿐이었다. 그러나 폴란드와 체코는 헝가리처럼 서방진영 국가와 경계선을 갖지 못하고 동독과 접한 나라들이다.

공산당 정부는 개방에 대해 부정적 태도를 취하고 있었다. 아마도 오늘 중국의 탈북자와 유사한 입장에 있었다고 볼 수 있다. 나는 폴란드의 수도 바르샤바의 서독대사관에서 국제 언론인들과 같이 동독난민을 취재했었다. "우리는 서독에 여행하기를 요구할 뿐이다. 헝가리를 여행한 동포들이 모두 서독을 가는 데 성공했다고 한다. 우리가 왜 그들과 같이 서독에 갈 수 없는가?"라며 절규하고 있었다.

민주주의는 거주이전과 여행의 자유를 기본 인권의 하나로 보장한다. 공산국가는 주민감시수단의 하나로 여행의 자유를 철저히 통제하고 있었다. 동독주민은 공산정권의 서독방문 통제를 비난하며 해제를 요구했다. 폴란드의 야루젤스키 대통령과 체코의 야체크 총리는 그때만 해도 개혁개방에 부정적 입장을 취하고 있었던 공산정부의 수장들이다. 그래서 서독외상 겐셔가 프라하로 날아가 동독난민을 서독에 데려가기 위한 협상을 벌였다.

겐셔는 서독대사관 정원에서 농성하는 동독난민을 찾아가 직접 연설했다. 그는 "나는 모든 외교적 수단을 동원해 여러분의 자유획득과 서독여행을 기필코 성공시킬 것이다. 조금만 참고 기다려 달라"고 밝혀 난민의 박수를 받았다. 겐셔는 맨 입으로 협상하지 않았다. 헝가리정부에 경제지원을 약속해 '엑소더스'를 성공시킨 것처럼 체코와 폴란드정부에 경제지원을 약속했다.

폴란드와 체코정부는 서독의 열차를 프라하와 바르샤바에 오게 하여 동독난민을 태워 동독경유 서독으로 보내주었다. 그러니까 '게르만 엑소더스'는 동독주민의 강력한 탈출의지만으로는 달성하기 힘들었다. 서독 외상 겐셔의 빛나는 경제를 앞세운 외교노력으로 가능한 일이었다.

고르비의 등장과 이념대결의 종식

나는 1996년 10월 당시 중앙일보 국제문제대기자로 유럽을 순회하면서 본에서 겐셔를 인터뷰했다. 그는 당시 콜 총리와는 달리 독일이 통일을 완성하고 냉전이 종식되며 공산주의 체제가 소멸되자 "이제 나의 역할을 끝났다"고 밝히고 정계를 은퇴해 있었다. 독자의 이해를 돕기 위해 베를린 장벽 붕괴와 한반도 문제를 의제로 한 회견의 일부를 소개한다.

▶ 귀하는 1985년 고르바초프가 소련공산당 서기장으로 취임하자 독일통일이 가능할 것으로 판단했다고 말한 적이 있다. 귀하의 판단은 베를린 장벽 붕괴 이후 적중했다. 어떤 관점에서 그렇게 판단했는가.

내가 1986년 그를 처음 만났을 때 그가 지향하는 정책이 소련과 유럽, 그리고 세계를 근본적으로 변화시킬 것임이 틀림없다고 확신했다. 고르바초프의 정책이 이념대결의 종식, 그리고 책임감 있는 협력 상태를 이끌어 나갈 것이기 때문이었다. 이러한 나의 분석에 근거해 1987년 2월1일 스위스의 다보스 정상회담에서 나는 연설을 통해 서방진영이 진지하게 고르바초프를 받아들일 것과 역사적 절호의 기회를 놓치면 안 된다고 호소했다. 그 후 모든 역사적 발전과정은 내가 옳았음을 실증했다.

▶ 1989년 5월 헝가리가 '철의 장막'을 제거한 후 귀하는 부다페스트와 프라하에서 동독정권의 압력 때문에 망명의 길이 차단되어 버린 동독난민을 해방시키는 데 성공했다. 귀하의 이러한 외교활동은 대단히 놀라운 것인데, 이는 독일통일에 대한 확신 때문이었나?

그때 나는 프라하로 날아가 독일(서독)대사관에 운집한 동독출신 독일인들이 '자유에의 길'을 밟을 수 있다고 공포했다. 그러나 나는 헝가리의 국경개방은 곧 동독의 종말이 시작됨을 뜻하는 것이라는 사실을 잘 알고 있었다. 장벽은 제일 먼저 부다페스트에서 무너졌으며 그 다음 프라하에서 그리고 베를린에서 차례로 무너졌다.

▶ 베를린 장벽 붕괴는 20세기의 종말임과 동시에 21세기의 시작을 뜻하는 것이었다. 장벽붕괴의 역사적 의미가 무엇이라고 생각하는가.

베를린 장벽 붕괴의 역사적 의의는 동서대결의 종말, 그리고 세계의 양분화 상태의 종식을 뜻한다. 이와 동시에 베를린 장벽 붕괴는 오늘날 인위적 분단과 장기적인 단절은 오래 견뎌낼 수 없다는 사실을 여실하게 보여주었다. 역사는 분단과 봉쇄를 훨씬 능가하고 초월하면서 계속된다.

▶ 우리들은 독일통일의 후유증이 심각하다는 것을 잘 알고 있다. 통독은 오늘날 내적으로 완성되었다고 생각하는가.

독일의 내적 통일이 완료되려면 아직 상당한 시일이 더 걸릴 것이다. 통일이 비용발생 원인이 아니라 40년간 동독지역의 공산주의 잔재극복에 비용이 들어가고 있는 것이다.

▶ 베를린 장벽 붕괴 후 냉전종식이 기대된 한반도는 장벽이 여전히 높다. 그 이유가 무엇이라고 생각하는가.

국가와 민족의 통일은 모든 민족의 정당한 달성목표이다. 그러나 전쟁을 통해서는 해결되지 않는다. 전쟁은 새로운 문제점을 만든다. 그리고 전쟁은 비인간적이다. 국가와 민족의 통일은 평화적으로 달성되어야 한다. 정치적 수단과 정치적 환경의 변화를 통해서 말이다. 오로지 그렇게 해야만 겉보기에 해결이 불가능한 듯 보이는 문제점이 해결될 수 있다.

▶ 귀하는 한반도 통일문제를 어떻게 전망하는가.

나는 독일통일과 마찬가지로 남북한의 통일이 불가피하다고 본다. 역사는 항상 분단극복 쪽으로 발전해 왔다. 오늘날 북한의 폐쇄정책이 아직도 효력을 발휘하는 것은 두 가지 요인에 기초한다. 먼저 북한은 처음부터 동독에 비해 더욱 강하게 폐쇄되어 왔다. 구동독의 경우는 단계적 개방조치를 취해 왔다. 다음에 아시아는 분단극복과 체제개방적인 협력을 목표로 하는 유럽안보협력회의(CSCE)에 상응하는 공동노력이 없었다. 나는 한국이 통일논의를 보다 강력하게 주도해야 한다고 본다. '평화와 자유를 통한 통일'이란 모토는 역사의 논리와 국민의 희망에 부응하는 것이다. 한국 스스로 더욱 민주화될수록 통일을 둘러싼 북한과의 정치다툼에서 성공을 거둘 수 있을 것이다. 한국은 결코 분단 상태로 남아서는 안 될 것이다.

장문의 겐셔 인터뷰 내용을 소개하는 것은 그의 견해가 오늘에도 계속 유효한 것으로 보이기 때문이다. 그는 고르바초프의 등장으로 세계의 변화를 예감했고 그의 판단은 적중했다. 내가 유럽에서 현장취재를 한 경험으로는 겐셔는 20세기 최대 최고의 외상이었다. 그는 변화를 예견하고 이를 겨냥하여 분단독일의 통일을 요리한 외교활동을 성공적으로 펼쳤다.

헝가리의 국경개방이 동독종말의 시발점

그의 말대로 헝가리의 국경개방은 '동독의 종말'의 시작이었으며 동독주민의 엑소더스는 통일과정의 출발점이었다. 그가 '동독의 종말'이라는 확신이 없었다면 프라하 서독대사관에 달려가 동독난민을 서독에 데려오는 공격적 외교를 펼치기는 어려웠을 것이다. 동독 공산당정권이 맹렬히 비난하고 위협하며 제동을 거는 상황에서 서방진영의 분단국가 서독외무장관이 프라하의 서독대사관에 달려가 난민 앞에서 "자유를 위해 당신들을 해방시킨다"고 큰 소리로 연설한다는 것은 용기가 없으면 불가능할 일이다.

마치 한국외무장관이 베이징에 달려가 한국총영사관과 국제한국학교에 진입해 한국행을 부르짖는 탈북자 앞에서 '한국으로 데려 간다'고 호언장담한 것이나 다름없는 '통 큰 외교'를 겐셔가 벌인 것이다. 그러니까 독일은 통일됐고, 한국은 18년이 지난 오늘까지도 휴전선 장벽은 여전히 높기만 한 것이 아닐까.

사실 1989년 여름의 '게르만 엑소더스'는 동독주민의 서독 자유왕래와 공산정권 타도를 위한 동독주민의 전면봉기, 베를린 장벽 붕괴와 독일통일, 헝가리와 체코, 루마니아 등 동유럽 공산권의 전면적 몰락, 1991년 12월 공산주의 종주국 소련제국의 멸망을 차례로 가져왔다. 지구촌 북반부 절반을 붉게 물들인 세계지도에서 적색이 지워지고 녹색 일색으로 변했다.

이른바 동·서 진영으로 분단된 세계가 공산진영이 합류함으로써 자본주의—민주주의 체제로 통일된 것이다. 동서독 통일은 2차 세계대전 후 국제질서인 얄타체제의 종식을 의미했다. 베를린 장벽 붕괴의 역사적 의미는 얄타체제의 종말이 가져온 냉전의 종식에 있다. 1989년 11월 9일 베를린 장벽 붕괴 후 18년이 흘러갔지만 한반도의 변화는 특기할 만한 것이 별로 없다. 2000년 DJ—김정일의 평양선언이 나왔으나 해빙이 찾아왔을 뿐 북한에 변화의 기미가 보이지 않는다.

북한판 엑소더스는 변화의 신호탄인가

겐셔가 북한의 공산주의가 동독 공산주의보다 훨씬 더 폐쇄적이기 때문에 한반도 통일이 지연되는 것으로 전망한 것은 일리가 있다. 김일성 부자에 대한 개인숭배와 철저한 주체사상교육, 보위부와 군부의 물샐틈없는 감시체제 등이 느슨한 구동독 공산당 호네커 정권과는 다른 점이다. 특히 소련이나 동유럽 공산주의자들, 그리고 중국 공산당조차도 감히 권력을 세습할 만큼 교조적이며 폐쇄적이지 않다.

북한은 베를린 장벽 붕괴 후 18년을 '이미 멸망한 공산주의'를 붙잡고 버텨 냈다. 마치 시장경제와 민주주의 바다와 같은 세상에 하나의 '작은 낙엽' 처럼 북한은 세습적 봉건군주제 공산주의 체제를 유지해 왔다. 공산권 경제협력체 코메콘 해체에 따른 구상무역求償貿易 폐지 등으로 경제파탄과 식량부족으로 인한 수많은 아사자餓死者를 내며 국제 사회의 식량지원에 의존하면서도 개혁개방을 외면하고 있다.

그러나 드디어 시장경제가 북한에 상륙할 것인가. 북한은 남한에 개성산업공단과 금강산관광을 '개방' 했을 뿐이다. 나진·선봉 경제특구는 국제사회에 개방한 것이나, 1994년 10월 제네바합의의 파기로 경수로 2기 건설이 중단됨으로써 사실상 실패한 것으로 보인다. 여기에 외자유치를 시도했으나 경수로건설이 좌절됨에 따라 외국기업들의 외면으로 좌초위기에 휘말렸다. 신의주특구 계획도 중국의 거부감으로 불투명하고 개성이 시작단계로 한국기업진출이 성공해야 가동이 가능하다.

이러한 북한의 소극적 개방전략은 중국의 개혁개방과는 거리가 멀다. 이는 선군정치를 근간으로 하는 북한 특유의 공산주의 체제를 유지하기 위한 고육책苦肉策으로 보인다. 다시 말해 북한은 '자본주의의 병균' 이 침투하지 못하도록 국경지역 일부에 한정해 특구를 설정했기 때문이다. 그럼에도 시장경제의 물결이 내부로 미약하나마 스며들고 있는 모습을 보인다. 2003년 7월의 경제조치와 배급제의 폐지는 뒤늦은 현실인정의 흔적을 보일 뿐이어서 시장경제의 적극적 도입으로는 보기 어렵다. 그러나 한반도가 변화가 전혀 없는 '정체停滯지역' 으로 남는다고 보는 것은 시기상조다. '북한의 엑소더스 현상' 은 변화의 신호탄으로 볼 수 있기 때문이다.

과연 탈북자의 일상화日常化 현상은 한반도의 변화를 견인해 내는 징후가 될 것인가. 겐셔는 '게르만 엑소더스' 에서 '동독의 종말' 을 보고 적극적 외교를 펼쳤다. 그는 동독뿐만 아니라 소련과 미국 영국 프랑스 등 나치 독일과 2차 세계대전에서 승리한 전승 4강대국에 통일을 위한 전방위 외교를 펼쳐 통독성공의 길을 열었다. 그래서 겐셔는 오늘도 통독의 일등공신이라는 칭찬을 받고 있다.

탈북자의 전개양상이 18년 전 '게르만 엑소더스'의 모습을 닮아 가고 있는 것은 확실하다. 그러나 이것이 한반도의 근본적 변화를 가져올 수 있는 동력으로 작용할지는 불투명하다. 그럼에도 불구하고 탈북자문제는 결코 방치할 수 없는 과제다. 겐셔는 11년 전 한국정부가 통일정책을 주도해야 한다고 인터뷰에서 권고했지만, 우리 정부는 화해협력이라는 구실 아래 김정일의 눈치 보기에 급급한 인상을 준다. 북한 지도부의 신경을 건드리지 않아야 한반도 평화가 보장된다는 사고방식이다. 한국정부의 이러한 소극적 대응과 정책은 현상고정일 뿐이며 눈부시도록 변화하는 국제정세를 뒤따라갈 수 없는 퇴행성 사고다. 18년간 유럽대변동을 중심으로 세계가 엄청나게 변화했지만, 한반도만이 이념적 분단과 냉전적 상황에서 벗어나지 못하고 있다. 정부의 소극적인 정책에도 원인이 있는 것으로 보인다.

'역사는 분단과 봉쇄를 초월하면서 발전하는 것'이라는 논리에는 수긍한다. 그러나 국가와 정부가 눈치를 보며 아무런 일도 하지 않을 때 과연 분단을 초월할 수 있는 역사를 견인할 수 있을지는 의문이 든다. 냉전시대 가장 위험한 제3차 세계대전 위험의 화약고 2개는 베를린 장벽과 한반도의 휴전선장벽이었다. 베를린 장벽은 붕괴되어 화약고를 제거한 지 벌써 18년이 지났다. 그러나 휴전선장벽은 여전히 전쟁폭발 위험지역으로 남아 있다.

최근 국정감사에서 '북한군이 기습공격을 가할 경우 16일 만에 서울이 함락될 것'이라는 끔직한 증언이 나왔고, '1000문의 장사포의 존재가 수도권의 중대한 위협'이라는 최고 군부 책임자의 진단이 있었다. 이것은 북한 김정일 국방위원장의 명령 하나로 전쟁발발 가능성이 있음을 구체적으로 증언한 말이다. 북한의 전체주의적 공산주의는 김정일 명령만으로 무엇이든지 가능한 일사불란한 1인 지배 시스템이므로 민주주의

체제와 달리 불시에 공격할 가능성은 언제든 존재한다는 것이다.

실로 베를린 장벽 붕괴가 전쟁에서 해방시켜 항구적 평화를 향유할 수 있게 했다는 점에서 독일국민과 유럽시민은 행복하다. 그러나 한반도는 여전히 냉전과 이념분단, 그리고 전쟁위험에서 해방되지 않고 있어 결코 행복한 삶을 누리고 있다고 말할 수 없다.

군사개입의 명분이 되는 인권문제

미국이 북한인권법을 제정해 발효하자 정동영 통일부장관은 "공산국가의 인권문제는 압박으로 해결된 적이 없다"고 전제하고 "북한과 화해와 접촉을 통한 '작은 발걸음' 정책이 필요하다"고 말했다. 그리고 북한 인권문제 4원칙을 제시했다. 첫째, 인권은 인류의 보편타당한 가치다. 둘째, 나라마다 처한 상황에 따른 특수성의 인정. 셋째, 평화번영정책을 통한 긴장완화에 따른 북한인권의 점진적 실질적 개선 도모. 넷째, 남북관계에 미치는 악영향의 최소화가 4원칙의 내용이다.

인권이 인류의 보편성을 지닌 불멸의 가치라는 사실을 존중한다면, 나라의 특수성과 긴장완화 등의 원칙은 허구가 아니겠는가. 인류의 보편적 가치를 따르지 않는다는 것은 국제질서를 외면해 고립을 자초한다는 얘기와 같다. 냉전시대 서유럽은 동구의 인권문제에 끊임없이 개입하고 비난하고 비판했다는 사실을 상기할 필요가 있다. 그래서 체코의 하벨과 소련의 사하로프, 폴란드의 바웬사와 같은 자유와 민주주의 영웅들이 탄생되었다. 동구 공산주의체제 내 인권운동을 주도한 동구의 영웅들은 동구 민주화의 선봉에 섰고, 공산주의 몰락 후 지도자로 부상했다.

특히 1992년 유고슬라비아 내전을 계기로 인권문제는 유엔과 나토가 군사적 개입을 감행할 수 있는 새로운 명분으로 정착되었다. 보스니아

전쟁과 코소보에서 세르비아 군대와 민병대가 이슬람 계와 알바니아주민에 대한 인종청소 등 인권탄압이 가혹하게 가해지자 유엔군과 나토군이 공중폭격을 가하고 지상군을 급파하는 등의 군사조치를 취했다. 그리고 유럽 최후의 공산주의자 슬로보단 밀로셰비치 전 세르비아대통령을 체포해 네덜란드의 유엔인권재판소에서 반인도적 범죄로 재판하지 않았는가.

노무현정부가 유엔인권위원회의 대북한 인권결의안에 계속 기권하는 것은 국제질서에 상응하는 외교라고 평가할 수 없다. 국제질서를 외면하고서는 한반도 분단극복과 냉전해소와 관련, 국제사회의 지지와 협력을 얻기란 어렵다. 최근 국책연구기관인 통일연구원이 '국제사회와 남북대화에서 더 이상 북한인권문제에 침묵하지 말라' 는 건의를 낸 것은 반드시 참조해야 할 정책건의로 평가된다.

겐셔 외상의 경우가 말하듯 서독은 언제나 미국, 영국, 프랑스와 북대서양동맹, 유엔과 공조를 잘 했기 때문에 통일과정에서 찬성과 지원을 받아 일사천리로 통일할 수 있었다. 탈북자 문제는 바로 한반도 문제해결의 열쇠이며 북한 인권문제의 핵심이다. 이것은 베를린 장벽 붕괴가 한반도에 보낸 메시지이기도 하다. 북한 인권문제에 대한 정부의 적극적 대응이 긴요한 이유가 바로 여기에 있다. 마지막으로 강조할 것은 유엔 등 국제기구가 군사개입 명분으로 삼을 만큼 인권문제는 21세기의 기본가치로 정착했다는 사실이다. 인권문제는 멀지 않아 북한에도 적용될 기본가치라는 사실을 각별히 유념해야 하겠다.

헬싱키헌장과 1990년대 공산주의 몰락의 교훈
―북한은 핵무장 풀어야 기아, 탈북문제 해결할 수 있다

이미 많은 사람의 기억에서 사라졌겠지만, 헬싱키헌장이란 외교문서가 있었다. 냉전시대 민주진영과 공산진영 간 평화공존을 약속한 협정이었다. 1975년 8월 핀란드의 수도 헬싱키서 열린 유럽안보협력회의(CSCE) 정상회담에서 있었던 일이니, 벌써 32년이 지나간 옛 이야기다. 그때 나는 한국특파원으로 정상회담을 취재하면서 '냉전시대가 오래 가겠구나!' 라는 생각을 했다.

그러나 냉전시대는 헬싱키헌장 체결 15년 만에 종지부를 찍었다. 구소련을 중심으로 한 공산주의 진영은 전면적으로 붕괴되어 유럽은 민주주의와 시장경제라는 하나의 체제로 통합되었다. 1989년 11월9일 베를린 장벽이 붕괴되면서 공산권 선진국으로 자타가 공인했던 동독이 해체되어 서독에 합병되었다. 1944년 얄타회담에서 분단되어 세계의 화약고로 유명했던 유럽의 동서독은 '하나의 독일' 로 통일된 지 오래다.

구소련, 체제의 열세 만회 위해 CSCE 제의

그 후 18년, 유럽의 화약고는 사라졌지만 한반도는 여전히 군사분계선이라는 화약고를 안고 살고 있다. 우리의 고통은 냉전시대 '아시아의 동독'으로 지목되었던 북한이 세계차원의 공산주의 진영이 모두 소멸되었음에도 오늘 여전히 '스탈린적 전체주의'를 계속 유지하고 있다는 사실이다. 21세기에도 북한은 체제유지를 위한 수단으로 핵무기를 개발해 국제사회를 '위협하는 나라'로 비판되고 있다. 이 때문에 북한체제의 개혁전망이 흐리다는 사실이 우리를 더욱 답답하게 만든다.

흔히들 '역사의 교훈'을 얻어 국가의 관리를 효율적으로 함으로써 국민의 의식주를 해결하는 것이 정치지도자와 정부의 의무인데, 북한지도자와 정부는 역사적 원칙에 역행함으로써 북한주민을 기아의 고통으로 신음하게 만들고 있다. 더욱이 국제사회의 '골칫덩어리'로 지칭되고 있어 더욱 곤혹스럽다.

사실상 헬싱키헌장을 지금 상기하는 이유는 공산진영의 해체를 유발한 베를린 장벽 붕괴의 시발점이 되었다는 판단 때문이다. 1945년 8월 당시 민주진영에서는 미국의 포드 대통령, 프랑스의 지스카르 대통령, 서독의 슈미트 총리, 소련의 브레즈네프 공산당서기장, 동독의 호네커 공산당서기장, 루마니아의 차우셰스쿠 대통령, 폴란드의 야루젤스키 대통령 등이 동서 양진영간 평화공존을 위해 협상을 벌였다.

CSCE 정상회담은 동구공산진영이 제안해 열린 것이다. 당시 동독을 포함한 많은 동구나라들이 서방진영의 공식승인을 받지 못해 불안을 감추지 못할 때였다. 1946년 동베를린 노동자 폭동, 1956년 헝가리의 전면봉기, 1968년 '프라하의 봄'으로 동구공산당 지도자들은 시민봉기로 언제 정치위기에 직면할지 모르는 불안을 지니고 있었다. 그래서 미국과 서구의 수교를 간절히 바라고 있었다.

동구에서 반공 민중봉기가 일어날 때마다 소련의 붉은 군대와 바르샤바조약기구 동맹군이 탱크를 앞장 세워 진압했다. 이를 브레즈네프 독트린이라 불렀다. 그러나 이러한 진압방식은 국제사회의 지탄을 받았고, 서방진영 각국의, 특히 서구 공산당의 소련과 동구 공산당정부에 대한 비난시위를 불러일으켜 자본주의 진영과의 정통성 경쟁에서 밀렸다. 소련이 CSCE 정상회담 필요성을 절실하게 느낀 이유가 여기에 있다. 소련과 동구 공산당정부들은 서방세계의 '자본주의의 병균'이 침투하는 것을 두려워했다.

특히 미국과 유럽연합(EU) 나라들이 유럽의 분단을 인정하지 않아 체제 열등감에 사로잡혀 있었다. 소련이 CSCE 정상회담을 열자고 서방진영에 제안한 것은 유럽의 분단을 공식적으로 인정받자는 의도에서였다. 나는 핀란드의 수도 헬싱키의 부두에 정박된 호화여객선에서 잠자고 셔틀버스로 아침마다 회담장에 취재하러 갔다. 동·서방 양측 보도진들의 숙소가 모자라 핀란드정부는 일부의 보도진에게는 호텔을 배정했으나 나머지 절반 이상의 보도진에게 부두에 정박한 여객선에 숙소를 마련해 주었던 것이다.

처음에 정상회담은 진통을 겪었다. CSCE 정상회담은 3개의 바구니를 준비했다. 소련이 첫째 협상바구니에 예상한 대로 당시 동서유럽의 분단선을 변경할 수 없는 확고한 국경선으로 정하자고 제안했기 때문이다. 소련과 동구진영은 첫째 바구니를 끝까지 관철시키려고 했다. 소련은 제2, 제3의 '프라하의 봄'과 같은 시민봉기가 다시 일어날 경우, 북대서양동맹의 군사기구 나토(NATO)의 군대가 직접 소요에 개입할 가능성을 원천적으로 봉쇄함으로써 공산진영의 존재를 민주진영으로부터 완전 분리시키려고 기도했다.

양 진영이 서로 확실한 불가침상태에서 평화적으로 공존하자는 것이었다. 베트남전쟁이 미국의 패배로 끝난 후이므로 소련의 평화공존 논리는 상당한 설득력이 있었다. 미국과 서구나라들은 소련이 유럽이라는 제1전선을 평화공존으로 굳히고 제2전선인 제3세계에서 공산주의의 확대전략을 펼칠 것으로 의심했다. 그럼에도 서방진영은 얄타체제를 공인해주는 대신 2번째 바구니와 맞바꾸기를 요구했다.

둘째 바구니에는 소련을 포함한 동구의 인권문제가 들어 있었다. 서방세계가 공산진영내의 인권문제에 개입할 수 있고 특히 서방세계의 관광객들이 자유롭게 동구를 여행할 수 있도록 문을 개방하라고 요구했다. 셋째 바구니에서는 서방진영의 동구에 대한 경제원조 형식의 자본투자를 할 것을 요구했다. 공산진영의 영구적 국경선 확정과 공산국가의 존재를 외교적으로 공식승인한 대가로 서방진영은 인권문제에 개입하고 경제지원을 할 수 있는 문을 열어야 한다는 빅딜이 협상테이블에 올려져 토의되고 있었다. 우여곡절 끝에 정상회담은 이틀 만에 타결을 보아 헬싱키헌장이 태어난 것이다.

하벨, 체코 민주운동의 깃발을 들다

헬싱키헌장 서명식에는 북미에서 미국과 캐나다 그리고 24개국 동서유럽 정상들이 모두 참석했다. 기자는 공산진영 정상들의 희색이 만면한 모습을 지금도 생생하게 기억한다. 반면 포드 등 서방진영 정상들의 침울한 표정이 인상적이었던 서명장면을 잊을 수 없다. 그러나 헬싱키헌장이 공산진영이란 거대한 둑을 밑으로부터 조금씩 붕괴시켜 15년 후 공산진영의 멸망으로 유도하는 기초가 될 줄을 누가 알았으랴.

그때는 서방진영이 패배한 정상회담으로 매도되었다. 헬싱키헌장은 당시 구미언론이 서방진영이 참패한 외교로 엄청난 비판을 받았던 것이다. 동유럽의 공산진영을 결코 공식승인해 주면 안 된다는 것이 여론의 주류였다. 대가로 받은 것은 인권개입뿐인데 이것은 국경선 인정에 비하면 너무나 작은 반대급부라는 것이다. 경제협력은 말도 안 되는 '퍼주기' 위험이 크다고 비판을 받았다.

특히 헬싱키헌장은 유럽의 동서분계선이 무력에 의해서는 절대로 변경될 수 없으며, 다만 필요할 경우 평화적인 대화를 통한 상호 합의를 거쳐야 변경될 수 있다고 규정했다. 그래서 헬싱키헌장은 그 후 유럽의 동서진영 분계선과 기타 아시아와 중동지역까지 국경선 변경의 원칙을 정한 것으로, 일종의 불문율처럼 해석되는 국제규정이 되었다. 공산권 지도자들이 일제히 웃으며 헌장에 서명한 것이 당시에는 당연한 것으로 보였고, 언론에 두들겨 맞은 서방지도자들은 모두 침울한 표정을 지었다.

헬싱키헌장 이후 동서 양 진영 나라들은 상호수교를 했으며 서방관광객들이 공산권 나라들에 쏟아져 들어갔다. 공산국가 국민들이 '빈곤의 평등'으로 '지상낙원의 행복'과는 거리가 먼 삶에 허덕인다는 사실이 서방언론에 보도되기 시작했다. 특히 비밀경찰의 철통같은 감시체계로 완전히 자유를 박탈당한 '철의 장막'이 동구와 공산권 나라라는 소문이 유럽대륙에 확산되고 퍼졌다. 그리고 동구나라들에 반체제운동이 일어나기 시작했다. 서방의 시민단체(NGO)들은 동구 반체제운동을 적극적으로 지원했다.

체코의 지식인들은 1977년 처음으로 공산주의 독재를 비난하고 민주주의체제를 수립하자고 부르짖는 선언문을 비밀리에 발표했다. 1977년에 발표되었다고 해서 체코의 민주화선언은 '77선언'이라 불렸는데, 주동자는 당시 연극비평가이며 지하민주운동지도자 바츨라브 하벨이었다. 하벨은 불굴의 반체제투쟁으로 1989년 베를린 장벽 붕괴를 전후해 프라하의 시민봉기를 주도해 야체크의 공산당정부를 전복시키는 데 성공했다. 그리고 그는 공산당붕괴 이후 체코의 대통령에 당선되었다.

서방자본의 북한투자 실패

1980년대 초 폴란드에서 그단스크의 레닌조선소 노조지도자 바웬사
가 자유노조운동을 일으켜 반체제운동의 선봉에 섰다. 헝가리에는 공산
당 내부에서 자생적 자유파가 등장해 공산당 개혁운동을 벌였다. 소련
에서는 1985년 고르바초프 공산당서기장이 등장하면서 스스로 개혁(페
레스트로이카)을 부르짖으며 공산주의 체제의 개혁을 집행하는 지경이
되었다. 반체제운동의 부상은 분명히 헬싱키헌장의 '효과'였다. 미국
과 서구의 자본이 동구 공산권에 경제원조라는 명목으로 진출한 것도 대
체로 공산정부에 부정적 효과를 나타냈다.

그러나 동구는 중국공산당과는 달리 서구자본을 시장경제 접목을 위
한 수단으로 쓰기보다는 공산당의 계획경제를 강화하는 방편으로 사용
하거나 일부 관광지에 투자함으로써 외채만 증대하는 결과를 가져왔다.
이 시기에 북한도 서구자본을 도입해 경제발전 수단으로 이용하려고 했
다. 프랑스의 엔지니어 그룹 테크닙이 남포 화학종합 플랜트건설에 자
본과 기술을 댔고 평양 고려호텔에도 프랑스 자본이 투자되었다. 특히
핀란드 펄프회사는 북한에 제지공장 플랜트에 설비를 투자했다. 그러나
이러한 서방자본의 북한투자는 실패하고 말았다. 북한이 국제규격을 무
시한 데다 이자조차도 상환할 능력이 없었기 때문이다.

핀란드 펄프회사의 한 간부는 북한에 제공된 제지공장 시설이 청천강
유역의 공장부지까지 운송되었으나 종이생산에 쓰이지 않았다고 설명
했다. 왜냐하면 규격이 전혀 맞지 않고 다른 부품 공급이 되지 않아 공
장건설 준비가 되지 않았기 때문이다. 핀란드의 제지공장시설이 청천
강 유역에 쌓인 채 쓸 수 없게 되었다는 것이다. 나는 프랑스 테크닙과

핀란드 펄프회사 간부의 설명을 듣고 충격을 받은 기억이 생생히 남아 있다.

그래서 1970~1980년대 북한은 서구국가들에 채무불이행 국으로 낙인찍히고 말았다. 북한이 이때 시장경제를 과감히 도입하기로 결정했다면 중국과 같은 고도의 경제성장을 이루지 않았을까 생각된다. 이때 덩샤오핑의 개혁개방정책은 오늘의 '경제거인 중국'을 창출하는 데 성공했다. 북한은 정반대의 길을 선택함으로써 경제파탄의 공산국으로 전락하게 된 것이다.

1989년 여름의 게르만 엑소더스

1989년 7월 나는 파리에서 열린 선진7개국(G7) 정상회담을 취재하면서 공산진영의 붕괴가 임박한 것을 직감했다. 이 때 헝가리와 오스트리아 국경에서는 이른바 '게르만 엑소더스'로 세상이 떠들썩했다. 1989년 여름은 동독인의 서독탈출 사건으로 내내 시끄러웠다. 동독주민 수십만 명이 헝가리에 바캉스를 갔다가 고향에 돌아가지 않고 오스트리아 국경에 몰려가 서독으로 탈출하고 있었기 때문이다. 서독 적십자사는 오스트리아 국경에 수많은 관광버스를 대기시켜 놓고 탈출에 성공한 동독난민들을 실어 날랐다. 동독인들이 헝가리를 탈출구로 선택한 것은 1989년 5월 유명한 동서진영의 국경선 철책을 헝가리가 헐어 버렸기 때문이다. 헝가리의 개혁공산당은 모스크바로부터의 독립선언을 하면서 '우리는 동방진영이 아니다'라고 외쳤다. 헝가리는 오스트리아와의 국경선 철망을 일제히 걷어내 서방국가와 자유왕래의 길을 터 버린 것이다. 동독인들은 헝가리의 경계선이 열린 사실을 재빨리 간파하고 헝가리로 '위장 바캉스'를 갔다. 그들은 바캉스가 끝난 다음 귀국하지 않고 헬싱키선언이 영구 동서경계선으로 확정한 헝가리—오스트리아 국경선의 허물어진 철책선을 넘어 서독으로 탈출을 감행한 것이다.

이 때 파리에서 회동한 G7 정상들은 동구에서 변동이 시작되고 있다는 사실을 직감한 것 같았다. 미국의 부시(현 조지 부시의 아버지), 영국의 대처, 프랑스의 미테랑, 독일의 콜과 이탈리아와 캐나다 그리고 일본 총리는 동구체제가 단계적으로 개방돼야 한다는 데 의견의 일치를 보고 동구에 시장경제 이식을 위해 유럽개발은행(EBRD)을 창설하기로 합의했다. 그때만 해도 G7정상들은 동구의 변화가 공산주의 멸망으로 이어질 것이라고는 꿈에도 상상하지 못했다. 다만 동구공산권의 파탄을 막고 유럽의 불안을 막아 안정을 기하자는 데 G7은 합의를 보았기 때문이다.

고르바초프 소련공산당서기장은 이해 6월 파리를 공식 방문해 최초로 서방진영에 군축을 제안하며 대신 1천억 달러의 경제지원을 요구했다. 고르비는 G7정상회담 참석을 요청했으나 거부당했다. 미테랑 프랑스 대통령이 고르비의 체면을 보아 G7회담 개최 전에 프랑스방문을 해 준 것이다. 고르비는 페레스트로이카에 성공해 소련제국을 연착륙시키기 위해서는 시장경제도입이 필연적이며 여기에는 막대한 달러가 필요하다는 것이다. 1989년 유럽은 엄청난 변동의 폭풍전야 같았다. 유럽은 유럽대변동의 길로 서서히 전진하고 있었다. 나는 G7정상회담과 '게르만 엑소더스'를 취재하면서 폭풍이 불어온다는 것을 느낄 수 있었다.

베를린 장벽붕괴의 날

그러나 폭풍이 공산주의시대 종말을 가져올지는 상상하지 못했다. 나는 이해 11월9일 베를린 장벽에 동서 베를린 시민들이 달려가고 있다는 뉴스를 접했다. 나는 저녁9시 TV뉴스에서 베를린시민들이 열심히 장벽으로 달려가는 모습을 목격했다. 이튿날인 10일 아침 파리 발 첫 비행기로 베를린 공항에 도착했다. 공항에서 택시를 잡아 장벽으로 가자고 요구했다. 기사는 인산인해로 도착할 수 있을는지 의심된다고 말하면서도 나의 프랑스 외무성 발행 프레스카드를 차의 앞창에 붙이더니 인파 속을 비집고 달렸다. 이제 독일에 통일의 날이 밝아 오는 것 같다고 내가 말하자 기사는 고개를 가로 저었다. 그는 동독공산당정권이 쉽게 무너지지 않을 것이며 동베를린에 주둔한 소련의 붉은 군대 40여만 명이 통일을 용납하지 않을 것이라고 말했다. 포츠담광장 앞의 베를린 장벽 위에는 벌써 수많은 젊은이들이 올라가 춤추며 샴페인을 연달아 터뜨리고 있었다.

후에 미국의 역사학자 달턴은 '베를린 장벽의 댄스' 라는 저서에서 세계의 가장 위험한 화약고가 총 한방 쏘지 않고 붕괴됨으로써 21세기 인류는 평화를 향유하게 될 것이라고 썼다. 그때 내가 인터뷰한 많은 독일인들은 '통일' 이라는 말을 한마디도 입에 담지 않았다. 사실 독일인들은 냉전시대에 통일을 터부시해 아무도 이 한마디를 입에 담기를 꺼렸다. 한국에서 수많은 통일단체들이 우후죽순처럼 생겨 걸핏하면 통일을 부르짖고 정부조차도 통일을 외치는지만 서독정부나 국민들은 '통일' 이란 말을 전혀 입에 담지 않았다.

베를린 장벽이 무너졌는데도 동서 독일인들은 '통일' 을 믿지 않은 것 같았다. 내가 장벽주변에서 인터뷰한 30여 명의 독일인 가운데 통일을 낙관한 사람은 한 사람도 없었다. 다만 뮌헨에서 왔다는 대학교수만이 "글쎄요, 빨라야 21세기 초반에 오지 않을까?"라고 반문했을 뿐이다. 그런데 동독시민의 반응은 대단히 적극적이었다. '우리는 서독과 같은 자유로운 여행을 바란다. 우리에게는 자유도 충분한 식량도 자동차도 없다. 서독과 같은 자유와 행복한 삶을 바란다. 글쎄 통일은 다음에 생각할 문제' 라고 서독인보다 통일에 긍정적 반응을 나타냈다.

그런데 독일은 그 후 329일 만에 통일을 이루어냈으니 당시 겐셔 외상의 말대로 '기적'이었다. 콜 당시 총리가 '하느님이 독일민족에게 축복을 내렸다!'라고 외친 것은 사실이었다. 통일이라는 게르만민족의 염원은 피 한방울 흘리지 않고 평화적으로 단시일에 성취되었다. 동독의 시민봉기로 호네커의 공산당정권이 붕괴되면서 통일작업은 신속하게 이루어졌다. 콜 총리는 서독체제에 동독을 흡수하는 방식으로 통일정책을 다루었다.

1990년 3월 동독총선에서 통일을 공약한 기민당이 승리함으로써 통일문제는 결판이 났다. 서독은 재빨리 동독을 먹어치운 것이다. 서독은 경제번영을 누리며 자유와 평등을 보장하는 '사회적 시장경제' 체제를 성공적으로 운영해 자신이 있었기에 동독주민이 원하는 순간을 놓치지 않고 동독을 병합해 버린 것이다. 통독은 서독 기본법 아래 동독의 지방정부들이 병합되어 들어오는 형식으로 처리되었다. 동독만이 지도에서 지워지고 하나의 민주적이며 시장경제의 거대독일이 등장한 것이다.

1975년 헬싱키에서 회심의 미소를 지었던 동독의 호네커, 폴란드의 야루젤스키 등 공산당지도자들이 시민의 압력으로 퇴진했다. 체코의 야체크는 계엄령을 선포하고 군대를 풀어 저항했으나 결국 전락의 쓴잔을 마셨고, 루마니아의 차우셰스쿠는 헬기로 도망치면서 호위사단에 민중시위에 대한 진압작전을 명령했다. 루마니아 전역을 진동시킨 7일간의 시민전쟁은 유혈이 낭자한 것이었다. 차우셰스쿠 부처는 소련으로 도주하다가 인민군에게 체포되어 총살형에 처해지고 말았다. 헬싱키헌장은 결국 14년 만에 공산진영을 밑으로부터 허물어 베를린 장벽을 붕괴시켰고, 동구의 공산진영을 모두 멸망시켰다.

공산종주국 소련제국도 1991년 12월 고르바초프의 연설 한 번으로 멸망했다. 이것은 이제 냉전시대 하나의 역사가 되었다. 내가 공산주의 멸망과정을 현장취재하면서 동독과 동구시민들에게서 가장 많이 들은 질문은 "한반도는 어떻게 되는가?"라는 것이었다. 나는 그들의 의견을 먼저 물었다. "다음 차례는 한반도가 될 것이다. 통일될 날도 멀지 않았다. 유럽의 화약고가 터지지 않고 심지가 뽑혔는데, 한반도도 그렇게 되지 않겠느냐"는 대답이 주류였다. 그러나 이러한 국제사회의 희망은 무너지고 있다. 북한 핵 문제가 부상해 한반도만이 21세기에도 냉전지대로 남아 있다는 사실이 오늘에도 확인되기 때문이다.

북핵 문제와 G7의 대응

국제사회가 북한 핵 문제 해법 찾기에 나선 것은 1992년 7월 뮌헨 G7 정상회담부터였다. 그 이전에는 오스트리아 빈에 본부를 둔 국제원자력기구(IAEA)와 북한이 영변핵시설 사찰을 둘러싸고 오랫동안 옥신각신했다. 그러나 북한과 IAEA의 협상은 원점을 맴돌았다. 뮌헨 G7정상회담은 처음으로 북한 핵 문제를 의제에 올려 토의했다. 그리고 정치선언 제2항에 북핵 문제를 국제사회의 중대과제로 지목했다. G7정치선언은 북한에 IAEA의 핵시설 사찰을 받으라고 촉구했다. 유럽에서 불기 시작한 냉전해체와 평화 만들기를 북핵 문제가 돌출하면서 한반도에 긴장이 고조되어 갔다.

북한이 1993년 핵확산금지조약(NPT)에서 탈퇴하면서 긴장은 극에 달했다. 클린턴 정부는 영변핵시설 폭격계획을 진전시켰으나 1994년 6월 미국의 카터 전대통령이 평양에서 극적으로 김일성주석과 회담함으로써 돌파구가 열렸다. 북핵 문제를 평화적으로 푼다는 원칙과 남북정상회담을 열기로 합의해 북핵 문제의 해결 희망이 보인 것이다. 1994년 7월 북·미간 제네바회담이 열려 나는 현장취재에 임했다. 갈루치 미대표와 강석주 북한대표의 회담은 제네바의 북한대표부와 미국대표부에서 번갈아 열렸다. 그러나 해결의 실마리를 쉽게 찾지 못했다.

북한대표는 '핵무기를 만들 의사도, 능력도 필요도 없다. 다만 소련 몰락 후 경화硬貨가 없어 에너지수입을 할 수 없기에 우리가 생산하는 양질의 우라늄으로 민간용 원전을 짓고 있을 뿐이다' 라는 주장을 뒤풀이했다. 그러나 이때 북한은 영변 5메가와트 실험용 원자로에서 플루토늄을 생산한 것이 확인되어 적어도 핵폭탄 2, 3개를 제조했다는 의혹을 불러일으켰다. 여기서 폐연료봉 8,000여 개를 추출해 플루토늄을 대규모로 생산할 준비도 갖추고 있었다.

제네바회담이 교착상태에 빠졌을 때인 1994년 7월8일 나는 이탈리아 나폴리에서 열린 G7정상회담을 취재했다. 그런데 회담 첫날 나는 북한 김일성 주석 사망소식에 접했다. 새벽 5시5분 나폴리의 호텔에서 본사(세계일보) 국제부장의 전화를 받고 '김일성이 죽었습니다. 평양방송이 공식 발표했습니다!' 라는 보고를 받았다. 곧장 G7정상들의 반응과 대책에 대한 취재를 했다. 클린턴, 미테랑 프랑스대통령, 영국 메이저 총리, 이탈리아 베를루스코니와 일본 마루야마 총리가 어떻게 대응하는지 주목을 받았고 특히 권력세습의 주인공 김정일을 인정하는지가 관건이었다.

당시 국내는 조문파동으로 공안정국이 조성되었으나 G7정상회담 분위기는 계속 평화무드였다. 클린턴은 김일성사망에 관해 '미국 국민을 대표해 애도를 표' 했고 '제네바회담과 남북정상회담이 지속돼야 한다' 고 선언했다. 그는 '김일성이 북핵 문제를 평화적 해결로 전환한 사실을 높이 평가한다' 고 말하고 필요하면 '평양에 미국조문단을 파견할 수 있다' 고 밝혔다.

G7정상들은 클린턴의 북핵 문제에 대한 평화적 해결원칙을 토의한 끝에 만장일치로 채택했다. G7의 정치선언은 대화를 통한 북핵의 평화

적 해결과 남북정상회담 지속을 강조함으로써 사실상 김정일의 세습을 공인했다. 또 김정일을 앞으로 대화파트너로 삼겠다는 메시지도 담겨 있었다. 그리고 2개월 후인 1994년 10월 G7정상회담의 촉구대로 북·미간 제네바합의가 타결되었다. 국제사회는 경수로 원전 2기를 건설해 주고 준공될 때까지 매년 중유 50만 톤을 공급하기로 했다. 대신 북한은 영변 핵시설을 동결하며 경수로가 준공될 때 영변 핵시설을 완전 폐기하며 어떤 핵프로그램도 실행하지 않을 것을 약속했다.

특히 북한이 개혁개방을 약속했고 미국은 상호 대표부 교환을 명기해 북·미간 평화공존이 보장된 것으로 해석되었다. 이것은 비록 조약이라는 표현을 쓰지 않았지만, 미국이 북한과 협정을 맺은 최초의 중요한 외교문서였다. 그리고 북한은 NPT에 복귀했고, IAEA는 영변에 핵사찰요원을 파견해 핵시설 동결을 감시했다. 다소 시간상의 지연이 있었지만 북한 신포에 원전 2기 건설공사가 진행되었고 미국은 매년 중유 50만 톤을 공급했다.

지금도 잊을 수 없는 것은 1994년 10월22일 제네바주재 북한대표부에서 열린 제네바합의 서명식이다. 북한대표 강석주와 미국대표 갈루치의 서명이 끝난 후 조촐한 리셉션이 열렸는데, 북한산 과자와 백두산 뱀술에 미국산 코카콜라가 주 메뉴였다. 북한 외교관들은 '백년만의 북·미수교회담이 타결되었다'며 큰 의미를 부여했다.

백두산 뱀술은 김정일이 보낸 '축하주'라는 설명이 있었고 내외 보도진에게 한 잔씩 권하기도 했다. 그런데 2001년 미국에 정권교체가 일어남으로써 제네바합의가 위기에 처했다가 백지화되고 말았다. 2002년 1월 부시 대통령이 연두교서에서 북한을 이라크, 이란과 같이 '악의 축'에 포함시킨 것이 빌미가 되었다.

북핵 문제의 평화적 해결은 김일성 유훈이다

부시 행정부는 북한이 파키스탄의 기술지원을 받아 고농축우라늄 (HEU) 프로그램을 비밀리에 진행시켰다며 제네바합의 위반을 비난했다. 부시 행정부는 북한이 HEU 프로그램을 '시인했다'고 밝혔다. 북한은 부시 행정부에 초강수를 두었다. 제네바합의 무효선언에 이어 NPT탈퇴를 선언했고 영변시설의 동결을 풀고 IAEA 사찰요원을 추방했던 것이다.

제네바합의 이후 북한은 '우리식대로 산다'는 자급자족 경제체제를 고수했다. 제네바합의에서 약속한 대로 개혁개방을 하지도 않았다. 결국 국제사회로부터 원전 2기에다 중유공급을 받으면서 비밀리에 핵무기 프로그램을 진전시켜 국제사회를 '속였다'는 비판을 받기도 했다. 그래서 북한은 생존에 가장 필요한 외교문서를 백지화한 대가를 치르게 되었다. 사실 제네바합의는 김일성 주석이 핵 문제를 평화적으로 해결한다는 카터와의 약속의 산물이었다. 다시 말해 김일성 유훈의 작품이다.

나는 김정일이 북한에 귀중한 문서를 백지화시켜 관계를 원점으로 돌린 이유를 이해하지 못한다. 이 문서를 움켜잡고 있어야 핵 문제뿐만 아니라 미국의 대표부 교환에 대한 약속위반도 비판할 수 있다. 북한이 관계의 안전판을 스스로 버린 것은 아무래도 부시의 일방주의를 구실로 삼는다고 해도 김일성 유훈을 생각할 때, '좋지 않은 선택'으로 보인다. 북한이 개혁개방을 거의 하지 않고 스탈린적 공산주의 체제를 고수한 대가는 너무나 비싸다.

북한 지도층의 말대로 '고난의 행군'이었다. 18년 전 공산주의시대에 종지부를 찍자 북한은 "나쁜 사회주의는 망하고 좋은 (북한의) 사회주의는 망하지 않는다"고 큰소리쳤다. 그러나 그동안 북한 주민 수백만이 굶어 죽고 십여만 명이 탈북해 중국대륙에 숨어서 방황하는 처절한 모습이지만 해결전망은 나오지 않고 있다.

북한 노동신문은 김일성사망 10주년에 '몇 차례 세계대전보다 더 강렬하고 처절한 전쟁을 치른 영웅세대'라고 '고난의 행군'으로 살아남은 북한인을 평가했다. 이제 국제사회의 식량원조는 핵무기 프로그램을 계속한다면 크게 줄어들 것이다. 그래도 주체사상이라는 체제의 본질을 고수하면서 핵개발을 계속하는 북한 지도층은 핵무장을 하면서 주민의 기아와 탈북을 방치할 것인가. 참으로 이해하기 어렵다. 그들의 말대로 '영웅세대'가 핵개발을 계속하면서 체제를 유지한다면, 또 2천여 만 주민들이 여전히 기아의 나락으로 떨어지지 않겠는가.

마지막으로 강조할 것은 평양이 '나쁜 사회주의'로 비난한 동구와 소련은 오늘 민주주의와 시장경제 시대를 열어 번영의 길을 달리고 있다는 사실이다. 특히 폴란드, 헝가리, 체코, 슬로바키아, 슬로베니아, 불가리아, 루마니아 등 북한의 옛 형제나라 10개국은 민주주의와 시장경제 시험에 합격해 대서양동맹(나토)에 가입한 데 이어 유럽연합(EU)의 정식 회원국이 되어 선진국 대접을 받게 되었다. '좋은 사회주의는 망하지 않는다'고 큰소리쳤지만, 오늘의 북한과 동구를 비교하면 '사회주의는 이미 멸망해 체제고수는 죽음의 길'임이 증명되었다.

북한 핵 문제 해결은 리비아방식이 가장 바람직하다. 1990년대 남아공이 선택한 자진 핵 포기방식으로 핵무기 프로그램을 포기함으로써 국제사회로부터 체제보장을 받고 지원도 받고 있는 것이다. 제네바합의라는 가장 유리한 외교문서를 버린 북한의 선택 폭은 대단히 좁아졌다. 이제 북한이 개혁개방을 단행함으로써 정상국가로 거듭나는 데 한반도 평화의 첩경이 있다.

북한은 개혁개방으로 갈 것인가

―김정일 위원장, 최후의 '통 큰 결단' 하라

국제사회는 평양을 긴장된 눈초리로 주시했다. 언제 핵실험을 할 것인가? 그렇지 않으면 핵무기 프로그램을 포기한다는 폭탄선언을 할 것인가? 부시 미국대통령의 집권2기가 시작된 2005년부터 북핵 문제를 외교적 대화를 통해 풀려고 노력해 왔다. 칠레 산티아고의 한미정상회담에서 부시가 천명했고 2004년 송년기자회견에서도 재확인했다. 그는 "북핵 문제는 외교적 방법으로 해결돼야 한다. 김정일 국방위원장이 핵을 포기하도록 설득하기 위해 6자회담을 계속할 것이다"라고 강조했다. 그리고 2007년 2월13일 6자회담을 통해 북핵 해결을 위한 이행조치를 이끌어냈다. 2005년 9·19 공동성명 이후 1년 반만에 이뤄진 일이다.

이라크 전쟁으로 북핵 문제를 방치한 부시

비록 IAEA는 북한이 영변핵시설의 폐연료봉 8,000개를 재처리했으나, 핵폭탄 제조용이 아니라 기술적인 문제 때문이라는 얘기다. 그러나 문제의 HEU 프로그램은 근거가 있다고 본다는 말이다. 아마도 모니터의 보도는 진실에 가까운 것으로 보인다. 2002년 10월에 터진 2차 북핵 문제 위기는 바로 HEU 프로그램에 기인된 것이기 때문이다. 당시에는 다소간 시간이 지연되기는 했으나 제네바합의에 따라 신포에 경수로 2기의 건설이 진행되고 있었고, 미국의 중유 2만 톤도 북한에 공급되고 있었다.

다만 민주당 클린턴에서 공화당 부시로 정권교체가 되면서 제네바합의에 대한 불신이 증폭되던 차에 북한이 비밀리에 HEU 프로그램을 진행하고 있다는 사실이 미국대표 케리 차관보에 의해 제기되었다. 미국은 제네바합의 위반이라고 비난했다. 북한은 놀라울 만큼 신속하게 제네바합의 백지화 조치를 취했다. 북한이 당시에는 HEU를 갖고 있다고 소리를 치면서 제네바합의를 사실상 폐기해 버렸다.

북한의 대응은 신속했다. IAEA의 영변핵시설에 대한 봉인을 모두 해체했으며 2명의 IAEA 사찰요원을 추방해 버렸다. IAEA와의 핵 안정협정을 파기했으며 핵확산금지조약(NPT)에서 탈퇴했다. 그리고 봉인된 폐연료봉 8,000개를 뽑아 옮기고 얼마 후 재처리에 성공했다고 발표했다. 미국 의회는 중유공급을 취소하는 것으로 제네바합의 파기에 응수했고 케도(한반도에너지기구)의 경수로건설도 이사회를 열어 중단시켰다.

이로써 1994년 10월 북·미가 북핵 문제를 해결하기 위해 서명한 제네바합의는 사실상 폐기되었다. 제네바합의는 북한이 영변핵시설에서 생산되는 플루토늄으로 핵무기를 제조하는 것을 차단하기 위해 영변핵시설의 가동을 중단시키고 대신 신포에 핵무기의 위험이 없는 경수로 2

기를 건설해 주기로 한 것이었다.

그러나 제네바합의는 평양—워싱턴 간 화해협력을 위한 합의가 담겨 있었다. 미국은 단계적으로 북한에 대한 경제봉쇄를 해제하고 궁극적으로는 대사급 상호대표부 설치까지도 약속했다. 그러나 부시에게는 클린턴의 약속은 휴지만도 못한 것이다. 북한을 이라크, 이란과 같이 '3대 악의 축'으로 지목했기 때문이다. 북핵 문제를 해결한다는 제네바합의가 8년 만에 파기되면서 동북아에 북핵 문제의 위기가 다시 고조된 것이다.

이제 2차 북핵 위기가 터진 지도 5년이 지나갔다. 북한의 핵무기 보유설이 파다한 가운데, 부시는 노무현 대통령이 주장한 북핵 문제의 평화적이며 외교적 해결방식을 수용했다. 북핵 문제에 묘책이 없다는 사실을 부시가 고백한 셈이다. 부시는 제네바합의를 파기했지만 대안을 제시하지 못했다. 이라크 전쟁의 유혈적 늪에 빠져 현실적으로 북핵 문제를 방치했다.

부시가 내놓은 것은 입으로 한 압력과 협박, 다음에는 6자회담이었다. 북한은 국제사회의 통제와 감시에서 완전히 해방되어 핵무기개발의 시간을 충분히 벌었다. 부시의 선택은 제한적으로, 돌파구가 보이지 않는 궁지에 몰린 격이다. 이제는 퇴진했지만 콜린 파월이 북한이 핵을 포기하면 큼지막한 선물을 줄 것이라고 암시한 것은 부시의 북핵정책이 막다른 골목에 직면했음을 말해준다.

그는 우선 6자회담으로 외교적 해결을 모색하겠지만, 북한의 태도가 경직되어 여의치 않을 경우에는 어떻게 할 것인가. 부시가 북한의 핵폭탄 보유를 허용할 수 없다는 것은 확실한 것으로 보인다. 2003년 10월 북한이 8,000개의 폐연료봉의 재처리를 완료했다고 발표한 후, 미CIA는 북한이 8개의 핵폭탄을 만들 수 있을 것으로 전망했다. 북한이 핵보

유국이 되었고 발표만 남았다는 국제사회의 관측은 결코 추리소설만은
아닌 것 같았다. 부시는 북한에 시간만 벌어준 것이나 다름없었다.

북한은 핵 문제를 언제나 체제유지를 위한 수단이라고 주장해 왔다.
미국이 북한체제의 유지를 보장한다면 대화에 응하고 핵 프로그램을 포
기할 용의가 있다고 계속 말해왔다. 북한이 유지하려는 체제는 무엇인
가? 두말할 나위 없이 공산주의 체제다. 이 체제는 벌써 18년 전에 멸
망한 바로 마르크스—레닌주의 구소련의 체제를 말한다. 1989년 11월9
일 구동독 주민들이 전면적 봉기를 감행해 베를린 장벽을 해체해 버리
자, 동구 공산주의 정권이 추풍낙엽처럼 모두 무너졌다. 구동독 주민은
동독을 서독에 병합시키자고 시위해 독일이 통일됐다. 급기야 공산진영
종주국 소련제국도 1991년 12월24일 멸망해 버렸다.

마르크스—레닌주의는 발상지 유럽에서는 박물관에 보내져 시체로
전시된 죽은 이념이요 사상이 되었다. 마르크스주의 사상의 실현이라
주장했던 공산주의는 이제 시장경제와 서구민주주의를 도입해 서방진
영에 합류돼 버려 지도에서 사라졌다. 실제로 유럽과 세계는 민주주의
와 시장경제로 통합되어 버렸다.

북한이 핵무기를 만들어 유지하려는 체제는 박물관에 처박힌 공산주
의임에 다름 아니다. 특히 북한은 마르크스 사전에도 없는 부자세습 정
권으로 '봉건적 전체주의'의 면모를 보이고 있다. 시대착오적 체제유지
를 위해 핵폭탄을 만든다는 것이 북한의 주장이다. 이 때문에 국제사회
는 핵무기 보유설이 공갈일지도 모른다는 의혹을 제기하기도 한다.

평양에 자동차가 북적거리는 변화가 시작되다

북한은 '사회주의혁명'의 구호를 계속 외치고 있다. 그럼에도 변화의
바람을 거부할 수 없는 대세로 북한이 수용하는 듯한 징후도 나타나고

있다. 아직은 1980년대 초반 중국의 개혁개방 수준에 미치지 못하지만, 시장경제 도입으로 보이는 경제적 변화가 일어나고 있는 것이다. 금강산 관광과 개성산업단지를 말하는 것이 아니다. 북한의 심장부인 평양에서 일어나고 있는 변화다.

2002년 7월 북한이 공산주의의 핵심경제 운용정책인 배급제를 원칙적으로 폐지한 것은 변화를 예고한 것이다. 그러나 구소련 멸망 후 12년 만에 발표된 개혁이므로 동구 변화의 바람이 뒤늦게 연착한 것으로, 북한이 자발적으로 한 것이라기보다는 외부의 압력에 본의 아니게 따라가는 인상이었다. 그럼에도 불구하고 평양에는 시장경제가 들어와 접목되기 시작한 징후가 나타나고 있다. 북한 내부의 개혁개방을 이끌어낼 수도 있는 긍정적 변화로 볼 수도 있는 현상이다.

르몽드지의 도쿄특파원 필립 퐁스 기자가 북한을 방문, 현지취재를 했다. 2004년 12월21일 보도한 그의 '르포'를 보면 평양의 변화가 구체적으로 감지되는 것이다. 퐁스는 생전의 김일성 주석을 단독으로 회견할 정도로 북한을 잘 아는 동북아의 북한전문가로 민주적이며 사회민주주의적인 관점으로 북한을 취재보도한 점이 돋보였다. 그는 평양의 거리가 전에는 거의 볼 수 없었던 자동차가 상당히 북적거릴 정도로 '날마다 늘어나고 있다'고 보도했다.

대형버스들도 외제 신형이 굴러다니는가 하면 이탈리아 피아트의 조립승용차인 북한산 평화자동차도 1천여 대가 운행되고 있다고 한다. 김일성광장 근처의 관청거리에는 때때로 차량의 정체현상마저도 보인다고 지적했다. '인민에 봉사한다'는 구호를 내건 신형 출퇴근 대형버스들이 구형 전기버스와 전차를 대체했다는 소식도 르몽드지가 전하고 있다. 퐁스는 '평양이 경제마비 현상에서 서서히 벗어나고 있다. 개혁의 미래를 아직 속단할 수는 없지만, 2002년 시작된 경제자유화조치가 촉발한 변화의 속도가 수개월 간격으로 감지될 정도이다'고 기록했다.

평양의 변화는 시장에서 퐁스의 눈에 잘 포착되었다. 평양교외에 2003년 개장된 '통일시장'은 여성상인들의 물건 사라는 소리가 요란하고 외국상품들이 널려 있다는 것이다. 김일성광장에 가까운 대형백화점 1호는 12월 하순 중국기업이 경영을 맡아 활기를 찾게 되었고 또 다른 백화점은 대만자본이 매수해 영업을 시작했다고 한다. 평양 중심부의 대동강백화점은 마카오의 중국재벌과 합작해 주로 전자제품을 '통일시장'보다 싸게 팔고 있다고 한다.

이 백화점은 북한 최초로 'VIP GOLD Card' 제도를 실시해 아시아와 한국사업가들이 애용한다는 것으로, '자본주의 직수입'의 형태를 보여준다. 일본 조총련 사업가들과 중국계 기업가들이 북한 투자가로 등장해 '새로운 기업가군'을 형성하고 있으며, 이들 때문에 평양에 고급식당들이 우후죽순처럼 생겼다는 것이다. 최근 3백여 개 식당이 영업하고 있으며 3분의 1은 달러 등 경화만 받는다고 한다. 또 고급 외제여성복 전문매장도 생겨나고 있는데, 고급승용차들과 관광버스가 줄지어 정차해 쇼핑하는 것을 목격했다고 한다.

평양의 승리거리에 있는 PC방에는 15명의 남녀 젊은이들이 열심히 키보드를 두드리고 있었다. 아직은 가득 차지 않지만 속속 PC방이 늘어나고 있어 경쟁이 치열할 것이라고 여주인이 퐁스 기자에게 말했다. 컴퓨터 전문가인 여주인의 남편이 평양시청의 협조를 받아 PC방을 열었는데, 컴퓨터는 모두 대만과 중국제였다. 컴퓨터 보급은 초기단계로 보이며 날마다 컴퓨터와 부품을 가득 실은 중국트럭들이 압록강을 건너 평양으로 들어오고 있다. 평양의 북한 컴퓨터센터는 정보기술(IT)정책을 집행하고 있으며 해마다 김책공과대학에서 100여 명의 컴퓨터전문가들을 배출하고 있다고 했다.

평양에서 무역업을 하는 독일사업가 홀터만은 '북한이 제2의 인도가 될 가능성이 없지 않다'고 전망했다고 한다. 북한에서 인터넷 접속을 담당하고 있는 이 독일사업가는 북한에는 현재 6천여 명의 컴퓨터 프로그래머가 일하고 있는데, 급여가 인도보다 훨씬 더 싸 앞으로 경쟁력으로 승산이 있다고 전망했다. 일본과 유럽의 기업들이 북한과 IT사업계약을 따내기 위해 열심히 뛰고 있으며 삼성전자는 북한에 프로그램 하청회사를 두고 영업을 시작했다고 한다.

북한식 자급자족경제는 과거의 이야기가 되었나?

김일성광장에 있는 산업—무역부 건물 전면에는 마르크스와 레닌의 거대한 초상화가 여전히 걸려 있었다. 그러나 경제무역정책은 마르크스—레닌주의와 점차 멀어지고 있다는 것이 르몽드지의 진단이다. 이미 북한은 '이익과 실용주의가 지배하기 시작한 사회로 나아가고 있다'는 것으로, 고철화한 중공업도 조금씩 재가동하고 있다고 한다. 기업의 자율성이 허용됨에 따라 섬유, 신발, 식품 등 경공업부문의 활성화도 두드러진다. 수많은 공장들이 공산주의 이념의 망령에 매몰되어 '과거의 그림자'에 눌려 있기는 하지만 '그래도 북한은 앞으로 공업국으로서의 노하우와 경영능력이 살아나야 재건이 가능하다'고 지적됐다.

오랫동안 나라가 폐쇄적으로 닫혀 있었고, 또 장기간 식량부족에 의한 궁핍과 기아에 허덕인 사람들이 재주를 부려야 살아남을 수 있지만, 이제 북한주민들이 외국과의 협력을 갈망하고 있다는 진단이다. 그래서 퐁스는 '(북한에서 지금) 민족독립은 지상명제로 격렬하게 방어되지만, 자급자족은 과거의 사고가 되고 있다'는 평가를 내렸다.

북한에 투자하는 나라는 대부분 중국과 남한으로 대단히 활동적이다. 유럽기업들은 신중한 태도로 접근하고 있다. 프랑스인 컨설턴트를 포함한 유럽 사업가들은 중국 국제변호사 공동사무실을 통해 북한에 사무소를 개설하고 영업을 한다. 한 프랑스사업가는 계약을 여러 건 따냈는데, 서울과 평양에 사무소를 열었다고 한다. 유럽기업가들은 북한의 정치리스크와 국제법 결함, 경제시스템의 불완전으로 '장님 더듬기처럼' 조심스럽게 일하는데, 여기서 중국 변호사들이 특수를 누리고 있다고 한다.

중국기업은 50여 개나 북한에서 영업을 하고 있다. 한 중국기업은 최근 평양과 남포 중간에 있는 대안지역에 800만 달러를 투자해 유리공장을 지었다. 중국 다음으로 한국기업 진출이 활발하며 북한이 남북경제협력을 위한 장관급 특별위원회를 창설한 것은 남한의 투자를 중요시한 결과다. 문제는 에너지다. 석탄생산이 재개되고 있으나 충분하지 않다. 석탄 중간도매가 성행하는데, 수요는 상당히 많지만 전기는 언제 끊길지 모르는 불안요인이다.

풍스 기자는 개성에서 밤에 평양으로 돌아오면서 광복구역 거대건물들의 2만5천여 가정에 전기불이 켜져 있는 것을 보았다. 그러나 평양 중심에는 거대한 기념물들만 전기가 켜져 있으나 다른 구역들은 어두움에 묻혀 있었다고 한다. 자동차의 헤드라이트만이 거리를 간헐적으로 비추고 지나갈 뿐이다. 40만 평양주민의 발인 지하철도 언제든지 단전의 리스크를 감수해야 한다. 주민들은 언제나 초와 전지를 휴대하는 데 익숙하다는 것이다.

식량배급은 자유시장의 식량판매와 병행되고 있으나, 이는 날로 벌어지는 사회적 불평등을 얼버무리고 있다는 것이다. 평양의 각 시장에는 식품이 풍부하게 공급되고 있다. 배추와 무를 가득 실은 수백 대의 트럭들이 김장철에 평양시장에 쇄도했다고 한다. 그러나 대부분의 주민에게 삶은 여전히 어렵다. 평양 주민들도 식량문제에서 완전히 해방된 것은 아니다. 생존조건은 일반주민에게 특히 힘들다. 러시아워에 버스를 타기 위한 길고긴 줄서기와 지하철에서 본 주민들의 야윈 얼굴에서 힘든 삶이 엿보인다. 평양중앙역 근처 선술집에 레닌모를 쓴 노동자들이 들어와 맥주를 마신다.

술값이 대단히 싼 이런 종류의 선술집이 최근 많이 생겼다고 한다. 한 철도원은 "고난의 행군시절에 치아가 거의 모두 나갔다"고 설명하며 특히 김일성 사망 후인 1997년 7월부터 수년간이 제일 힘들었다며 "이제 앞으로 나아질 것이다"라고 희망을 내비쳤다는 것이다. 그러나 평양과는 달리 지방에는 변화의 모습을 볼 수 없다는 것이 퐁스의 보도다. 그는 개성과 남포에서도 거리에서 차량을 거의 발견할 수 없었고, 주민들은 모두 걸어 다니고 있었다는 것이다.

르몽드지의 북한보도를 여기에 길게 소개한 이유는 북한의 변화가 상당히 근거가 있는 현실임을 전문가인 퐁스 기자가 구체적으로 짚어주었기 때문이다. 상당히 입체적으로 북한의 변화양상을 그려준 르포기사에서 드디어 북한에도 내부변화가 시작되고 있다는 사실을 가상이 아니라 현실로 이해시켜 주었다. 필자는 독일이 통일되기 3개월 전인 1990년 7월 통화통합이 집행된 날 동독의 모습을 르포기사로 보도했다. 그때 동베를린, 포츠담, 동부 폴란드와 국경지역을 취재하면서 시장경제가 재빨리 확산되는 모습을 보도했다.

서독과 프랑스, 영국, 이탈리아 등의 장사꾼들이 재빨리 동독도시를 순회하며 서구의 전자·전기제품이나 일반소모품을 판매하는 현상과 오늘의 평양의 모습이 비슷한 것으로 보인다. 당시 동독화폐 마르크와 서독의 초록색 마르크를 1대 1로 교환한 동서독의 통화통합은 통일의 경제적 인프라를 금융부터 구축한 작업이었다. 바로 이어 독일은 정치통합으로 완전히 통일했다.

북한은 어디까지 변화할 수 있을까

그러나 북한의 변화는 동독의 변화와는 다르다. 동독의 변화는 동독 주민이 베를린 장벽을 붕괴시킨 후 호네커 당수의 공산정권을 전복시키고 '게르만은 하나다' 라는 구호로 통일요구 시위를 펼치며 자발적으로 펼친 변화였다. 동독의 변화는 공산진영의 멸망과 냉전을 종식시킨 시발점이 되었으나, 북한의 경우 유럽의 변화를 수용하지 않고 오늘까지 버티고 있다. 15년이 지난 오늘에야 약간의 변화징조가 나타나고 있는 것을 르몽드지의 르포에서 엿볼 수 있는 것 같다.

북한의 공산주의 체제는 엄존하고 있으며, 김정일도 건재하다. 게다가 김정일은 체제유지를 위해 핵무기 프로그램을 개발하고 있어 국제사회의 난제가 되어 있다. 동독 난민들이 조국을 탈출해 서독으로 망명한 것이 변화의 도화선이 되었지만, 북한의 탈북자는 아직 난민대접도 받지 못하고 북한변화를 위한 변수가 되지 못하고 있다. 여기에 북한과 동독은 같은 분단 공산국가이면서도 다른 점이 있는 것 같다.

이제 북한의 변화징후가 적어도 중국의 개혁개방 수준의 진정한 변화로 발전될 것인가라는 근본문제에 부닥친다. 북한 핵 문제는 한반도의 시한폭탄으로 여전히 남아있어 잘못 건드리면 폭발할 위험이 언제든지 있다. 노무현 대통령이 부시 미국 대통령에게 시한폭탄을 건드리면 한반도가 폭발한다는 경고 메시지를 해외순방 길에 수차 보낸 것은 한반도 평화를 위해 정당한 조치였다. 그러나 북한 핵 문제를 노무현정부가 떠맡는 것 같은 인상을 국제사회에 준 것은 적절한 대응인지 검토해야 할 부분이다.

김정일은 계속 침묵을 지키고 있고, 핵 문제를 한국과 대화할 것이라는 암시조차 없는 현실이다. 노무현정권이 국제사회를 제치고 주도한다는 것이 과연 효과를 거둘는지 의문이다. 이미 1994년의 제네바합의 협상과정과 2002년 2차 북핵 위기에서 보았듯이 북한은 핵 문제를 미국과 직접대화로 해결하겠다는 원칙을 고수하고 있다. 여기서 북핵 문제에서 노무현정권의 한국 주도론이 끼어들 여지가 있는지는 잘 연구해야 한다. 어쩌면 너무 나간 것으로 국제사회의 시각을 고려해야 할 것 같다.

그래서 북핵 문제는 중국과 공동전선을 펴면서도 동시에 미국과도 공동 대응하는 복합적 전략구사가 북한을 대화로 불러내는 지름길이 될 것 같다. 특히 체제유지를 위한 북한의 핵무기 프로그램을 이해할 수 있다는 표현은 남북한 주민과 국제사회에 김정일의 핵무기제조를 용인할 수도 있으며 북한의 봉건적 전체주의체제도 허용할 수 있다는 말로 오해될 소지가 많다. 북한 핵무기 프로그램이나 세습적 전체주의 유지는 모두 민주주의와 양립할 수 없으며 평화를 위협하는 국제사회의 난제라는 인식이 필요하다.

특기할 만한 사실은 북한의 변화징후가 김일성주체사상의 한 축인 '우리식대로 살자'라는 자급자족형 생존방식을 포기한 것으로 보인다는 점이다. 르몽드지가 북한지배의 원리인 '자급자족'을 '구식 사고방식'이라는 북한주민의 말을 인용한 것은 구체적 변화를 담은 것으로 판단된다. 아마도 시장경제의 침투가 가져온 효과임에 틀림없다. 밑으로부터 서서히 변화바람이 일고 있다는 사실을 반영한 표현이다.

평양에 한정되어 있는 개혁바람은 필연적으로 남포, 신의주, 개성, 원산으로 확산될 가능성이 있다. 이것이 시장경제 세계화의 원칙이다. 북한에 중국형이든 동구형이든 변화가 온다면 체제전환은 불가피하다. 그것은 아마도 중국식 사회주의 시장경제가 될 가능성이 높은 것으로 보인다. 벌써부터 평양시장을 중국 기업과 상품이 선점하고 있으며, 영향력이 큰 것은 결코 우연이 아니다.

북한에 체제전환이 시작되면 드디어 북한의 국제사회 진입도 기대할 수 있다. 그렇게 되면 공산주의 체제 유지를 위한 핵무기프로그램도 최소화될 수밖에 없다. 막대한 돈을 들여 국제사회가 불안해하는 핵무기를 개발할 이유가 없어지기 때문이다. 다만 분명한 것은 김정일의 결단이 하루빨리 있어야 희망이 있다는 사실이다. 김정일이 최후의 기회를 놓치면 한반도는 반대로 최악의 재앙을 맞을 위험이 없지 않다.

부시는 6자회담에서 대화로 북핵 문제를 풀기 위해 노력하겠지만, 북한이라는 표적을 결코 포기하지 않았다. 또 부시는 무한정 북한과 평화적 외교만 하지도 않을 것이다. 선거가 끝나 이라크의 민주화가 궤도에 오르면 북핵 문제로 주제를 돌려 본격적으로 다룰 것이다. 그 때까지 북핵 문제가 외교적으로 풀리지 않으면, 부시는 3가지 선택의 기로에 놓일 것이다. 첫째, 김정일과 협상을 통한 타협에 나서거나 둘째, 유엔을 통한 경제제재 등 국제기구를 통해 압력을 가하는 방법을 강구하게 될 것이다. 마지막으로 군사적 위협을 가할 수도 있다.

아마도 부시는 첫째를 피해 둘째와 마지막 옵션 중 하나를 선택할 가능성이 많다. 어느 것을 선택하든 이 경우 한반도는 희망보다는 불안과 긴장이 고조될 것이 확실하다. 북한이 슬기로운 선택을 해 한반도에 핵무기라는 먹구름을 걷어내고 평화의 길을 열어야 한다. 여기에 북한의 변화가 가리키는 올바른 방향이 있고, 한반도를 번영과 행복의 정원으로 만드는 길이 있다.

PART 4

미국의 북핵 정책과 이라크 전쟁

북핵 문제에 유럽이 미국을 지지하는 이유

김정일과 부시의 대타협 가능한가

이라크 전쟁으로 더욱 불투명해진 북핵 문제

카다피와 후세인의 엇갈린 운명

북핵 문제에 유럽이 미국을 지지하는 이유
-마주 달리는 열차를 멈출 해법은 없는가

북핵 문제가 마주보고 달리는 광란의 열차로 국제사회에 비쳐져 불안을 증폭시키고 있다. 2003년 6월20일 미국 국무부는 북핵 문제를 '가장 긴급한 현안'으로 규정해 유엔 안보리의장 성명 채택을 추진했다. 미국의 대북압박이 가시화된 것이다. 노무현정부는 북한 핵 문제의 유엔토의를 인정하면서도 시기가 적절치 않다는 입장을 보였고, 일본도 아직 이르다는 입장이었다. 그러나 모두 유엔토의 원칙에는 이견이 없다. 유엔 안보리 상임이사국들인 영국, 프랑스, 러시아는 대체로 북핵의 안보리 토의를 찬성하지만, 중국만은 반대 입장을 보였다. 평양은 국제사회의 북한 핵 문제 대응에 대단히 위협적이며 도발적인 대응을 계속했다. 북한은 '만일 미국이 우리 문제를 유엔에 끌고 들어간다면 우리는 강력한 비상조치로 대응할 것이다. 미국의 대조선 적대시 정책이 계속되는 한 강력한 전쟁 억제력을 갖추어야 한다'라고 '로동신

문’에서 주장했다. 국제사회와 북한이 날카로운 대결양상을 보여 북핵
문제 해법은 오리무중이다.

북한의 농축우라늄 계획 시인

북한이 우라늄 핵무기 프로그램을 갖고 있다고 시인한 후, 사실상 국
제사회는 북한을 더 이상 믿지 않게 되었다. 이라크 전쟁의 명분을 미국
의 부시 대통령이 핵을 포함한 대량살상무기 제거에 두었을 때만 해도
프랑스와 독일, 러시아 등 유엔 안보리 상임이사국들은 유엔의 사찰이
끝날 때까지 기다려야 한다며 미국의 일방적 전쟁개시를 반대했다. 그
리고 미국의 이라크 다음 공격목표는 북한이 될 것으로 전망했다. 블레
어 영국총리는 의회연설에서 “이라크 다음 차례는 북한”이라고 지목해
북한에 대한 공격을 기정사실화하는 경향까지 보였다. 이제 미국과 영
국은 이라크 전쟁의 명분을 찾지 못해 국제사회의 비판을 받고 있다. 이
라크에서 대량살상무기를 전혀 발견하지 못했기 때문이다. 전쟁명분에
있어서는 프랑스와 독일 그리고 러시아의 유엔 안보리 승인에 의한 전쟁
개시 논리가 맞았다는 인식이 광범위하게 퍼지고 있는 이유다.

그런데 북한은 이라크와는 반대로 스스로 ‘핵무기를 보유한다’는 식
의 발언을 남발해 중대한 외교적 실수를 범했다. 북한은 김정일의 공산
주의 체제를 인정하라면서 미국과의 단독대화만을 요구하고 있다. 그리
고 미국과 한국을 포함한 국제사회가 대화를 통한 평화적 해결원칙을 표
명하고 있음에도 북한은 대응수위를 계속 높여왔다. 북한이 단독회담을
하기 위해 평양을 방문한 케리 특사에게 농축우라늄 핵 프로그램 추진을
시인한 데서 문제가 불거졌지만, 북한 스스로 제네바합의가 무효라고
말하는 등 외교적 실수를 저질렀다. 경수로 2기의 준공일이 늦다는 등
의 이유는 북한에는 제네바합의의 파기이유가 될지 몰라도 국제사회는

결코 수용할 수 없는 일이다. 제네바합의는 북한이 국제사회로부터 인정받는 유일한 외교문서임에도 스스로 '무효'라고 주장함으로써 미국에 파기명분을 준 것이나 다름없다.

북한은 클린턴의 미국과 부시의 미국을 혼동했거나 국제사회의 북한에 대한 신뢰가 추락했다는 사실을 모르고 떠든 과오라 말해도 무리가 없다. 특히 이라크 전쟁 기간에 중국이 평양에 특사를 2차례 급파해 천신만고로 중재한 끝에 베이징에서 열린 미국·북한·중국 3자 회담에서도 북한은 중대한 외교적 실수를 범했다. 북한대표는 미국대표 케리에게 "우리는 이미 핵무기를 보유했다"고 말했다는 것이다. 미국이 추궁해도 부인해야 할 말을 스스로 먼저 내뱉은 것으로, 부시에게 공격의 빌미를 제공하는 어리석은 외교적 발언이었다. 북한의 이러한 대응방식은 모든 의혹을 스스로 자백함으로써 미국을 협상테이블에 끌어들이려는 전략으로 해석되지만, 이것이 최악의 악수惡手가 될 공산이 크다. 왜냐하면 부시에게 대량살상무기의 존재를 자발적으로 확인해 줌으로써 공격의 명분을 제공해 줄 수도 있기 때문이다. 외교전쟁에서 스스로 모든 카드를 미리 내보인 것은 바보짓과 같다.

IAEA요원 추방과 폐연료봉 재처리

사실 북한은 우라늄 핵 프로그램 시인 이래 거의 10개월간 미국 및 국제사회와 밀고 당기는 외교전쟁을 계속해 왔다. 북한은 영변에 상주해 핵물질 제조여부를 감시하는 국제원자력기구 사찰요원들을 강제로 추방시켰고, 이 기구의 핵시설 감시 장치와 봉인을 모두 해체시켰으며, 동결했던 5메가와트 원자로를 재가동했다. 그리고 미국과 국제사회가 금지선으로 설정한 폐연료봉 8,000여 개를 성공적으로 재처리했다고 스스로 밝혔다. 폐연료봉의 재처리는 플루토늄을 추출해 다량의 핵폭탄을 제조할 수 있기 때문에, 미국뿐만 아니라 국제사회가 금지선으로 설정한 것인데, 북한 스스로 '성공적으로 재처리하고 있다'라고 밝힌 것이다. 1994년 제네바합의는 문제의 폐연료봉 재처리를 차단함으로써 북한의 핵폭탄제조를 방지하기 위해 경수로 2기 제공의 비싼 대가를 지불하고 성립된 북·미간의 협정이었다. 북한은 그때 핵무기제조를 위한 어떤 프로그램도 추진하지 않는다고 약속한 것을 국제사회가 믿고 48억 달러에 달하는 경수로 2기 건설과 중유공급을 집행해 왔다. 북한은 북핵 문제를 1994년 이전으로 환원시켰다.

그리고 북한은 '핵폭탄을 만들어 보유하고 있다'고 큰소리치고 있다. 이것은 제네바합의가 북한이 핵무기제조를 위한 위장술이었고 결과적으로 국제사회를 속이고 기만했다는 사실을 스스로 고백한 셈이다. 미국과 국제사회는 먼저 북한에 공급했던 중유공급을 중단했고, 특히 북한 신포의 경수로건설도 멈췄다. 북한이 스스로 무효라고 주장했고 핵무기 프로그램의 비밀추진으로 북한이 제네바합의를 위반함으로써 국제사회가 단행한 자연스러운 대응으로 전문가들은 진단한다. 북한은 핵확산금지조약(NPT)에서 탈퇴함으로써 국제사회의 대량살상무기 확산의 규제로부터 자유로운 입장이 된 것으로 생각했지만, 국제사회는 집요하게 원상회복을 요구해 오히려 부담이 되었다. 북한은 모든 외교적 카드를 스스로 내놓았다. 그리고 미국이 불가침조약을 맺는다면 핵 프로그램을 모두 포기할 수 있다고 말하고 있다.

그러나 이러한 북한의 말을 믿어주는 나라는 거의 없는 것이 현실이다. 한국정부만이 민족공조라는 민족주의적 입장에서 평화적 해결원칙을 주장할 뿐이며, 중국조차도 북한으로부터 등을 돌리는 경향이 나타나고 있는 것이다. 이제 북핵 문제는 북한이 가장 불리한 상황에 직면했고 막다른 골목에 들어선 느낌이며 국제사회 어느 곳에도 북한 핵 문제에 대한 호의적 시선은 발견할 수 없다. 이라크 전쟁을 반대했던 유럽도 전혀 호의적이지 않다. 사실 유럽연합(EU)은 2001년만 해도 북한에 호의적 입장을 견지했고 북한에 식량 등 인도적 지원을 앞장 서 실행한 지역이었다. 2001년 1월 이탈리아가 북한을 승인한 데 이어 거의 모든 유럽 국가들이 외교관계를 수립했고 특히 2001년 5월에는 EU 의장국인 스웨덴의 페르손 총리가 평양을 방문함으로써 평양의 국제적 위상은 상당히 업그레이드돼 신뢰도 크게 개선되었다. 그런데 프랑스와 아일랜드만이 북한의 인권문제와 핵 문제를 거론하며 수교를 거부했는데, 북핵문제가 최악의 상황으로 치달으면서 유럽도 평양을 외면하기 시작하는 경향을 보였다.

나치의 미사일 공격과 북한의 핵

유럽은 과거 공산주의 진영과 이념적으로 분단된 역사적 경험이 있는 유일한 지역이므로 한반도의 분단상황을 이해하려는 경향이 매우 강하다. 2001년 유럽연합 국가들이 미국과 일본과는 달리 조건 없이 북한과 외교관계를 수립한 것도 냉전시대를 거친 유럽의 유연한 대응이었다. 유럽연합은 북한 공산주의도 결국은 자본주의와 의회민주주의의 영역으로 돌아올 것이라는 확신을 갖고 있으며 베를린 장벽 붕괴가 북한에도 훌륭한 교훈이 될 것으로 믿는다. 왜냐하면 어느 체제도 국제사회와 담을 쌓아서는 존재하기 힘들며 세계화는 아무도 거역할 수 없는 21세기의 큰 흐름이라 보기 때문이다. 그러나 북한체제는 수백만 주민을 굶주림으로 내몰고 있으며 중국으로 달아나는 수많은 탈북자를 양산해 국제문제를 일으키면서도 개혁개방을 하지 않고 계속 버티고 있다. 그리고 국제사회에 대해 핵무기로 위협할 뿐만 아니라 이제는 마약과 가짜 달러, 대량살상무기를 수출하는 국제사회의 골칫거리로 등장했다는 비난을 받고 있다.

북핵 문제가 꼬이면서 악화되자 유럽이 강경한 목소리를 내기 시작한 것은 북한을 더 이상 못 보아주겠다는 신호로 보인다. 북한이 결제통화를 달러가 아닌 유로로 바꾼 것은 유럽에 대한 호의와 미국에 대한 증오의 표현이겠으나, 유럽의 대북 강경기조는 북한에 분명한 경고의 메시지를 보내고 있음이 확실하다. 유럽은 역사적으로 모든 정치체제를 경험한 나라들로 구성되었다. 20세기 초만 해도 러시아혁명으로 공산주의 체제를, 1920년대에는 이탈리아의 파시즘과 독일의 나치즘을, 1930~1960년대에 스페인과 포르투갈, 그리스의 군사독재를, 20세기 초부터 북구의 사회민주주의 복지국가를 모두 경험해 체제의 장단점을 시민 모두가 알고 있는 유일한 선진국가 집단이 유럽이다. 김정일의 스탈린적 공산주의 체제를 가장 잘 알면서 증오하는 곳이 또한 유럽이다.

특히 유럽이 북핵 문제에 강경한 입장을 나타내기 시작한 것은 대량살상무기는 독재자의 손에 떨어지면 절대로 안 된다는 역사적 경험이 크게 작용했다. 나치 독일의 히틀러는 미사일을 개발하자마자 영국으로 날려 공격했다. 만일 핵무기를 나치가 먼저 개발했다면 이를 주저함이 없이 사용했을 것은 명약관화明若觀火하다. 김정일에게 핵무기가 있다면 국민이나 의회, 그리고 관료제도의 견제장치가 없으므로 혼자서 독단적으로 결정해 사용할 수 있다는 것이 유럽의 시각이다. 물론 세계에 대량살상무기의 확산을 금지해야 한다는 국제질서의 원칙도 중요하지만, 유럽은 나치와의 전쟁에서 얻은 경험에서 김정일과 같은 전제 군주적 독재자가 대량살상무기를 갖는 것은 '세계의 재난'이 된다고 판단하는 것이다.

이라크 전쟁에서 미국과 갈등을 빚어 어색한 관계를 노출한 프랑스와 독일, 러시아 등의 유럽은 2003년 6월1~3일 프랑스의 에비앙에서 열린 주요 8개국 정상회담(G8)에서 부시 미대통령과 화해와 협력의 길을 여는 데 성공했다. 여기서 무엇보다도 북핵 문제 응징을 합창한 것이 주목된다. 정상회담은 북한이 핵 프로그램을 포기하고 해체할 것을 강조하고 북한이 수용하지 않을 경우, 유엔을 포함한 국제법에 의한 '다른 수단'을 사용할 수 있다고 경고했다. 의장국인 프랑스의 시라크 대통령은 '다른 조치의 의미'를 유엔 안보리 결의안을 통한 봉쇄정책 등이라고 암시했다. G8정상회담이 특히 에비앙회담에서 '비상한 조치'를 불사하겠다는 의지를 드러낸 것은 이례적으로 주목된다. 북핵 문제에 관해서는 부시와 유럽정상들이 마지막으로 군사개입을 해서라도 북한의 핵무기보유를 포기시킨다는 점에 합의했다. 이 합의는 부시가 북핵 문제 해결을 위해 무력사용을 포함한 백지수표를 유럽이 발부해 준 것이나 다름이 없는 것으로 보인다.

미국과 유럽은 에비앙합의에 따라 스페인 수도 마드리드에서 11개국 대표들이 비상한 조치를 합법화하고 실행하기 위한 회의를 열었다. 여기서는 부시가 제안한 '대량살상무기확산 방지구상(PSD)'을 집중 논의했다. 부시의 구상은 핵물질과 미사일 등 대량살상무기를 탑재한 선박을 나포해 수색하고 예인할 수 있는 국제법 절차를 마련하자는 것인데, 마드리드회의는 부시의 구상이 필요하다는 점에 의견의 일치를 보았다. 특히 룩셈부르크에서 열린 EU 외무장관회담에서는 공해상의 통행자유를 억제하는 부시의 해상 나포와 예인조치를 비준했으며, 한발 더 나아가 북핵 문제에 대해 무력사용을 허용하는 조치에 관해 의견의 일치를 보았다. EU정상회담 준비를 겸한 외무장관회담은 공동성명에서 북한과 이란 등의 대량살상무기의 위협에 대응하기 위해 무력사용을 지지한다고 선언했던 것이다. 이 성명은 미국이 북핵 문제에 대한 무력사용을 승인한 것으로, 유럽이 평양의 핵 프로그램에 결정적으로 제동을 걸었다는 의미를 갖는다.

그리스의 포르토카라스에서 개최된 EU정상회담은 당연히 북한과 이란의 핵 문제에 관해 토의했다. 유럽정상들은 북핵 문제에 관해 '명백하고 검증가능하며 돌이킬 수 없는 방식으로 핵무기 프로그램을 폐기하고 국제적 비핵 확산의무를 완전하게 이행할 것'을 촉구했다. 유럽정상들은 유럽의 안보전략을 수립하고 대미 관계 재정립을 토의하면서 북핵 문제를 국제사회의 긴급과제로 다루면서 '유럽연합은 대량살상무기와 운반수단의 확산이 국제평화와 안전에 심각한 위협이 되고 있다는 사실을 거듭 지적'하면서 특히 이란의 핵 문제에 대해 '의심시설에 대한 포괄적 불시사찰을 허용하는 국제원자력기구의 추가의정서에 즉각 서명할 것'을 요구했다. EU정상회담은 서구 15개국과 구동구 10개국 등 25개국 정상들이 모두 참여해 명실상부한 유럽정상회담으로 도약했는데, 여기서 북핵 문제에 관해 부시에게 힘을 실어 준 것은 미국의 강경기조를 더욱 고무했다.

비상조치 허용한 유럽의 대북 강경론의 배경

유럽이 북핵 문제에 대해 미국의 강경전략에 손을 들어주는 것은 북한에는 대단히 불길한 징조다. 미국은 유럽의 반대에도 불구하고 유엔 안보리의 승인도 받지 않고 이라크를 공격해 독재자 사담 후세인을 제거하는 데 성공했다. 공격명분이 바로 대량살상무기 보유와 9·11테러의 주역으로 지목된 알 카에다와 연계한 혐의였다. 그러나 미국은 대량살상무기와 알 카에다와의 연계 사실을 모두 발견하지 못해 내부로부터 비판받았다. 부시는 연일 미국 언론으로부터 정보 왜곡 내지 조작으로 명분이 없는 이라크 전쟁을 펼쳤다는 비난을 받았다. 이러한 미국 내 분위기는 부시가 '악의 축'으로 지목해 지구상에서 제거해야 한다고 주장한 북한과 이란에 대한 압력작용이 감소할 수도 있는 국면을 조성한 것이었다. 그런데 여기서 부시에게 힘을 실어준 것이 북핵 문제에 대한 강경대응이다. 에비앙 선진8개국 정상회담부터 대북강경발언이 쏟아지다가 외무장관회담에서 '무력사용이라는 비상조치'까지도 허용한다고 밝혔다. 유럽이 이라크 전쟁 이후 북핵 문제에 강경한 이유는 어디에 있을까.

물론 유럽은 이라크와 비교하면 북한과는 직접적인 이해관계가 없다. 북한은 산유국도 아니며 유럽연합 국가들의 무기나 기술 수입국도 아니다. 북한은 유럽으로부터 식량과 의약품 원조를 받아 기아문제에 대처하고 했으며, 유럽은 아프리카와 같은 빈국대우를 하면서 인도적 지원을 아끼지 않았다. 아마도 유럽은 앞으로도 인도적 차원의 대북지원을 계속할 것이다. 유럽의 대북지원은 냉전시대에 동유럽 공산국가를 지원한 것과 맥을 같이한다. 서구의 동구에 대한 경제협력과 인적교류는 베를린 장벽 붕괴를 불러왔고, 공산주의시대 붕괴라는 엄청난 성과를 가져왔다. 유럽은 북한의 김정일체제도 체제유지의 막다른 골목에 왔다고 보고 인도적 지원을 하는 것이며, 북한의 공산주의 체제도 결국 개혁개방으로 시장경제 도입이 불가피한 것으로 전망한다. 그런데 유럽은 북한이 옛 동구 공산국가와 다르다는 사실을 깨닫게 되었다. 1990년대 구소련을 포함한 공산진영이 멸망한 후에도 오늘까지 김정일이 스탈린주의적 체제를 고수하며 핵무기제조에 열을 올리고 있기 때문이다. 유럽이 2000년대 이후 김정일체제와 수교하고 경제교류를 하게 된 것은 북한체제의 필연적 변화에 대한 기대 때문이었다. 그런데 북한은 지금 핵무기를 방패로 공산주의 체제 보장을 요구하면서 변화를 거부하고 있는 것이다.

그러니 유럽이라고 해서 김정일체제에 무한정 관용을 베풀 수만은 없는 현실이 돼 가고 있다. 유럽은 북한이 시장경제를 도입하는 과감한 개방정책을 펼쳐야만 주민을 먹여 살릴 수 있고 국제사회의 신뢰도 회복할 수 있다고 믿는다. 폴란드나 체코, 헝가리, 루마니아까지도 시장경제와 의회민주제를 도입함으로써 이제 정상국가로 유럽연합에 가입할 수 있는 자격을 딴 사실에서 북한이 교훈을 얻어야 한다고 믿는다. 그러나 김정일은 이러한 유럽과 국제사회의 기대에 완전히 역행했다. 식량과 에너지문제는 근본적으로 해결되지 않고 있으며, 탈북자들 문제는 동독을 탈출한 '게르만 엑소더스'를 연상시킬 정도로 심각하지만, 핵 프로그램에 매달려 체제보장에만 신경을 쓴다는 것이다. 미국과 불가침조약을 체결하면 핵을 폐기할 수 있다고 북한은 말하지만 국제사회는 이를 믿는 것 같지 않다. 왜냐하면 북한은 제네바합의를 이행하는 과정에서 국제사회에 대한 약속을 어기고 우라늄 핵 프로그램을 추진했기 때문이다.

유럽은 북핵 문제에 대한 미국의 이라크방식을 지지하고 있다. 미국은 북핵 문제에서 유럽과 갈등을 하지 않고 강경대응이 가능해졌다. 먼저 부시는 유엔 안보리 의장성명으로 김정일에게 경고한 후 다시 유엔 안보리 결의안 채택으로 진전시켰다. 안보리 결의안은 북한 봉쇄가 목표였다. 부시의 전략은 유엔의 모자를 쓰고 북한 봉쇄에 나서는 것이었다. 안보리 상임이사국인 프랑스와 영국 그리고 비상임이사국인 독일 등이 이미 군사적 개입까지 인정했으므로 부시의 전략은 관철될 조건을 갖춘 것이었다. 유엔 안보리 의장성명에 관해 한국과 일본이 시기상조라는 견해를 보였지만, 안보리 이사국이 아니므로 영향은 크지 않았다.

체제개방하면 아무도 북한 공격할 수 없다

북한은 어떻게 대응할 것인가. 북한은 정면대결 발언을 계속 쏟아내었다. 에비앙 정상회담 다음에 '핵 억제력을 갖추는 수밖에 다른 도리가 없다'고 핵무기 보유의지를 드러냈다. 그 후에도 북한은 유럽의 강경대응 발언이 계속되자 '정당방위조치로써 자위적 핵 억제력을 강화하는 데 박차를 가한다' 라는 강경대응을 했다. 이러한 평양의 대응은 한국정부와 일부 지식인들 그리고 언론이 북핵 프로그램이 미국의 대화를 얻어내기 위한 벼랑 끝 전술이라는 인식상의 착오를 분명히 설명해 주었다. 북한은 엄포용이 아니라 체제유지용으로 핵무기를 개발하고 보유한다고까지 말했기 때문이다. 특히 유럽연합 정상회담 직후 북한은 '핵무기는 미국의 독점물이 아니다. 선제공격의 선택권은 미국에만 있는 것이 아니다' 고 밝힘으로써 핵무기 보유와 아울러 평양이 선제공격할 수도 있음을 시사했다. 마주 달리는 두 개의 열차는 충돌이라는 최악의 시나리오를 그리게 되었던 것이다. 어떻게 두 열차를 멈추게 할 것인가.

미국과 국제사회가 북한 핵무기 보유를 결사적으로 저지한다는 데 대해 북한이 필사적으로 체제보장을 위해 핵개발을 하고 있는 것이 문제의 핵심이다. 민주주의 국가에는 핵무기가 필요 없다. 민주국가 간에는 전쟁을 일으키지 않기 때문이다. 남아공은 백인독재국가 시절 핵무기를 만들려고 했다. 그러나 민주화 이후 핵을 자진 포기해 좋은 모범을 보였다. 전쟁은 독재국가와 민주진영 간에 일어났다. 그리고 민주주의 진영이 언제나 이겼다. 베를린 장벽 붕괴와 공산진영의 멸망이라는 1990년의 대변동은 독재적 전체주의에 대한 민주주의의 승리를 의미한다. 북핵 문제도 여기서 해법을 찾아야 한다. 김정일이 공산주의 체제 보장을 요구하는 것은 문제해결을 거부하는 전략이다. 왜냐하면 그는 민주주의의 도입을 거부하기 때문이다. 핵무기가 결코 체제보장의 수단이 되지 않는다. 초강대국 구소련이 핵으로 미국과 대결했지만 체제를 살리지 못한 사실에서 쉽게 알 수 있다. 북한은 지금이라도 소련이 주는 교훈을 참고해야 한다. 남한이 독일식 흡수통일을 포기했는데, 무엇이 두려워 김정일은 개혁개방을 거부하는가. 체제개방을 하면 아무도 북한을 공격할 수 없다. 그러나 핵무기 보유를 고집한다면 체제도 살릴 수 없고 미국과 국제사회의 압력을 계속 받게 될 것이다. 그래서 두 개의 열차도 멈추게 할 수 없을 것이다. 김정일의 결단이 요구되는 이유다.

김정일과 부시의 대타협 가능한가
– '20세기의 위대한 결단' 콜과 고르비가 본보기

북핵 문제가 터진 지 10개월 만에 베이징에서 6자회담이 열렸지만 과연 미국과 북한이 얼마나 이견을 좁혀 문제를 풀어낼지는 미지수였다. '마라톤협상의 시작'이라는 것이 전문가들의 일반적인 전망이었다. 북한은 건국기념일인 9월9일 핵보유국임을 선언하고 핵실험을 강행할 것이라는 배수진을 치고 나왔다. 6자회담은 북한 김정일 국방위원장의 시간벌기 작전이라는 관측도 그래서 나왔다. 여기서 나는 1989년 11월 베를린 장벽 붕괴 후 독일통일을 위한 2+4회담을 상기한다. 6자회담은 남북한과 미국, 일본, 중국 및 러시아 등 한반도 분단국 당사자들과 주변 4강대국의 북핵 문제 해결을 위한 회담이다. 2+4회담은 동서독 분단국 당사자들과 미국, 영국, 프랑스 및 소련 등 주변 4강대국들의 독일통일 문제를 다루기 위한 회담으로 역시 6자회담이었다. 그러나 북한 핵 문제를 풀기 위한 6자회담은 궁극적으로 북핵 문제를 해소해 동북아지역의 항구적 평화를 보장한다는 목적을 갖는 반면, 2+4회담은 독일민족의 통일문제를 다루었다는 점에서 다른 점이 상당히 있다.

1989년 동서독은 한반도보다 더 어려운 조건

20세기의 독일통일 문제는 유럽뿐만 아니라 세계평화 문제와 직결되는 사안이었다. 자칫 잘못하면 세계전쟁으로 확산될 위험성을 내포하고 있었다. 오늘의 한반도 긴장과 비슷한 상황이었다. 그때 미국을 제외하고는 독일통일을 바라는 강대국은 거의 없었고 당시만 해도 공산주의 종주국이었던 소련은 체제붕괴를 우려해 반대 입장을 분명히 표명하고 있었다. 프랑스는 19세기 보불전쟁과 20세기 양차 세계대전을 독일과 치러 역사적으로 견원지간犬猿之間의 관계에 있었지만 미테랑 대통령의 결단으로 일찍부터 통독을 승인하고 있었다. 미국은 2차 세계대전에 참전해 큰 희생을 치렀으나, 공산주의 종주국 '소련제국' 의 약화를 겨냥해 제일 먼저 독일통일을 인정했다. 영국은 프랑스와 같이 양차 세계대전을 치러 역사적으로 게르만민족의 패권주의를 불신하며, 2차대전의 피해를 입은 유럽나라들이 독일의 분단족쇄를 풀어주면 다시 패권을 노릴 것이라고 말하며 독일통일에 반대했다.

그때, 독일통일은 현실적으로 기적이 일어나지 않으면 불가능한 상황이었다. 특히 한반도와는 달리 동독에는 소련군 48만 명이 주둔해 있었고, 서독에는 미군 26만 명, 영국군 8만 명과 프랑스군 6만 명이 2차대전 전승국의 점령군으로 주둔하고 있었다. 한반도에는 미군이 주둔하고 있으나, 이것은 독일처럼 패전국에 주둔하는 점령군이 아니라 1950년에 터진 한국전쟁 휴전 결과의 산물이다. 북한에는 동독과는 달리 소련군이나 중국군이 완전히 철수한 상태로, 한반도는 강대국의 입김이 매우 약화된 상태다.

강대국 군대의 주둔에서 보면 한반도보다 독일의 분단극복이 더 어려운 것처럼 보였다. 그럼에도 독일은 1989년 11월9일 베를린 장벽이 독일국민의 힘으로 붕괴된 후, 불과 329일 만에 통일했다. 이유는 다른 데 있지 않다. 서독총리 콜과 소련의 고르바초프 대통령의 결단이 독일통일을 가져왔기 때문이다. 또 이것이 냉전을 해체하고 소련을 정점으로 한 공산진영의 총체적 멸망으로 이어졌다. 전쟁을 치르지 않고 자본주의와 공산주의의 경쟁과 대결에서 자본주의가 평화적으로 승리한 모델이 되었다.

콜과 고르바초프의 결단

콜과 고르바초프의 위대한 결단으로 기적이 일어난 것이다. 1990년 10월3일 통일기념식에서 '기적이 일어났다. 신이 내려준 축복'이라고 한 콜의 연설은 결코 우연히 만들어진 기적이 아니다. 어떤 결단을 내렸기에 20세기 최대의 난제인 냉전이 종식되고 공산주의가 소멸하고 독일은 통일됨으로써 자본주의와 민주주의 진영의 승리를 기록했는가? 그리고 유럽은 20세기를 매듭짓고 평화의 21세기로 진전했는가? 이 물음에 대한 대답은 북핵 문제를 풀어내는 본보기의 의미를 지닐 것이 분명하다.

먼저 콜은 통일독일의 패권주의를 거부하고 핵무기 보유를 포기하며 핵강대국 야망을 버림으로써 '과거의 악몽惡夢'을 불식시켰다. 2+4회담의 주요의제는 독일이 통일하면 핵무기를 보유해서는 안 된다는 것과 2차 세계대전 이전 히틀러의 나치 제3제국의 영토를 통독이 회복할 생각을 버려야 한다는 점에 집중되었다. 콜은 통독이 핵무기보유를 포기할 뿐만 아니라 핵물질 개발이나 보관도 하지 않는다고 보장했다. 그리고 동부국경선으로 얄타회담이 그은 임시국경선인 오데르—나이세선을 통일 이후의 국경선으로 수용한다는 입장을 분명히 했다. 오데르—나이세선을 통일독일의 국경선으로 정함으로써 독일은 과거 프러시아의 영토를 폴란드와 소련에 영구히 양보했다. 콜이 이러한 두 가지 결단을 내리지 않았다면 아마도 독일은 통일에 성공하지 못했을 것이다. 그리고 오늘날까지 독일문제는 국제사회의 난제로 계속 남아 있을 가능성이 많다. 1990년 8월 모스크바의 2+4회담은 콜의 결단을 통독의 조약으로 채결했고, 그 후 국제사회에서 독일문제는 해소되었다.

그러나 콜의 결단만으로 독일문제가 완전히 해소되는 것은 아니다. 모스크바의 2+4협정이 체결될 때까지도 소련은 엄연히 공산주의 종주국이었고, 동서진영의 대결은 존재했다. 고르바초프는 두 가지 결단을 내렸다. 첫째는 동독주둔 48만 명 소련군을 철수시키는 것이고, 두 번째는 동독의 국제적 지위를 중립국으로부터 대서양동맹(나토) 회원국으로 변경하는 것을 묵인하는 것이었다. 고르바초프는 소련이 2차 세계대전의 승전국이나 2천만 여명의 희생자를 낸 값비싼 대가를 치렀기 때문에, 동독을 완전히 자본주의 서독에 편입시켜 주는 데는 문제가 있었다. 군부와 국민이 용납하지 않을 것이기 때문이다.

특히 서방진영 군사동맹인 나토의 군대가 폴란드와 체코 국경까지 동진東進하는 것은 공산진영과 소련의 안전을 위험하게 만든다는 소련국민의 우려를 해소시키기 힘들다는 난점을 안고 있었다. 그래서 콜과 고르바초프의 양자협상은 한때 난관에 봉착하기도 했으나, 결국 고르바초프의 결단으로 문제가 풀렸다. 콜은 돈으로 통일을 산 셈이 되었으나 고르비는 민주주의와 시장경제라는 시대정신을 읽고 유럽의 항구적 평화구축이라는 명분을 샀다. 고르비의 결단은 당시 북한을 비롯한 공산국 지도자들이 '공산주의를 팔아먹었다'는 강력한 비난을 샀지만 오늘에는 세계평화를 구출한 위대한 결단이 되었다.

왜냐하면 러시아는 1991년 소련붕괴로 70여 년간 공산주의 체제를 종식시키고 자본주의와 의회민주주의에 합류함으로써 국내적으로는 국민의 의식주 문제를 해결했고, 무엇보다도 미국과 군비경쟁에서 해방됨으로써 냉전을 종식시켜 세계에 평화시대를 열었다. 당시 고르바초프도 공짜로 서독의 콜에게 동독을 넘겨 준 것은 아니었다. 고르바초프는 공산주의 체제 붕괴의 불가피성을 감지感知하고 페레스트로이카(개혁)를 단행했으나 자본이 없었다.

그는 1990년 7월 런던에서 열린 선진7개국 정상회담(G7)에 불청객으로 나타나 G7의 돈을 빌리려고 노력했다. 정식회담에는 참석하지 못하고 회담 직후 마련된 커피타임을 빌려 고르비는 1천억 달러 원조를 요구했다. 그는 소련제국의 멸망이 임박했다고 우려하면서 '제국의 위기'가 전쟁을 부른다고 경고했다. 그러나 미국, 영국, 프랑스, 일본, 서독, 이탈리아, 캐나다의 정상들 누구도 소련에 경제지원을 약속하지 않았다. 고르바초프는 결과적으로 경제지원을 콜에게서 얻는 대가로 동독 주둔 소련군 철수를 결정해 동독을 서독에 넘겨주었다. 그럼에도 소련은 고르비의 개혁정책 실패로 해체되었으며 그 자신도 1991년 12월24일 스스로 대통령직을 사임했다. 소련제국은 이렇게 평화적으로 몰락했다.

콜의 결단은 독일에 통일이라는 기적을 안겨주었다. 그러나 고르바초프는 러시아에 체제전환의 고통을 안겨 주었지만 결과적으로 21세기의 시각으로 보면 전화위복轉禍爲福이라 말해도 무리가 없다. 민주주의와 시장경제를 발전시킨 러시아가 21세기에 발전의 도약대를 마련했기 때문이다. 그때 북한은 '공산진영의 침몰'에 관해 '진정한 사회주의가 아니기 때문에 망했다'고 신랄하게 비난했다. 북한 공산주의는 '진정한 사회주의를 하기 때문에 소련이 선택한 길을 따라가지 않는다'고 호언장담했다. 그런데 16년이 지난 오늘 북한은 그들이 장담한 '진정한 사회주의'가 주민 수백만 명을 기아로 희생시키고 굶주리다 못해 압록강과 두만강을 탈출해 중국에 수많은 탈북자를 만들었다는 사실을 인정하지 않으면 안 되는 상황에 빠졌다. 소련과 동구공산권을 위한 고르비의 결단은 당시에는 비난의 대상이었으나, 오늘 '위대한 결단'으로 재평가되고 있다. 평양의 지도부에는 계획경제에서 시장경제로 이행하는 대전환기에 잘 적응하는 결단이 없었기에 지금 막다른 골목에서 핵카드를 휘두르게 된 것이다.

북한 핵 문제, 부시의 결단이 긴요하다

북한은 체제전환이라는 결단 대신에 체제유지라는 졸수拙手를 계속 두었으며, 이를 위해 핵무기 보유를 위한 무리수까지 두었다. 중국 공산당까지도 시대정신에 호흡을 맞추어 눈부신 자본주의적 발전을 하고 있음에도 북한은 유럽언론들이 '지구상 최후의 스탈린주의 체제'라고 부르듯 '경직된 주체사상 공산주의'를 고집하고 핵무기를 비밀리에 제조하려고 획책함으로써 한반도를 긴장으로 몰아넣었다.

2007년 북핵 2·13 합의는 북핵 해결을 위한 첫걸음에 불과하다. 앞으로 핵프로그램 '불능화' 조치로 가는 길에 우여곡절이 많이 펼쳐질 것으로 보인다. 독일통일의 2+4회담과 같은 형식의 6자 회담임에도 북핵 문제는 한반도 통일이나 평화를 담보할 만한 결정적 요소가 담겨 있지 않다. 여기에 2+4회담과 한반도의 6자회담의 차이점이 두드러지게 나타난다. 김정일의 결단이 긍정적으로 이루지지 않으면 언제 한반도에 전쟁위기가 닥쳐올지 예측이 불가능한 것이 문제다.

그러나 여기서 강조할 것은 먼저 미국 부시 대통령의 결단이 필요하다는 것이다. 그래야 김정일의 결단을 기대할 수 있다. 2002년 10월 우라늄방식 핵무기 프로그램이 있다고 밝힌 북한의 고백에서 발단된 2차 북핵 문제는 국제사회를 경악시켰다. 왜냐하면 1994년 9월 제네바합의가 북핵 문제를 해소시켰다고 국제사회가 믿고 있었기 때문이다. 북한이 영변 핵 프로그램을 동결시키고, 폐연료봉 8,000개를 봉인시키며 국제원자력기구(IAEA)가 감시시스템을 갖추어 사찰요원을 상주시키며 상시 사찰을 실천해 왔다.

미국과 국제사회는 그 대가로 나진·선봉지구에 48억 달러에 달하는 경수로 원전 2기를 건설했으며, 원전 준공까지 미국이 매년 중유 50만 톤을 공급하고 있었다. 결국 북한의 비밀 핵무기 프로그램은 국제사회를 속인 것으로 국제언론은 평가하고 있다. 그래서 북한은 국제사회의 신뢰를 잃었고, 제네바합의마저 사문화死文化하고 말았다. 2005년 11월 1단계 6자회담 후 세 차례의 힘겨운 회담을 하고나서야 비로소 북핵 해결을 위한 2·13 초기조치를 이끌어냈을 뿐이다.

부시는 이라크와 이란, 북한을 '악의 축'으로 지목해 제거해야 할 나라로 규정했다. 그리고 미국의 첨단무기로 선제공격을 함으로써 '악의 축'을 없애버리면 국제사회는 테러가 없는 평화를 회복할 수 있다고 믿었던 것 같다. 이라크 전쟁이 그래서 시작되었고 단시일에 종결될 것 같았지만, 사담 후세인의 독재가 붕괴되었음에도 후유증을 심각하게 앓고 있다. 부시의 일방주의정책은 이라크에서 시련을 겪고 있는 것이다. 부시의 선제 공격론이 이라크에서 성공하지 못하면, 이것이 현실적으로 북한 핵무기프로그램을 오히려 정당화시키는 구실이 될 것이라는 해석을 가능하게 한다. 왜냐하면 북한이 체제보존 차원에서 핵무기 보유가 불가피하다며 대응했고, 부시가 먼저 불가침조약을 약속해야 핵 프로그램 포기를 고려한다고 외쳤기 때문이다.

북에 핵개발 기회만 제공한 부시의 선 핵 포기정책

2003년 10개월간 워싱턴과 평양은 부시의 선 핵포기 후 불가침협상과 김정일의 선 불가침조약 약속 후 핵무기 프로그램 포기 협상이라는 주장으로 평행선만 그었다. 그리고 문제를 근본적으로 풀기 위한 노력은 하지 않았다고 말해도 과언이 아니다. 미국은 이라크 전쟁과 후유증, 이스라엘—팔레스타인 유혈분쟁 로드 맵 제작과 추진으로 북핵 문제를 제쳐 둔 것 같은 인상을 주었다. 북한은 이를 기회로 잘 이용했다. 즉 핵 프로그램을 진전시키며 영변 핵시설 재가동, 국제원자력기구의 봉인과 감시시설 제거 및 사찰요원의 추방과 핵확산금지조약(NPT) 탈퇴 등 국제사회의 기본질서를 거부하는 행동을 연속적으로 취했다.

그럼에도 부시는 선 핵포기 후 불가침협상이라는 레퍼토리를 반복했을 뿐이다. 부시는 6자회담을 계기로 북핵정책을 재점검해야 했다. '똑같은 레퍼토리'로는 6자회담의 성과를 기대하기 어려웠기 때문이다. 북한은 8,000개 폐연료봉의 재처리까지 완료했다고 큰소리치고 있었다. 14년 전 평양의 폐연료봉 재처리를 차단함으로써 핵무기제조를 억제한다는 목적만으로 제네바합의에 미국은 서명했던 것이 아닌가. 그런데 평양이 폐연료봉을 재처리했다고 밝히고 핵무기를 보유한다고 외쳤음에도 허풍이라며 과소평가하고 여전히 선 핵포기만을 주장하는 부시의 대북정책은 '닭 쫓던 개 지붕 쳐다보기'가 될 위험이 많았다.

프랑스의 리베라시옹은 '북한이 폐연료봉 8,000개를 재처리, 플루토늄을 생산해 수개월 후 6개의 핵폭탄을 제조하고 2010년까지 200개 이상의 원자폭탄을 만들 것이며, 이것이 현재 지구상 가장 긴급하고 중요한 안보문제라고 국제분쟁예방연구소가 보고서에서 밝혔다'라고 2003년 8월2일 보도했다. 이 보도는 북핵 문제가 악화일로에 있고 국제평화를 심각히 위협하고 있다는 경고를 담고 있는 것이었다.

부시가 추구하는 북한의 선 핵포기 정책은 이렇게 되면 사실상 무의미한 것으로 의심하게 만드는 보고서라고 아니할 수 없다. 그래서 부시의 결단이 필요한 것이다. 북한의 선 핵포기 정책을 부시가 먼저 포기하는 결단을 내릴 필요가 있다는 것이다. 평양이 10개월간 듣지 않는 정책을 계속 고수하는 것은 무의미하다. 그리고 핵무기 제조프로세스를 지속적으로 전진시키고 있는 평양에 허풍이라거나 '벼랑 끝 전술'이라는 해석은 중대한 과오를 자초할 위험을 내포한다. 이제 평양의 핵무기보유 야망은 현실이며 분명한 하나의 사실로 인식해야 할 시점이 되었다.

부시가 추구하는 북한의 선 핵 포기론은 오히려 합리성을 결여한 외교 레퍼토리일 뿐이다. 그러나 미국이 다른 외교적 카드 마련 없이 선 핵 포기론을 포기하는 것도 간단치 않은 문제다. 결국 6자회담에서 평양의 진의를 분명히 타진해야 한다. 선 핵 포기 요구를 명분상 카드로 쓰면서 미국이 북한에 요구할 조건을 검토해야 할 것이다. 북한이 부시의 선 핵 포기 정책으로 인한 국제사회의 신뢰상실을 오히려 부시의 일방주의 비판여론에 편승해 상쇄하는 반사이익을 누린 면도 없지 않다. 이 때문에 6자회담에서 부시에게 유리하지만은 않는 상황이 벌어졌던 것이다.

우라늄 프로그램만으로 선제공격은 불가능

부시가 또 포기해야 할 것은 선제 공격론이다. 부시는 이라크 전쟁에서 선제공격을 실행했으나 명분이 없는 공격으로 국제사회의 강력한 비난을 받기도 했다. 후세인 독재의 이라크가 대량살상무기를 보유하고 있다는 일방적 보고서만으로 이라크를 침공한 미·영연합군은 대량살상무기를 발견하지 못해 부시와 블레어 영국총리가 심각한 정치적 위기에 휘말리기도 했다. 블레어는 영국국방성 기술보좌관 켈리 박사가 이라크에 대량살상무기가 존재한다는 증거가 없다는 보고서를 제출했는데 이 것이 대량살상무기가 존재하는 것으로 조작·둔갑돼 발표되고 이를 근 거로 블레어가 이라크 전쟁에 참가했다는 사실이 영국 국영방송 BBC에 대대적으로 보도되었다.

결국 켈리 박사는 자살하기에 이르렀고 영국총리 블레어가 이라크 전 쟁에 참가하기 위해 켈리 보고서를 왜곡했다는 사실이 영국의회 청문회 에서 밝혀져 블레어는 최악의 위기에 휘말렸던 것이다. 이러한 것으로 볼 때 부시가 북한이 제네바합의를 어기고 우라늄 방식 핵 프로그램을 비밀로 추진했다는 이유만으로 북한을 선제공격하기는 현실적으로 어 려운 일이다. 이라크 전쟁의 후유증이 치료되기 전에 다시 북한과의 전 쟁을 시작한다는 것은 한반도를 공연히 불바다로 만드는 최악의 결정이 될 수 있기 때문이다.

부시는 그가 '악의 축'의 하나로 지목한 북한과의 협상을 통한 북핵 문제 해결을 결정했다. 이것은 일단 부시가 선제 공격론을 유보했다는 사실을 말해 준다. 부시가 북한에 대해서는 예외적으로 선 협상정책을 선회한 것으로 해석해도 무방할 것이다. 그렇다고 해서 부시가 북한에 대한 선제공격을 완전히 포기했다고 볼 수 없다. 북한은 미국 보수파를 계속 압박하는 핵 프로그램으로 부시를 궁지로 몰아붙인다면 언제든지 미사일을 날릴 수 있다는 사실을 잊어서는 안 될 것이다. 부시는 오키나 와 주변과 동북아지역에 포진한 구축함들과 핵잠수함에서 영변을 향해 언제든지 미사일을 쏘아 올릴 수 있다. 물론 이를 위해서는 부시의 중대 결정이 있어야 하지만 대량살상무기가 없는 이라크에 전쟁을 펼친 미국 과 영국이 대량살상무기가 있다고 스스로 주장하는 북한은 좋은 공격명 분을 제공한다는 사실을 북한지도층이 명심할 필요가 있다.

김정일의 위대한 결단은 핵포기 선언이다

북한 지도층, 김정일은 중대한 결단을 내릴 시점에 도달했다. 2003년 7월25일 프랑스의 유력지 르몽드는 베이징 드롱 특파원과 도쿄 퐁스 특파원의 공동취재기사를 실었다. 이 신문은 로이터통신의 보도를 인용하면서 '북한이 핵강대국의 문턱에 다다랐다' 고 보도했다.

우파지 르휘가로는 스테판 코바스 기자의 기명기사로 '평양체제는 9월9일 북한 창설기념일에 핵폭탄 보유 사실을 극적으로 선언할 것' 이라고 보도했다. 단 북한은 미국에 북한이 요구한 불가침조약 체결을 수용하지 않을 경우, 핵폭탄 보유를 선언하고 이를 증명하기 위해 핵실험을 단행할 것이라고 보도했다. 이 보도들로 보면 당시 8월 하순의 베이징 6자회담은 '김정일의 마지막 시간벌기' 라는 일부 국제언론의 관측에 힘을 실어준다.

여기서 김정일의 결단이 시급하게 요구된다. 핵폭탄 보유로 체제수호를 하느냐, 개혁개방으로 북한이 살아남는 길을 모색하느냐의 선택이 김정일 앞에 제기된 것이다.

이 때 김정일의 결단은 핵 프로그램 포기선언이며 국제사회의 검증을 철저히 받겠다고 선언하는 것이다. 그럼에도 불구하고 부시가 북한을 '악의 축' 으로 계속 지목할 것인지, 그리고 선제공격 정책을 포기할 것인지를 공개적으로 부시에게 묻는 것이다. 김정일이 결단한다면 국제사회는 박수를 칠 것이 확실하며, 시선은 워싱턴으로 집중될 것이다. 워싱턴의 반응은 김정일의 결단에 호의적일 것이 확실하다. 북한을 '악의 축' 명단에서 제외하고 경제지원을 약속하겠다는 긍정적 회답을 받게 될 것이 분명하다.

김정일의 결단은 어려운 일이 아니다. 북한을 독일처럼 흡수통일하지 않겠다는 남한의 국제사회에 대한 약속이 있고, 노무현정부가 남남갈등

의 증폭에도 불구하고 북한과 화해협력과 경제교류를 지속할 것을 천명
한 마당에 남으로부터 불안요소는 거의 없다. 부시가 선 핵포기와 선제
공격 정책을 포기하지 않을 때 김정일이 선 핵포기를 선언한다면 이는
국제외교상 미국의 외교적 허虛를 찌르는 고단수 전략으로 외교적 승리
가 될 것이다. 만일 김정일이 거꾸로 선택한다면 김정일 정권의 국제사
회에 대한 기만과 불신이 증폭되면서 부시에게 대북 선제공격의 구실을
주고 국제사회로부터 고립을 자초할 위험이 많다.

필자는 여기서 결론을 유보할 수밖에 없다. 북핵 문제를 해결하는 요
체는 김정일의 결단이 가장 중요하다는 사실을 거듭 강조할 뿐이다. 마
치 베를린 장벽 붕괴 후 당사자인 콜과 고르바초프의 결단이 세상을 바
꾸었듯 김정일의 결단이 한반도의 평화를 보장하고 북한의 안보도 지켜
주는 특효약이 될 수 있다는 말을 하고 싶다. 김정일이 핵무기 보유야망
을 포기하지 않는다면 이것은 21세기 한반도 파국을 자초하는 최악의
선택이 될 것이다. 국제사회와 한반도주민은 모두 평화를 위해 부시와
김정일에게 콜과 고르비가 20세기에 했던 것처럼 '21세기의 위대한 결
단'을 내리도록 압력을 가해야 할 것이다.

이라크 전쟁으로 더욱 불투명해진 북핵 문제

─중남미 좌파 도미노로 신자유주의 퇴조하는가

2007년 국제정세는 전반적으로 그리 밝지 않다. 역사상 가장 큰 혼란기로 진입하지 않을까, 불안하다. 4년째 접어든 이라크 전쟁은 21세기의 베트남전쟁 양상으로 진행되고 있다. 이란에 이슬람 근본주의 대통령의 등장으로 중동평화는 더 크게 위협받고 있다. '자유화'를 표방한 미국의 중동 민주화 전략은 이라크 전쟁 실패로 무산되고 있다.

중국은 공산당 지배체제를 강화하면서 시장경제발전으로 세계4위 경제대국 부상에 성공했다. 그러나 중국이 정치민주화를 외면하고 어디까지 지속가능한 발전을 할지는 미지수다. 미국의 안마당이던 중남미에 좌파정권이 속속 들어서면서 미국주도의 앵글로색슨방식 신자유주의 세계화는 크게 위축되고 있다. 극우로 달려가는 아베 총리의 일본만이 부시 대통령의 충실한 동반자이지만, 미·일의 세계패권야망은 점차 환상으로 변해가고 있는 것 같다.

북한 핵 문제, 부시가 제네바합의 이전의 원점으로 돌려놓다

무엇보다도 한반도 평화문제가 2007년 국제사회 초미의 관심사가 될 것이다. 왜냐하면 20세기 한국전쟁의 냉전적 휴전상태를 지속하는 데다 북한이 18년 전 종식된 '스탈린 방식 공산주의 체제' 유지를 위해 핵무기를 바라보고 있기 때문이다. 6자회담이 9·19공동선언 채택으로 일차 성공한 듯 보였으나, 북한의 위조달러와 마약문제가 제기되어 미·재무성이 조사에 착수하면서 혼선을 빚기도 했다.

게다가 2005년 유엔총회가 북한인권결의안을 채택함으로써 북한에 대한 인권준수 요구와 압박이 가중되고 있다. 북한이 국제사회의 압력에서 벗어나려면 개혁개방이 필연적이지만, 김정일 국방위원장의 결단은 여전히 불투명하다. 북한은 수많은 주민을 기아로 몰아넣고 엄청난 희생자를 냈으며, 탈북자들이 속출함에도 전제군주專制君主적 권력세습으로 국제사회의 비난을 계속 덮어쓰고 있다.

문제는 한반도평화가 북한의 개혁개방과 핵 문제가 해결되지 않으면 어렵다는 사실에 있다. 북핵 문제는 북한의 개혁개방과 직접 연계되어 있다. 1994년 10월 북·미 제네바합의는 북핵 문제해결을 위한 최선의 방책을 선택한 것이었다. 그러나 이것을 백지화시킨 미국의 부시가 6자회담을 통해 똑같은 의제로 접근하고 있음에도 해결의 실마리를 잡지 못하고 있다. 제네바합의는 북의 핵시설폐기, 경수로 2기 건설, 상호 대사급 대표부설치, 핵폐기 진전에 따라 미국의 경제제재 해제, 미국의 연간 중유 50만 톤 제공(경수로 완공될 때까지) 등을 규정해 2기의 경수로 건설이 35% 진도를 보였다.

2002년 1월 부시집권으로 제네바합의는 '바보와 같은 합의'로 매도

되었고, 중유공급을 중단함으로써 백지화된 것이다. 제네바합의 폐기
원인은 북한이 고농축우라늄(HEU) 방식 핵무기개발을 비밀리에 했다는
점에 있고, 이를 북한이 처음에는 시인했으나 나중에는 부정한 상태다.
그래서 북한 핵 문제는 제네바합의 이전의 원점으로 돌아갔다.

북핵 문제는 6자회담에서 반드시 풀려야 한다. 6자회담은 경수로건
설 문제가 제기되는 등 제네바합의와 대동소이한 9·19합의를 보았으
나, 행동화 문제와 달러위폐 논란으로 회담재개조차 불확실한 현실이
다. 북핵 문제는 한·미동맹에 불협화음을 낳았고, 남한의 이념갈등을
증폭시키며 평화를 위협하므로 조속히 마무리 지어야 할 국제사회의 위
급한 현안이다. 그러나 해결전망은 밝지 않다. 그래서 남북간 화해협력
이 진전되고 있음에도 북핵 문제는 한반도의 '시한폭탄'으로 계속 내연
內燃하고 있다.

한국은 독자적으로 평화를 전담할 수 있을까

최근 영국 유력시사지 '이코노미스트'가 10년 안에 주한미군의 완전
철수를 예고하는 보도를 했다. 보도에 따르면 미국은 중국 대응전략과
한국의 반미감정, 노무현정권의 친북정책 등으로 주한미군의 존재이유
를 상실했다는 해석이다. 그리고 오키나와 주둔 미 해병대마저 철수시
킨다는 것인데, 이는 한반도 유사시 파견될 예비 병력으로 추정된다.

특히 주한미군이 작전권을 한국에 완전 이양하면 사실상 미군의 존재
이유를 찾기 힘든 것이 현실이다. 그렇다면 한반도에서 미군의 존재가
사라진다면 북한이 개혁개방을 거부하고 휴전선에 막강한 병력을 배치
한 상황에서, 한국정부가 독자적으로 평화를 전담할 수 있을 것인가?
특히 북한 핵 문제가 풀리지 않고 계속 교착상태로 가거나 실패할 경우
에 정부가 단독으로 대응할 수 있을 것인가?

독일통일 때, 미군의 지위변화가 좋은 참조가 된다. 소련군 43만 명이 동독에 주둔한 상황에서 독일은 미군감축을 소련군 철수와 연계해 풀었다. 1990년 10월 독일이 통일됐음에도 독일 주둔 미영 프랑스군은 철수하지 않았다. 독일통일은 공산주의 동독이 자본주의 서독에 흡수된 형태이므로, 일거에 분단과 이념대립을 해소한 것이다.

통일하면서 독일의 기민당 정부는 소련과 동독주둔 소련군의 철수를 1994년 8월말까지 완료할 것을 합의했다. 독일정부는 철수비용과 철수한 군인들이 주둔할 막사 건설비용을 모두 부담해 주었다. 소련군이 동독에서 완전 철수하자, 미영 프랑스 서방동맹군은 감축됐지만 계속 독일에 주둔했다. 24만 명의 미군이 7만5천 명으로 감축되었고 지위도 2차 세계대전 전승점령군에서 나토의 동맹군으로 변경됐을 뿐이다.

영국군과 프랑스군도 미군과 같은 지위로 독일에 남았다. 그러나 수도 베를린에서는 철수했다. 서독시민들은 베를린에서 철수하는 미영 프랑스군에 연도에 나와 '땡큐, 메르시(merci—고맙습니다), 당케'를 연발하며 눈물의 이별을 고하는 장면을 취재해 보도한 기억이 아직도 생생하다.

20년이 지난 오늘, 북한이 체제개혁을 말하지 않고 구소련과 동구 공산정권들과 같이 혁명을 포기한다는 말도 없으며, 휴전선의 1만 여대 장사대포와 인민군을 후진시킬 의지도 보이지 않으며, 핵무기보유를 선언한 상태에서 미군의 철수와 한국정부의 한반도 전담설이 나오는 것은 한국정부가 사실상 안보를 포기하는 것이나 아닌지 국제사회가 우려하는 것은 당연한 일이다. 2007년 한반도는 그래서 불안한 평화의 지속과 핵 문제의 시소게임이 계속될 것이다.

명분이 사라진 이라크 전쟁

국제사회가 걱정하는 또 하나의 시한폭탄은 중동평화 문제다. 이라크

전쟁 종결이 2007년에도 올 것 같지 않다. 2005년 12월15일 총선거로 1월에 민간정부가 수립되었지만, 미군이 철수하면 이라크정부의 안보가 전혀 보장되지 않기 때문이다. 이미 미군 3천여 명 이상이 전사했고 이라크 민간인 사망자가 6만 명에 달한다. 그럼에도 미군철수를 기약할 수 없는 것이 미국의 이라크 전쟁 딜레마다. 사담 후세인이 대량살상무기를 갖지 않았다는 사실이 입증되어 미군침공의 명분도 사라졌다. 부시는 최근 명분 없는 전쟁을 했다는 과오를 인정했으나, 사담 후세인 독재를 타도했다며 후세인정권 전복을 명분으로 내세웠다. 초라한 전쟁의 명분이다. 잘못된 정보로 전쟁개시를 결정한 부시의 과오는 이라크 전쟁이 '위험한 장난' 임을 증명한 것이다. 과연 미국의 젊은이들 3천여 명의 죽음과 바꿀 만한 명분이 되는가를 따지고 드는 미국시민의 반전분위기로 부시가 궁지에 몰리고 있다. 전사자부모들을 중심으로 반전시위가 광범위하게 확산되고 있다. 그래서 어떻게든 미군철수가 불가피한 실정이지만, 쉽사리 철군결정을 하면 패배를 인정하는 것이 되므로 이도 쉽지 않는 일이다.

더욱이 미군이 체포한 대량살상무기 연관 이라크 고관들을 속속 석방해 전쟁명분을 스스로 상실한 상황도 벌어졌다. '미국이 2년 넘게 조사했으나 증거를 찾지 못해 결국 석방했다. 이라크가 대량살상무기를 보유하고 있다고 주장했던 미국이 생화학 관련 증거확보에 실패했다' 라고 외신은 전하고 '세균학자' 의 별명을 가진 리하브타하와 '탄저균' 여사로 불리는 후다 아마시 등 2명을 석방했다고 보도했다. 이들은 영국과 미국에서 공부한 후, 이라크에 돌아와 정부산하 연구소에서 일했으며 2003년 5월 미군이 바그다드를 점령한 직후 체포되었다. 미 국무부는 '이들을 철저하게 조사한 결과 테러리스트나 다른 폭력분자들과 연계되지 않아 석방했다' 고 밝혔으며, 결국 이라크에는 핵무기와 기타 화학무기 등 대량살상무기는 없다는 사실을 스스로 증명한 셈이 되었다. 미군은 이들 이외에도 대량살상무기 관련 24명의 고위관리를 석방했다. 부시는 라디오 연설에서 '대량살상무기(WMD) 생산설비는 찾아냈지만, WMD는 찾아내지 못했다'고 밝혀 스스로 전쟁명분을 허물었다.

부시는 후세인정권 전복을 전쟁명분으로 삼는 궁색한 변명을 하는 당혹스러운 상황에 빠졌다. 독재를 그 나라 국민의 선택에 맡기는 민족자결원칙을 어기고 쿠데타를 위해 전쟁을 개시해 앞으로도 얼마나 많은 미국의 젊은이들을 죽일지 헤아리기 힘들며, 그래서 막대한 인적·물적 피해를 낸 21세기 최초의 '바보전쟁'으로 기록되지나 않을까.

한국도 이라크에서 철수해야 한다

새로운 이라크 민간정부가 홀로서기를 한다면 미군과 한국군을 포함한 다국적군의 철수는 필연적이다. 오사마 빈 라덴과 알 자르카위의 알 카에다와 후세인 지지 수니파 저항세력의 자살폭탄 테러는 연일 이라크를 진동시키고 있다. 3천명 이상의 미군전사자들은 전투보다 자살폭탄 테러에 희생된 경우가 더 많다는 것이다. 그리고 자살폭탄 테러는 조금도 수그러들 기미가 없다.

최근에는 주로 여성들이 자살폭탄 테러에 가담하기 시작해 사실상 이라크 주둔 미군이 속수무책인 게 현실이다. 알 카에다는 전사戰士들을 유럽의 이슬람 이민공동체에서 모집해 이라크에 투입함으로써 유럽을 경악시키고 있으며, 국제적으로 확산일로에 있다. 최근 벨기에의 백인 여성이 모로코이민 출신 남편과 같이 바그다드에서 자살폭탄 테러를 감행하고 사망해 유럽전역에 큰 충격을 주었다.

그럼에도 이라크선거 결과는 시아파의 연합정당인 통합이라크연맹(UIA)이 60% 가까운 득표로 승리가 확실해졌다. 아랍세계를 대변하는 알자지라 방송은 '쿠르드족, 수니파 시아파 세력이 각기 연고지에서 압승을 거두어 지역갈등을 재확인시켰다. 앞으로 당분간 각 정치세력의 합종연횡이 계속될 것'이라고 평했다. 시아파의 라이벌인 수니파정당인 이라크연합전선(IAF)은 19%, 시아파이지만 세속주의를 내세운 이라크국민 리스트는 14%에 그쳤다.

쿠르드족 거주지역에서는 당연히 쿠르드연맹(KCL)이 압승했다. 이라크헌법은 의회의 3분의 2 이상 찬성으로 대통령을 선출하고 부통령 2명과 '대통령위원회'를 구성한다고 규정했다. 대통령위원회는 다수당 대표에게 내각구성을 요청함으로써 새 정부가 출범한다. 내각구성 요건은 총의석 275석 가운데 182석을 차지해야 한다. 어느 정당도 안정의석을 확보할 가능성이 희박하기 때문에 합종연횡으로 연합정부를 구성한다는 알자지라TV의 풀이다.

미국사회는 이라크에서 철군을 강력히 요구하고 있다. 그러나 부시는 결단을 내리지 못하고 있다. 이라크 전쟁에서 패배를 기록할 것이 두렵기 때문일 것이다. 2007년은 이라크 전쟁 종결의 해가 될 것인가. 영국과 폴란드 이탈리아 불가리아 등이 철수했거나 할 것이 확실하다. 일본과 한국도 철수대열에 들어갈 가능성이 많다. 이라크의 새 민간정부는 미군이 철수하면 홀로서기가 현실적으로 불가능하다.

미군의 포위와 자살폭탄테러의 아수라장 속에서 민간정부가 순항하리라고 보는 사람은 없기 때문이다. 부시는 이라크에 자유를 심어 중동에 민주화 도미노를 일으킨다고 장담했으나 '물 건너 간 환상'으로 기록되고 있다. 부시의 이라크에 대한 무지가 부른 미국의 화근禍根이다. 그런데 미국을 따라 참전한 이른바 동맹군의 모습은 말이 아니다. 이라크 파병 한국군 자이툰 부대는 그래서 조속히 철수해야 할 것이다.

이란의 이슬람근본주의와 미국과 대립

이웃인 이란에 1979년 호메이니의 이슬람 혁명의 악몽을 상기시키는 아마디네자드 대통령 정부가 출범했다. 이란의 신정정치神政政治는 이라크 전쟁의 반동으로 나타난 '새로운 이슬람국가'로 민주주의와 역행하는 중세中世의 출현이다. 문제는 이란정부가 핵시설을 갖추어 핵무기를 생산할 야망을 표출한다는 사실에 있다. 유럽연합(EU)이 이란핵 문제를 풀기 위해 중재외교를 펼쳤으나, 실패한 것으로 보인다. 미국은 북한핵에 더하여 이란핵 문제도 풀어야 할 입장이다. 이란대통령은 '이스라엘을 지도에서 없애야 한다'는 과격발언으로 국제사회를 긴장시키고 있다.

아마디네자드 대통령은 '서양음악방송을 금지한다'는 포고령을 내려 미국과 유럽에 대결을 노골화하고 있다. 그는 '천박하고 추잡한 서양음악을 피하고 혁명의 기억과 이슬람의 가치를 드높이는 음악을 방송하라'고 명령했다. 또 '오만한 강대국—미국—을 고무하는 외국영화 방영을 금지한다'고 지시하고 TV시리즈에도 퇴폐와 폭력에 대한 검열을 강화할 것이라고 선언했다. 이란의 예술계는 '끔찍한 조치'라고 반발하고 있으나, 이슬람 근본주의정부는 후퇴할 기미가 전혀 없다.

또 이스라엘에서는 중동평화에 먹구름을 던진 악재가 터졌다. 가자지구의 이스라엘 정착촌을 철수시켜 팔레스타인의 독립과 화해를 추구한 샤론 총리가 뇌졸중으로 입원한 것이다. 대아랍 초강경파의 총수인 네타냐후가 집권 리쿠드당 당수로 선출되었다. 그는 샤론의 이스라엘정착촌 철수에 항의하면서 재무장관 직을 팽개치는 등 샤론의 유화정책에 사사건건 시비를 걸어왔다. 그는 최근 '내가 총리가 되면 이란핵시설에 선제공격을 가할 것'이라고 공언해 국제사회를 잔뜩 긴장시키고 있다.

샤론은 중동평화를 위해 강경일변도를 주장하는 리쿠드당을 탈당, 보수온건파를 집결시켜 카미아당을 창당했다. 그래서 네타냐후가 아직 새 총리가 될지는 미지수다. 그럼에도 중동이 긴장하는 것은 샤론이 없는 이스라엘에 초강경파 네타냐후의 등장이 이란의 이슬람 근본주의정권과 일촉즉발의 대치상황을 자아낼 위험이 크기 때문이다. 중동문제는 언제 어디서 시한폭탄이 돼 터질지 모를 위기국면으로 진전되고 있다.

막을 내리는 신자유주의

북한 핵 문제와 이라크 전쟁, 그리고 중동의 시한폭탄은 부시에게 큰 시련이 될 것이다. 냉전해체 후 초강대국으로 부상한 미국이 분쟁해결에 힘을 발휘하지 못하면 '거인의 추락'이 불가피할 것으로 보인다. 설상가상으로 '미국의 정원'이라던 중남미에서 반反 신자유주의 바람이 불어 초강대국 위상이 벌써부터 추락하고 있다. 쿠바의 카스트로와 베네수엘라의 차베스는 부시를 골탕 잘 먹이는 선두주자들이다.

그런데 '볼리비아의 체 게바라'로 불리는 사회주의운동당의 에보 모랄레스 후보가 대선에서 승리해 카스트로와 차베스의 반미벨트에 가담했다. 남미에 강력한 사회주의 바람이 불고 있는 것이다. 이미 칠레가 좌파에 넘어갔고, 브라질에는 좌파 룰라 대통령이 집권하고 있으며, 내년에 멕시코, 콜롬비아, 페루, 에콰도르가 대선을 치르며 브라질과 베네수엘라도 대선이 예정돼 있다. 대선에서 룰라의 대선 승리가 확실시되고 다른 나라도 좌파가 승리하는 경우가 많다.

중남미의 대선에서 좌파의 강세가 확산될 것으로 외신들이 전한다. 현재 중도우파가 집권하고 있는 페루는 4월 선거에서 좌파 여성후보 플로레스의 당선이 유력하다고 AFP통신이 보도했다. 미국의 코밑에서 자유무역을 지지하는 멕시코에서도 7월 선거에서 좌파승리 가능성이 높다는 것이다. 중남미대륙에 좌파바람이 거세게 부는 것은 영미방식 신자유주의정책 10여 년에 빈부격차가 확대되고 빈곤층이 폭증하며 아르헨티나처럼 경제파탄을 불렀기 때문이다.

영국의 BBC방송은 남미 인구 5억5천만 명 가운데 2억2천만 명이 빈곤층이며 이중 1억 명은 하루 1달러도 안 되는 돈으로 연명하는 절대 빈곤층이라고 보도했다. 그래서 영미의 신자유주의를 '빈곤의 주범'으로 낙인찍어 석유회사 국유화와 공정분배를 통한 사회복지를 구축한다고 부르짖는 좌파를 유권자들이 선호하는 것이다. 미국의 신자유주의 세계화는 중남미의 심각한 도전을 받아 크게 흔들리고 있다.

2006년의 국제정세는 불안정하고 불확실한 상황의 연속선을 그렸다. 다만 유럽연합(EU)이 독일 마르켈 총리의 중재로 영국과 프랑스의 갈등이 조정돼 2007~2013년 예산을 확정했다는 사실이 희망을 안겨준다. 2005년 유럽통합조약을 비준하기 위한 국민투표를 프랑스와 네덜란드가 부결시켜 침울한 분위기를 자아냈던 유럽이 한고비를 넘긴 것이다.

7년간 EU의 예산은 25개 회원국 국민소득 총합계(GNI)의 1.045%인 8623억 유로다. 통상 GNI의 1% 수준인 예산이 0.045% 늘었다. 예산 증가분은 거의 모두 폴란드 등 구동구 공산권 10개 회원국의 지원금으로 사용된다. EU 예산안이 갈등을 빚은 것은 블레어 영국 총리와 시라크 프랑스 대통령의 공방전 때문이다. 블레어는 영국이 분담금을 너무 많이 냈다며 반환을 집요하게 요구했다. 그리고 프랑스와 폴란드가 혜택을 보는 농업보조금 삭감을 주장했다.

시라크는 분담금 반환과 농업보조금 삭감을 모두 반대해 예산이 표류했다. 독일의 최초 여성총리 메르켈은 영국의 분담금 반환액수를 감소시키고 농업보조금 감소문제를 추후 협의로 넘기자고 중재해 극적타결을 이루어 냈다. 유럽의 부자나라가 가난한 동구권 국가들을 지원하는 모습에서도 신자유주의의 퇴조를 읽게 된다.

앞으로의 세계는 그래서 희망과 불안 그리고 긴장이 교차하는 한 해가 될 것이다. 무엇보다도 북한 핵 문제가 시원하게 해결되고, 이라크전쟁 종식이 국제정세의 불확실성을 걷어 낼 기본조건이다. 그리고 신자유주의의 결정적 퇴조는 세계경제에 불안과 긴장을 동시에 부를 소지가 있다. 신자유주의는 이제 원조국인 영국보수당이 '사회정의'를 부르짖으며 수정하겠다고 나서고 있어 장송곡이 울리는 것 같다.

경쟁에서 이기는 자만이 부富를 독점하는 신자유주의보다 행복을 두루 향유하게 하는, 보다 조화롭게 경영·관리해야 한다는 중도좌우파의 원리와 이념이 주류가 되는 기상도를 읽게 해준다. 있는 자와 없는 자가 모두 행복한 세계를 건설하는 것이 중도의 길이며, 인류는 이를 갈망하고 있다. 유럽통합 모델이 성공한 것은 중도의 길을 달려가기 때문이다.

이제 부자 20% 대 빈자 80%의 신자유주의시대가 서서히 막을 내리는 것이 최근 국제 정세의 특징이 될 것으로 보인다.

카다피와 후세인의 엇갈린 운명
―카다피의 국제무대 복귀와 후세인의 최후

리비아 지도자 카다피는 결국 구사일생한 것이나 다름없다. 20세기의 독재자들이 영구집권의 미련을 버리지 못해 자기무덤을 파기 일쑤인 권력의 세계에서 카다피는 핵무기 등 대량살상무기를 포기함으로써 국가를 살리고 자기도 살아남은 보기 드문 '결단의 지도자' 로 기록될 것이다. 2006년 5월15일 리비아는 미국과 공식 외교관계를 수립해 국제무대에 정상국가로 등장했다. 이로써 양국은 25년간의 적대관계를 완전히 청산했다.

1980년대 레이건 미 대통령이 '아랍세계의 미친 개' 라고 욕설을 퍼붓고 B52폭격기 편대를 보내 폭살하려고 했던 카다피가 21세기에 살아남아 미국과 화해협력을 다지는 새로운 관계를 만든 것은 기적과 같은 일이다. 또 한 명의 중동 독재자 사담 후세인은 이라크전쟁을 자초해 2006년 말 이라크군사재판소에서 대량 학살죄로 재판을 받고 사형선고가 내려져 처형되었다. 20세기 두 독재자의 극적인 운명의 표상이다.

카다피와 후세인의 운명은 이미 2003년에 갈렸다. 이라크의 후세인은 대량살상무기의 존재를 부인하며 핵발전소와 화학무기 및 군사시설에 대한 사찰을 끝까지 거부하다 미국의 부시 대통령과 영국의 블레어 총리가 주도한 군사개입을 자초했다. 이라크전쟁은 5월20일 바그다드에 친미親美정부가 출범함으로써 후세인의 독재시대를 끝장냈다. 후세인은 토굴 속에 숨어 있다가 미군 수색대에 체포되어 전범재판에 회부되었다.

카다피는 2003년 12월 미국과 친미국가들이 이라크를 침공한 직후 미국과 국제사회에 백기를 들었다. 카다피는 자진해서 리비아의 핵무기와 화생방무기의 전면적 폐기를 선언하고 테러지원을 중단한다고 전격적으로 선언했다. 그는 리비아의 핵시설을 포함한 모든 군사시설을 국제원자력기구(IAEA) 등 국제기구의 사찰과 감시를 받도록 공개한다고 발표했다.

카다피는 독재와 아랍사회주의를 계속 유지하기 위해 대량살상무기를 수입·개발해 왔고 특히 아랍 테러단체를 공공연히 지원해 왔다. 또 미국의 보잉 747 판암 여객기와 프랑스의 DC—10 국영여객기에 테러를 가해 추락참사를 유발시켜 국제사회의 공적 1호로 지목되어 있었다. 카다피는 한때 이집트와 연방을 형성하는 등 아랍세계를 통일하기 위해 정치력을 집중했으나 실패했다.

국제사회는 1980년대 초부터 경제부문 봉쇄조치를 발동해 리비아가 산유국임에도 경제적 어려움을 겪게 만들었다. 카다피는 2001년 9·11 테러를 계기로 무슬림 과격단체들의 테러에 회의를 품기 시작한 것으로 보인다. 먼저 영국의 불레어 총리가 카다피와 비밀회담을 갖고 그를 설득했다. 2001년에 리비아와 미국은 런던에서 비밀협상을 가졌다. 미국

이 리비아의 아랍사회주의 체제를 보장해 주고 경재봉쇄를 해제하기로
약속함으로써 극적으로 리비아의 대량살상무기 포기결단을 이끌어냈다.

IAEA는 즉각 사찰단을 리비아에 파견해 모든 핵시설을 사찰하고, 감
시 하에 두었다. 미국과 리비아는 2004년 2월 워싱턴과 트리폴리에 상
호 이익대표부를 교환, 설치했다. 미국은 4개월 후 이익대표부를 연락
사무소로 격상했으며, 9월에는 미국의 리비아석유금지 등 무역제재 조
치를 풀었다. 리비아는 특히 과거의 테러행위를 사과하면서 미국 판암
기와 프랑스 국영여객기 테러참사에 대한 보상을 했다. 또한 테러용의
자를 체포해 인도했다.

국제사회와 대결전쟁을 한 후세인의 종말

이러한 카다피의 결단과 조치들은 국제사회의 큰 환영을 받았다. 그
리고 리비아가 정상국가로 국제무대에 등장하는 것이 초읽기에 들어갔
다. 이날 라이스 미 국무장관은 리비아에 미대사관 설치를 발표하면서
'미국은 리비아를 테러지원국 명단에서 삭제할 것이며 미국의 반反테러
노력에 완전히 협력하지 않는 연례 비협력국의 명단에도 리비아를 뺄 것
이다' 라고 선언했다.

'2003년 대량학살무기의 포기라는 역사적 결단을 2003년 리비아가
내려준 당연한 결과' 라고 대사관 교환 등 공식수교를 평가한 라이스는
'이란과 북한도 같은 조치를 내리기를 기대' 했다. 리비아의 샬그함 외
무장관도 '미국과 5년 동안의 협상이 성공한 결과' 라고 자평했다. 카다
피의 선택은 대량살상무기를 포기함으로써 체제와 지도자가 모두 기사
회생한 서로가 좋은 '윈윈' 의 사례로 국제사회가 호평했다. 벌써부터
유럽 등 많은 민주국가들이 리비아와 국교를 트고 양질의 석유를 수입하
기 시작했다. 리비아는 유가가 절정에 달한 시기에 경제제재가 풀려 국

가소득 증가라는 결실을 보았다.

　그런데 같은 산유국이며 아랍민족주의를 표방한 이라크의 경우는 정반대로 전쟁을 자초함으로써 후세인과 국가 모두가 망하는 길을 선택했다.　후세인의 선택이 국제사회와의 대결정책을 고집한 나머지 나라를 혹독한 전쟁의 아비규환阿鼻叫喚으로 몰아넣었다.　2003년 3월20일 미국의 미사일 공격으로 시작된 이라크전쟁은 자살 폭탄테러 공격이 여전히 계속되는 가운데 친미정부를 일단 출범시켜 전쟁의 마무리작업에 들어갔다.

　후세인은 1991년 1차 이라크전쟁을 경험함으로써 국제사회와의 대결은 자살을 의미한다는 사실을 알았을 것이다.　그러나 그는 부시 행정부에는 굴복하지 않고 전쟁을 선택했다.　2003년 부시가 시작한 2차 전쟁은 1차 전쟁 때와는 환경이 달랐다.　2001년 9·11테러로 부시가 '테러와의 전쟁'을 선포하고,　아프가니스탄을 먼저 침공해 전쟁을 벌였다.　미국 본토를 최초로 공격해 뉴욕과 워싱턴의 심장부를 강타한 자살특공대 테러집단 알카에다의 지도부가 아프가니스탄에 숨어있기 때문에,　부시는 아프가니스탄을 친 것이다.

　탈레반정권은 알카에다의 지도자 오사마 빈 라덴을 보호하면서,　그를 체포해 인도해 달라는 미국의 요청을 거부했다.　부시는 무력공격을 감행했다.　그리고 탈레반정권을 전복시키고 빈 라덴을 체포하려 했다.　오사마 빈 라덴은 파키스탄 국경 산악지대로 도주해 오늘까지도 잡히지 않고 있다.

　다음에 부시는 이라크를 침공하면서 대량살상무기 은익과 아울러 알카에다 지원을 공격 명분으로 삼았다.　후세인은 알카에다 등 이슬람 국제 테러조직들이 반미 공동전선을 펴 이라크를 지켜줄 것으로 기대했기에 끝까지 미군에 저항한 것이다.　그러나 후세인의 기대는 빗나갔다.

미국은 프랑스와 독일의 반대로 유엔의 승인을 받지 못했으나, 영국 이
탈리아 스페인 폴란드 등 친미국가들의 군사지원을 받아 이라크침공을
감행했다. 후세인은 미군에 생포되어 재판을 받는 비참한 운명을 맞았
고 결국 사형을 당하고 말았다.

부시는 이라크에서 대량살상무기가 나오지 않고 알카에다의 배후지
원 사실도 없음이 밝혀지면서 이라크전쟁에 대한 국제사회의 비난을 받
았다. 그는 후세인 독재를 전복시켜 '중동의 민주화'를 전쟁명분으로
다시 내세웠다. 후세인 체포 후에도 전쟁은 끝나지 않고 반군의 격렬한
저항을 받아 이라크전쟁은 무려 4년 이상을 끌고도 끝날 줄 모르는 상황
이다. 2006년 5월20일 이라크의회가 알 말리키 총리의 거국내각 구성
안을 승인함으로써 이라크주권정부의 출범이 햇빛을 보았다. 2005년
12월 총선거를 치르고 난 후 4개월의 진통을 겪은 끝에 조각에 성공했으
나 국방, 내무, 국가안보 등 3개 요직에 대한 인선에 실패함으로써 종파
간 갈등의 불씨가 내연하고 있음이 드러났다. 시아, 수니 양파와 쿠르
드족의 3파 연합정부 성격을 띤 이라크주권정부의 장래는 그래서 순탄
치만은 않으리라는 전망이 지배적이다.

첫 각료회의를 마친 말리키 총리는 '반군에 대해 최대한의 군사력을
동원해 정부의 권위를 세울 것이라고 말했다. 민병대, 죽음의 여단, 테
러, 살인과 자살 폭탄테러는 모두 비정상이며 민병대를 모두 해산시킬
것'이라고 밝혔다. 그는 무기를 버리는 모든 반군들에게 대화로 갈등을
풀겠다고 천명했다. 이라크 언론들은 주권정부의 출범을 대체로 환영했
다. 시아파의 알—바얀은 '이라크 국민은 후세인정권 붕괴 후 정치사의
새로운 한 장을 썼다' 라고 찬양했다.

그러나 독립적인 알—마다는 '새 정부는 정치집단과 종교집단의 사리
사욕을 극복해 일어서지 않으면 안 된다' 라고 경고했다. 쿠르드민주당

기관지 타아키는 '정부출범은 새로운 이라크건설의 위대한 첫 단계다. 그러나 정부는 안정과 질서라는 책임과 도전에 효과적으로 대처해야 할 것'이라고 권고했다. 이라크 이슬람혁명평의회(시아파의 유일정당)는 '새 정부 출범이 이라크인에게는 중요하지 않다. 희생의 열매를 인내하면서 기다려온 이라크 국민에게 첫날부터 책임을 지는 것이 중요하다'라고 강조했다.

부시는 '알카에다의 괴멸적 패배'라며 새 정부의 출범을 축하했다. 라이스 국무장관도 '이라크의 새 정부가 좋은 일을 할 능력을 갖추고 있다'고 호평했다. 참전국인 영국의 블레어총리는 '나는 크게 안심한다. 이날을 6개월 정도 기다리는 동안 피를 흘리는 괴로움을 더 당했다. 주권정부 출범은 이라크의 근본적 변화를 가져올 것이라고 생각한다. 국제사회가 이라크정부를 지지하고 지원할 것을 확신한다'고 말했다.

새 정부 조각에 상당한 입김을 넣은 이라크주재 미국대사는 '이라크 장래는 중동의 미래를 결정할 것이다. 중동의 장래는 21세기 세계의 장래를 결정지을 것이다'라고 말했다. 최근 보수정권을 패배시킨 이탈리아의 중도좌파 연합정부 로마노 프로디 총리는 '이라크의 새 정부 출범은 민주주의 이라크 재건이라는 까다로운 과업에 중요한 단계를 이룬다. 이탈리아는 민주주의 이라크를 지지할 것'이라고 밝혔다. 아랍연맹의 무사 사무총장은 '새 정부 출범으로 안보와 안전을 향한 일보를 내디뎠다. 이를 위해서 국방과 내무장관의 임명이 시급히 이루어지기 바란다'고 논평했다.

이라크 안정화의 머나먼 길

국제사회는 대체로 이라크 새 정부에 대한 지지를 약속하며 민주주의 실현을 지원할 뜻을 밝혔다. 그러나 이라크의 현실은 국제사회의 희망과 기대를 무너트리는 것 같다. 미국의 기대와는 달리 자살 폭탄테러는 격화되면서 계속되고 있기 때문이다.

'역사적 승리'라고 말하는 주권정부 출범 후 폭탄테러는 더욱 격화되어 연쇄적으로 터지고 있는 것이다. 주권정부 수립이 알카에다의 '결정적 패배'인지 믿을 수 없는 테러공격의 연속이다. 이라크 정부가 시작부터 테러공격에 속수무책이라고 해도 무리가 없는 이라크의 참담한 현실이다.

미군과 다국적군의 전사자도 계속 늘고 있다. AP통신은 전쟁발발부터 2006년 5월3일까지 미군 전사자는 무려 2407명에 이른다고 보도했다.(전쟁 4주년인 2007년 3월20일 현재 3200명 전사) 이밖에 영국군 104명, 이탈리아군 30명, 우크라이나군 18명, 폴란드군 17명, 불가리아군 13명, 스페인군 11명이 사망했다. 반군과 이슬람테러집단에 납치된 외국인은 현재 439명이다.

바그다드 주재 미대사관 '인질실무그룹'이 집계한 정보는 인질 가운데 65%는 살아서 귀환했다고 한다. 18%는 살해되었고, 17%는 계속 인질로 잡혀 있거나 행방을 알 수 없는 경우다. 인질의 국적은 터키, 요르단, 미국, 레바논, 이집트, 네팔의 순이었다. 직업은 개인사업자, 회사원, 운전기사, 언론인, 민간단체 요원의 순으로 나타났다. 이라크전쟁은 '21세기의 베트남전쟁'의 늪으로 밀려가고 있지 않는가. 이라크 정부가 출범해도 '전쟁기계'를 멈추게 할 효과적 수단과 힘을 갖지 못한 것이다. 테러가 정부와 미국, 다국적군을 비웃으며 공격하고 있는 것이다.

그러니 이라크의 주권정부 출범을 고대했던 이라크전쟁 참전국들은 얼씨구나! 하면서 '지옥에서 철군'을 너도나도 발표하거나 시사하고 있는 것이다. 말리키 총리는 테러를 규탄하고 "사랑과 관용의 분위기를 만드는 것이 급선무"라고 말하고 "다국적군이 그들의 조국에 귀환할 수 있도록 치안유지 임무를 위한 단계적 계획을 수립할 것"이라고 선언했다.

새 정부가 군대를 강화함으로써 테러를 근절시키는 것이 급선무임을 인정한 것이다. 그런데 아무도 새 정부가 반군과 알카에다 등 이슬람 테러단체를 단독으로 물리칠 수 있다고 믿지 않은 데 심각한 문제가 있다. 영국 언론들은 블레어가 늦어도 2007년 가을까지 이라크에서 철군할 계획을 세우고 있다고 보도했다. 그는 이라크파병으로 영국 내부의 비난이 격화되고 있으며, 특히 후세인이 대량살상무기를 개발하고 있다고 전쟁명분을 왜곡시켰기 때문에 반전反戰 시위대의 공격표적이 되고 있다.

선데이 타임스는 이라크 새 정부 출범에 따라 블레어가 보좌진에 영국군 철군 일정표를 짜라고 지시했다고 보도했다. 앞으로 18개월 동안 점진적으로 철군시킬 계획이며 금년 말까지 수천 명을 철수시킨다는 것이다. 블레어는 2007년 전당대회에서 고든 브라운 재무장관에게 총리직을 인계할 계획이다. 그는 그 이전에 철군을 끝내 '중동평화의 전도사'로 기록되기를 바라고 있다고 이 신문은 풀이했다.

이탈리아의 중도좌파 정부는 4월 총선에서 우파정부의 이라크파병을 비판하면서 '즉각 철군'을 공약했다. 프로디 총리는 이라크 새 정부가 의회비준을 받던 날인 20일 철군계획을 발표했다. 달레마 외무장관이 "이르면 다음 주부터 이라크에 파병된 이탈리아군 2600여명의 철수계획을 수립해 집행할 것이다. 이것은 정치적 결단"이라고 밝혔다.

일본도 이라크 주둔 자위대의 철수를 곧 단행할 것으로 보도되었다. 이라크 새 정부가 일본군 주둔지인 사마와의 치안행정을 담당할 예정이므로 7월말까지 철수를 완료한다는 것이다. 그러나 이라크 북부 쿠르드 지역에 주둔한 한국의 자이툰 부대의 철수에 관해 우리 정부는 침묵을 지키고 있다. 다국적군의 철군 도미노로 이라크에 계속 남아 있을 이유가 사라지는데도 한국군의 철군소식은 들리지 않고 있는 것이다.

이라크와 아프가니스탄에 대혼란을 야기한 부시의 전쟁

현재 이라크에서는 소수 다국적군보다 미군의 철군 여부가 최대의 관심사다. 현재 부시의 지지율은 바닥을 기고 있다. 이라크전쟁이 3년2개월을 넘기고 있으며, 언제 끝날지도 예상할 수 없다는 것이 미국시민의 불만이다. 뉴욕타임스는 '이라크전쟁 불신과 석유 값 급등에 대한 불만이 쌓여 부시의 지지도가 곤두박질치고 있으며, 중간 선거를 앞둔 백악관과 공화당에 비상이 걸렸다'고 보도했다.

뉴욕타임스와 CBS방송이 공동으로 조사한 여론조사는 이라크전쟁이 옳았다는 응답은 39%에 그쳤다. 1개월 전 47%에 비해 무려 8%나 추락한 것이다. 특히 부시가 이라크전쟁을 성공적으로 끝낼 것으로 믿지 않는다는 응답이 3분의 2에 달했다. 부시가 강력한 지도자라는 답은 지난 1월의 53%에서 11%나 떨어져 42%를 기록했다.

석유대책에 대한 지지도 13%, 이민정책에 대한 지지도 25%로 부시에 대한 전반적 지지는 31%로 바닥권이다. 이러한 부시의 지지는 아버지 부시가 클린턴 전대통령에게 패배하기 4개월 전의 지지도와 같다. 지난 50년 동안 미국 대통령 지지도 가운데 닉슨과 카터에 이은 3번째로 낮은 지지율이기도 하다.(2006년 11월 상하원선거에서 부시의 공화당은 모두 참패당했다)

이라크전쟁의 장기화가 부시의 지지율을 폭락시키고 있으나, 당장 미군철수를 할 수 없다는 데 부시 행정부의 고민이 있다. 금년에 미군 14만 명 가운데 3만 명을 먼저 철수시킬 것으로 보도되었다. 이라크침공 명분이 '허위'로 밝혀진 현실에서 특히 중동의 '민주주의 도미노'도 가시적으로 일어나지 않는 상황에서 나날이 미군 희생자가 증대할 가능성마저 배제할 수 없다. 부시 행정부의 고민이 깊어가는 이유다.

더욱이 이라크의 이웃 이란이 핵 프로그램을 가동해 국제사회와 심각한 갈등을 빚고 있다. 이란의 핵문제는 유럽연합(EU)이 협상에 성공하지 못해 유엔 안보리에 회부될 가능성이 크다. 이란은 안보리에 넘겨지면 핵확산금지조약(NPT)에서 탈퇴해 핵개발을 가속화할 것이라고 으름장을 놓고 있다. 이란에 대한 미국의 무력개입에 관한 국제사회의 관심이 높아지고 있다. 아프가니스탄에서는 탈레반 반군이 다국적군을 공격함으로써 새로운 전쟁상태가 전개되고 있다. 이라크전쟁에서 부시가 기대했던 민주화 도미노에 역행하는 혼란이 이라크와 아프가니스탄에서 전개되고 있는 것이다.

막대한 희생을 치른 제2의 베트남전쟁

프랑스의 르몽드지는 헨리 키신저에게 '미국은 이라크전쟁에서 빠져나올 수 있을까?' 라는 질문을 던졌다. 키신저의 답은 이렇다.

"우리는 빠른 시일 내에 (이라크에서) 나올 수 없다. 여기에는 2가지 질문이 내포되어 있다. 우리는 어떻게 나올 수 있는가? 그리고 어떻게 하면 이라크전쟁에 반대한 나라들을 포함해서 국제사회를 분노하게 하는 결과를 내지 않고 출구를 열 수 있는가?

만일 미군철수 후 또는 철수도중에 이라크의 일부에 탈레반 또는 이슬람 근본주의 같은 체제가 등장한다면, 그리고 이것이 과격 근본주의 집단의 활동거점으로 이용된다면 유럽의 이슬람국가들, 인도를 포함한 동남아시아의 무슬림 주민이 사는 모든 나라들에 영향을 미칠 것이다.

우리는 출구가 무신교無信教적이어야 한다는 데 큰 관심을 갖는다. 이는 대단히 어려운 일이다. 미군의 신속한 철수를 상상해 보자. 터키는 쿠르드족 거주지역에 대한 행동의 유혹을 강하게 받을 것이다. 이란인들은 남부를 지배하려고 할 것이다. 이슬람 수니파 국가들은 시아파에 반대해 일종의 방벽을 칠 것이다. 이와 병행해서 시민전쟁의 위험이 증대된다. 새로운 외국 군대의 개입문제가 제기되는데, 이는 모두에게 악몽惡夢이다.

그래서 나는 조속한 미군철수는 바람직하지 않다고 생각한다. 나는 오늘 미국의 정치토론을 좋아하지 않는다. 이런 유의 토론은 베트남전쟁 때 이미 보았다. 이를 주제로 정치경쟁을 시작하면 지상에서는 적에게 엄청나게 유리한 입장을 안겨 줄 뿐이다.”

미국은 이라크에서 발을 뺄 수 없다는 진단이다. 역으로 말하면 이라크전쟁을 시작한 것이 잘못이라는 암시이기도 하다. 결국 부시는 막대한 희생을 내는 ‘제2의 베트남전쟁’을 시작했다는 것이다.

후세인 비극으로 더욱 돋보이는 카다피 모델

그래서 카다피의 리비아모델은 가장 바람직한 평화해법이다. 후세인 방식은 국제사회 모두가 고통을 받고 무고한 피를 수없이 흘리며, 독재자와 국민들을 전쟁으로 몰아넣는 최악의 시나리오다. 20세기 일본 군국주의와 나치 독일이 선택해 세계를 대재앙에 휘말리게 해 폐허로 만든 교훈이 있음에도 21세기에 여전히 전체주의와 독재, 근본주의자들이 모두가 죽는 재앙災殃을 부르고 있는 것이다.

라이스는 이란과 북한에 리비아 방식을 강력히 추천했다. 카다피는 자기도 살고 나라도 살리고 국제사회에 전쟁이 일어나지 않게 하는 결단을 내림으로써 21세기 난제를 위한 해법의 한 사례를 제시했다. 그러나 이란과 북한이 따를 가능성은 희박하다. 북한은 카다피에게 경수로와 에너지공급 같은 반대급부가 없다는 점에 주목할 것이다. 미국의 일방주의적 패권정책도 시정돼야 하지만, 전체주의와 근본주의의 폐해는 반드시 소멸돼야 할 ‘국제사회의 공적公敵’이라는 사실 또한 공감대를 형성하고 있다.

후세인은 자기도 죽고 나라와 국민도 고통을 받고, 국제사회도 혼란스러워하며, 침공한 미국조차도 피의 대가를 톡톡히 치르는 이라크전쟁의 원인을 제공한 최악의 시나리오를 유발했다. 아직도 후세인의 과오를 답습하는 독재자들이 지구상에 엄연히 남아 있으나 후세인의 교훈을 제대로 인식하지 못하는 것 같다. 그래서 평화를 위한 카다피의 대결단이 더욱 돋보이는 것이다.

PART 5

북핵 문제
어떻게 풀 것인가

북한 핵무기 보유 선언의 충격

김정일의 통큰 정치만이 핵 위기 막는다

리비아방식에서 북한 핵 문제의 해법을 찾는다

한반도의 평화를 위해 무엇을 준비할 것인가?

북한 핵실험과 안보리 제재 그리고 6자회담

북한 핵무기 보유 선언의 충격

-신정책 전환이 요구되는 햇볕정책

　　북한 외무성의 6자회담에 불참한다는 폭탄선언은 한반도에 다시 긴장을 불러 왔다. 국제사회가 북핵 문제 해결의 기대가 컸던 시기에 터진 핵무기보유—6자회담 불참선언은 큰 충격과 파문을 일으켰다. 국제사회의 북핵 문제 해결노력에 찬물을 끼얹은 것이다. 핵무기를 만들어 보유하고 있으며 6자회담에 무기한 불참한다는 평양선언이 국제사회에 던진 파장은 일파만파로 확산되었다. 먼저 부시 미대통령 집권 2기의 대북정책을 가늠하는 취임연설에서 6자회담을 외교적 대화로 풀겠다는 온건발언으로 북한의 화답을 기대하는 순간, '파국'을 각오한 듯한 평양의 선언이었기 때문이다.

　　부시가 집권1기에 '악의 축'으로 북한을 지목한 표현이 사라진 것만으로도 북한은 이라크나 이란과는 다르다는 시각을 보이기에 충분한 분위기 조성이었다. 비록 라이스 국무장관이 북을 '폭정의 전초기지'로

지목해 '자유의 확산정책'을 천명했고, 부시도 이를 중요정책으로 제시
했으나, 절제된 부시의 연설에 국제사회는 6자회담에 어느 때보다 큰
기대를 건 것은 부인할 수 없다.

북핵을 둘러싼 중국의 역할과 입장

북핵 문제를 주도적으로 풀겠다는 한국정부의 천명이 상당히 효과를
발한 것 같은 분위기를 자아냈고, 정동영 통일부장관이 2005년 1월 남
북정상회담 가능성을 스위스의 다보스 세계포럼 연설에서 밝히기도 했
다. 특히 6자회담 참여국인 러시아는 2005년 5월 제2차대전 전승60주
년기념식에 남북한 정상을 초청해 한반도의 긴장완화와 화해협력이 모
스크바에서 정상회담으로 구체화될 것이라는 기대감도 있었다. 한국정
부는 반기문 외교통상부장관을 워싱턴에 급파, 라이스장관과 6자회담
성공을 위한 준비작업을 했다. 반 장관이 워싱턴을 향해 날아가는 시간
에 평양은 뒤통수를 치듯 폭탄선언을 터뜨렸다.

한국의 북핵 문제 주도발언과 부시 행정부와 공동으로 북핵 문제 해
결을 펴기 위한 노력에 계획적으로 재를 뿌린 것 같다. 북핵 문제의 한
국 주도론은 평양의 폭탄선언으로 허공에 떴다. 반기문—라이스장관회
담은 6자회담 전략이 아니라 폭탄선언 대책으로 전환되었다. 한·미외
무회담은 북한에 조건 없이 6자회담에 나오라고 호소하는 길 이외에 할
일이 없었다. 국제사회의 기대를 무시한 것 같은 북한의 돌출행동에 두
손을 든 형국이었다.

중국도 평양의 폭탄선언으로 마치 뒤통수를 얻어맞은 듯한 표정을 지
었다. 구정 장기휴가의 한복판인 2월10일에 터진 평양선언을 북한은 사
전에 통보해주지 않은 것이 확인되었다. 그래서 베이징도 당혹스러운
표정을 지었다. 그렇지 않아도 후진타오 주석은 왕자루이 중국공산당

대외연락부장을 평양에 보내 6자회담을 성공적으로 마무리하기 위한 사전조율을 할 참이었다. 중국은 8개월 전 3차 6자회담까지 미국과 일본에 대해 고농축우라늄(HEU) 계획은 없으며 핵무기제조의 증거도 없다고 북한의 입장을 계속 대변해 왔다.

중국은 또 미국과 북한의 중재역할을 맡아 북핵 문제를 외교적으로 풀기 위한 이니시어티브를 쥐었고, 어느 때보다도 국제사회에 중국의 평화이미지와 외교역량을 증명하려고 노력하고 있었다. 6자회담은 사실상 북핵 문제 해결을 위한 중국외교의 중대한 시험대였다. 그래서 평양의 폭탄선언은 중국의 리더십에 큰 상처를 입히고 자존심마저 상하게 한 악수惡手로 비쳤다.

그러나 미국은 비교적 느긋한 입장인 것 같았다. 부시가 북한에 대해 절제된 발언을 했으나, 라이스 장관이 이미 '폭정의 전초기지'에 포함시켜 '자유의 확산정책' 대상에 우선적으로 포함시켰기 때문에, 큰 상처를 입은 것이 아니었기 때문이다. 부시는 취임사에서 "이 시대의 소명은 세계에서 폭정을 종식시키는 것이다"라고 밝혀 라이스와 같은 생각임을 확인했다.

미국은 이라크 전쟁 마무리와 레바논 전 총리 폭탄테러의 배후로 지목된 시리아와 이란 핵 문제 등으로 당분간 중동에 발이 묶여 있었다. 또 중국과 러시아가 부시의 대북정책을 견제하는 모습을 계속 보였기 때문에, 평양선언에 대한 시간벌기가 필요했다. 특히 부시는 백악관 안보회의 아시아담당 그린 수석국장을 베이징, 서울, 도쿄에 보내 북한의 핵무기 프로그램 개발의 증거와 HEU의 원료인 '6불화우라늄'을 리비아에 수출한 증거를 제시해 유리한 입장을 확보했다. 부시는 그린을 통해 후진타오 국가주석에게 친서를 전달하고 '북핵 문제의 시급성을 각별히 강조했다'는 것이다.

부시는 후진타오에게 북한이 리비아에 핵물질 수출가능성을 보여주는 자료를 제시하고 북핵 문제를 해결키 위해 평양에 압박을 가해주도록 촉구했다고 뉴욕타임스가 보도했다. 중국은 평양에 특사파견을 통보하면서 북핵 문제에 대해 이라크 전쟁 발발전과 같이 공개발언을 하지 말 것을 부시에게 알렸다는 것이다. 보도에 따르면 중국 지도부는 미국의 (리비아 등에 북한의 핵물질 수출에 관한) 과학적 증거에 대해 '놀라는 눈치였다'고 한다. 부시가 연설에서 북한에 대해 외교적으로 해결한다고 한마디로 잘라 말하고 넘어간 것은 중국의 권고를 수용했기 때문이다. 하지만 평양의 폭탄선언이 효과를 없애 버렸던 것 같다.

마지막으로 북한의 입장은 무엇이었을까. 왜 폭탄선언을 한 것인가. 북한의 성명을 보면 선명하게 보인다. '우리나라를 폭압정치의 전초기지로 규정하며 필요하면 무력사용도 배제하지 않을 것이라고 폭언했다. 그래서 첫째 6자회담 참가명분이 마련되고 회담결과를 기대할 수 있는 충분한 조건이 조성될 때까지 회담 참가를 무기한 중단하고, 둘째 우리 사상과 제도를 지키기 위해 핵 무기고를 늘리기 위한 대책을 취할 것이다. 우리는 핵확산금지조약에서 탈퇴해 자위를 위해 핵무기를 만들었다'는 요지다. 북한은 체제를 지키기 위해 핵무기를 만들어 갖고 있으며, 앞으로 더 만들 것이고, 만족할 만한 회담결과가 기대될 때까지 무기한 6자회담에 불참한다는 것이었다.

6자회담을 바라보는 북한의 입장

북한은 2005년 김정일 국방위원장의 63회 생일에 맞추어 주민결속을 다지기 위한 축제를 대대적으로 펼쳤다. 아마도 민중동원과 축제를 통한 결속다지기는 4월 김일성 생일, 7월 김일성 사망 11주기, 해방과 건국 60주년인 9월까지 계속됐다. 북한은 부시집권 2기에도 계속 폭정제거를 외치고 6자회담은 '받는 것도 없이 선先 핵포기만 요구' 할 것으로 보고 폭탄선언을 터뜨린 것이 확실하다. 특히 중국도 더 이상 믿을 수 없다는 생각을 하는 것 같았다. 중국특사 왕자루이가 오기 전에 사전 통보도 없이 폭탄선언을 한 것을 보면 북한은 스스로 고립을 선택한 것이 아닌지 우려됐다.

평양의 폭탄선언에도 불구하고 국제사회는 대체로 북한의 '숨겨진 의도' 를 탐색하려는 분위기였다. 다시 말하면 북한을 핵무기 보유국으로 인정하지 않고 '벼랑 끝 전술을 위한 허풍' 정도로 보는 경향이 나타났다. 국제사회에 식량을 구걸해도 주민의 주린 배를 모두 채우지 못해 탈북자를 양산하는 '최후의 스탈린적 공산체제' 가 반대급부를 노리고 강수强手를 두었다는 것이다.

그리고 6자회담에 조건 없이 나와 대화하라고 북한에 촉구하는 것이 국제사회의 일반적 대응이었다. 북한은 2월11일 한성렬 유엔주재 북한 대표부 차석대사를 통해 선언에 대한 보충설명을 했다. 그는 "6자회담은 끝났으며, 현실적으로 남은 문제는 미국이 북한을 침공할 것인가 하는 것"이라고 밝혔다. 그는 APTN과의 인터뷰에서 "6자회담은 옛날 얘기(old story)이며, 더 이상 참가하지 않을 것이다"라고 거듭 말했다고 연합뉴스가 전했다.

한 차석대사는 한겨레신문과의 전화인터뷰에서 "미국이 (북한과) 직접대화를 하겠다고 한다면 미국의 대북 적대시敵對視 정책 변화의 신호로 볼 수 있다"고 말해 양자대화를 요구한 것으로 보도됐다. 그러나 그는 ATPN과의 회견에서 "미국의 공격여부가 문제이지, 문제가 양자냐 다자냐가 아니다"라고 설명하고 "우리는 미국으로부터 더 이상의 어떤 긍정적인 조치를 기대하지 않는다. 우리는 이미 결정을 내렸다"고 단호한 태도를 보였다. 2월19일 중앙일보의 보도는 '옛날 얘기' 가 오해를 일으키고 있다며 "미국의 적대시 정책이 바뀌어야 회담에 나갈 수 있는데, 그럴 가능성이 없어 보인다는 의미였다"고 해명했다. 그는 성명 말미에 '대화를 통한 해결' '한반도 비핵화 원칙은 불변'이라고 밝히고, 미국이 대북정책을 바꾸면 회담에 나갈 수 있음을 암시했다. 그는 '이번 성명으로 배수진을 쳤다'고 북한의 의도를 암시했다. 평양선언은 '판을 깨자는 것이 아니라' 부시의 대북 적대정책을 바꾸기 위한 배수진이라는 말이었다.

북한 핵무기와 미국의 최악의 시나리오

북한이 핵무기 보유와 6자회담 불참을 기정사실화한 점에는 변함이 없었다. 부시 행정부가 이라크 다음에는 북한을 공격할 것이라고 믿었던 것이 폭탄선언의 진정한 이유가 아니었을까. 미국의 선제공격을 정면으로 받아치기 위해서는 핵무기 제조·보유를 기정사실화하고 6자회담에 참여할 필요도 없다고 판단한 것이 아닐까. 그런데 부시 행정부는 한국정부와 같이 북핵 문제 해결은 6자회담에서 할 수밖에 없다는 일치된 견해를 갖고 있었다. 매클렐런 백악관대변인은 정례브리핑에서 "6자회담은 북핵 문제를 처리하는 최선의 방식"이라고 밝히고 "이것은 북핵 문제를 평화적이고 외교적으로 푸는 방식이다"라고 천명했기 때문이다.

매클렐런 대변인은 "동북아지역의 모든 당사국들은 한반도 비핵화와 북한의 핵무기 프로그램을 종식시키는 데 이해관계를 갖고 있다. 이 문제는 북·미간의 문제가 아니라 (동북아) 지역에 영향을 미치는 지역문제"라고 지적하고 "1994년 제네바합의는 북·미간 양자접근으로 이뤄진 것이나, 북한이 이 합의를 어겼고 계속해서 핵무기 프로그램을 추구해 왔다. 지난 며칠동안 북한으로부터 혼란스러운 신호를 받았다. 어떤 신호는 북한이 6자회담에 복귀할 예정이라는 것이었고 어떤 것은 회담을 중단할 것이라는 것이다"라고 설명했다.

그는 특히 "핵무기 확산은 부시 행정부가 최고 우선순위에 두고 있는 문제이고 부시 대통령이 대량살상무기(WMD)와 장거리 미사일 확산을 막기 위해 WMD 확산방지구상(PSI)을 만들었다"고 밝히고, "북한에 대한 우려 가운데 하나는 바로 이 확산문제"라고 지적했다. 부시 행정부는 1994년 제네바합의가 양자의 협상결과 나온 작품이나, 북한이 위반한 것이기 때문에 다시는 양자협상은 필요가 없다는 것이며, 부시가 정조준한 것은 북한 핵무기와 미사일의 확산방지라는 얘기다. 그리고 마지막 순간에는 PSI를 발동할 준비를 갖추고 있다는 매우 강경한 입장 표명이었다. 미국도 북한 지도부의 강공에 배수진을 친 셈이었다.

그러나 부시 행정부의 대북 메시지는 6자회담에 나와서 모든 것을 말하라는 것이었다. 부시는 2월17일 네그로폰테 정보국장 임명을 위한 기자회견에서 '북한과 이라크는 다른 상황' 이라며 외교적 대응의 필요성을 강조했다. 부시는 한반도의 비핵화문제에 관해서 이렇게 말했다.

"우리는 장쩌민 전 중국국가주석과 크로퍼드 목장에서 정상회담을 연 뒤 발표한 공동성명에서 한반도에 핵무기가 없어야 한다고 밝혔다. 이 정책은 나중에 후진타오 국가주석도 확인했다. 그러나 북한지도자가 최근 핵무기를 보유하고 있다고 선언했다. 그의 말이 사실이라면 이제 한반도가 더 이상 핵무기가 없는 상태가 아니라는 사실을 말한다."

부시는 이라크와 다른 점이 후세인은 대량살상무기가 없다고 계속 말한 것인데, 북한지도자는 보유하고 있다고 밝혀 한반도에 핵무기가 존재한다는 것이 사실이라고 설명한 것이었다. 부시는 북한 외무성의 핵무기 보유 발언을 사실로 보고 중대사안으로 받아들인 것이다. 그는 이란 문제는 유엔 안보리에 넘겼지만, 북한 문제는 유엔 안보리에 가지 않은 점이 다르다고 구체적으로 설명했다. 부시는 유엔에 넘기기 전까지

6자회담에서 외교적으로 대처할 시간이 남았음을 지적했다.

특히 부시는 북핵 문제 해결에 참여하고 있는 우방·동맹국들과 협의해 어떻게 공동으로 대처할지를 결정할 때라고 강조했다. 그는 먼저 평화적·외교적으로 대처하겠지만 이미 한반도에 핵무기가 있는 상황에 대해 어떻게 대처할지를 우방·동맹국들과도 협의하고 있음을 내비친 것이었다. 부시는 2005년 2월 하순 유럽순방에서 영국, 프랑스 등 안보리 상임이사국들과 북핵 문제에 관해 유엔 안보리 개입여부도 협의했다.

2월18일 6자회담 미국대표이며 주한 미국대사 힐의 발언도 주목을 끌었다. 그는 북핵 문제를 외교방식으로 해결하겠다는 굳은 의지를 표명하면서 '양자회담은 절대 없을 것'이라고 단호하게 잘랐다. 그는 "북한이 핵무기를 계속 고집할 경우 (6자회담과 북한 핵 문제는) 막다른 골목으로 갈 수밖에 없다"라고 밝혀 최악의 시나리오도 준비하고 있음을 암시했다. 그는 "6자회담 당사국들은 북한의 핵무기 보유를 근본적으로 인정할 수 없으며, 북한의 핵무기 프로그램 폐기에 모두 동의했다. 그런데 북한이 핵무기 프로그램을 추진하는 큰 실수를 했다"고 강조했다.

특히 힐은 "북한이 6자회담장에 돌아온다고 하더라도 그것은 출발점이지 종점은 아니다. 2004년 3차 6자회담에서 미국이 낸 안은 비교적 포괄적이었으며 따라서 다음 단계에서는 북한이 무엇이 마음에 들고 안 드는지를 말해야 한다"고 강조했다. 부시 행정부는 북한이 핵을 포기하지 않는 최악의 단계를 이미 설정한 것 같고, 부시의 "한반도에 핵무기가 있다"며 북한성명을 사실로 수용하는 것 같은 발언은 크게 주목되는 대목이었다.

평양의 핵무기 보유 폭탄선언에 대한 국제사회의 시각과 반응은 다양했다. 국제사회가 평양의 폭탄선언을 어떻게 해석하고 진단했는지를 살펴 볼 필요가 있다. 북핵 문제에 핵심을 찌르는 보도를 해온 영국의 시사주간지 이코노미스트의 분석이 돋보였다. '북한이 6자회담을 거부한 진짜 이유'라는 제목의 분석기사는 '북한이 핵물질 수출가능성에 관한 정보를 미국이 한·중·일 3국에 통보했기 때문'이라고 진단했다. 이코노미스트는 '미국 에너지부가 실시한 핵물질 실험에서 북한의 농축우라늄 원료가 되는 6불화우라늄(UF6) 가스를 리비아에 수출했다는 확고한 자료를 부시 행정부가 획득했다'고 보도하고 '2004년 리비아가 핵 프로그램을 자발적으로 포기하면서 미국에 건네준 핵 장비에서 (영변에서 추출된 것으로 보이는) 플루토늄 흔적과 미공개 제3의 증거에 기초한 자료'라고 지적했다.

이코노미스트는 '1월 하순 국가안보회의 아시아담당 그린 선임국장을 한·중·일 3국에 급파해 북한이 2001년 리비아에 UF6 가스를 수출했다는 정보와 자료를 브리핑했으며, 이것이 북한의 돌연한 태도 변화를 일으키게 한 것으로 보인다'고 보도했다. 또 '이것은 미국이 북한의 핵물질 수출을 용인하지 않겠다는 마지노선을 건드린 위험한 행동으로 간주돼 갈등을 고조시킬 가능성이 높다'는 것이 영국 시사주간지의 분석결과였다.

HEU 핵 프로그램과 2차 북핵위기

이코노미스트 보도에는 이해를 돕기 위한 설명이 필요하다. 2002년 10월에 터진 2차 북핵위기는 북한의 HEU 핵 프로그램 추진이 원인이었다. 당시 켈리 동북아 담당 차관보가 북한을 방문, 우라늄 핵 프로그램을 추진하고 있다고 추궁하자 강석주 외무성 제1부상이 시인했다는 것이다. 1994년 10월 제네바합의로 북한은 어떤 핵 프로그램도 추진하지 않겠다고 국제사회에 약속했고, 영변의 핵시설과 8,000개 폐연료봉을 동결해 봉인하고 국제원자력기구(IAEA) 사찰요원의 영변 상주와 사찰을 수용했다. 영변 핵시설에 대한 동결조치 대가로 국제사회는 신포에 경수로 2기를 지어주고 미국이 연간 50만 톤의 중유를 공급해 주었다.

국제사회가 북핵 문제가 해결되었다고 안도하고 있을 때 북한은 플루토늄방식이 아닌 우라늄방식 핵무기개발을 추진했다는 것이 미국의 주장이었고, 이를 북한 고위당국자들이 인정했다는 것이다. 부시 행정부는 클린턴 행정부의 제네바합의를 '바보짓'이라며 비난해 오다가 집권 후 북핵 문제를 다루면서 HEU 프로그램을 북한이 인정하자 제네바합의 위반이라고 비난하면서 제2차 북한핵 위기가 폭발했다.

그러나 북한은 HEU방식 핵개발을 곧 이어 부인했고, 미국이 '생트집'을 잡는다고 반격했다. 제2차 북핵 위기를 풀기 위한 회담이 바로 베이징의 6자회담이었다. 부시 행정부는 HEU방식 핵개발을 다루어야 한다고 주장했으나, 북한은 '없는 것'을 의제에 넣을 수 없다며 대립해 왔다. 중국과 러시아가 북한 입장을 들어 6자회담이 교착상태에 빠졌다. 리비아의 카다피 국가원수가 2003년 연말 핵무기개발 프로그램을 자진해 포기하면서 많은 관련 자료를 미국에 넘겼고, IAEA의 사찰과 조사를 철저히 받았으며 그래서 리비아는 국제사회에 정상국가로 진입하게 되었다.

미국이 리비아의 핵 시설과 장비를 조사한 결과, 북한의 핵물질 수출 증거를 잡았다는 것이다. 부시 행정부가 이 자료를 그린 국장을 통해 한·중·일에 넘겨준 것으로, 특히 북한의 입장을 호의적으로 대한 중국은 북한의 HEU 계획의 존재와 진실을 파악하는 계기가 된 셈이었다. 후진타오 주석이 그린의 브리핑을 듣고 '당혹해했다'는 외신보도가 나올 정도로 리비아의 정보는 민감한 것이었다.

북한은 중국이 파견키로 한 왕자루이 중국공산당 대외연락부장의 평양도착 전에 핵무기 보유 사실을 공개하면서 6자회담 무기한 불참을 선언했다. 이는 북한이 6자회담에서 시달리기보다는 핵무기 보유를 터뜨려 기정사실화함으로써, 정면돌파正面突破를 시도한 것으로 볼 수 있다. 앞서 이코노미스트의 분석보도는 그래서 큰 의미가 있다.

핵무기 클럽의 문을 두들기는 북한

영국의 일간지 가디언은 '평양의 폭탄선언은 검증이 필요한 사안'이라고 논평했다. 왜냐하면 '핵폭탄을 보유한다는 공식적이며 최초 선언이나 거짓말일 가능성이 많기 때문'이라는 것이었다. 특히 북한의 핵개발시설에 관한 실질적인 진실을 전혀 알 수 없어 최소한의 검증조차 할 수 없는 상황으로 사실로 받아들이기 힘든 현실이라는 것이었다. '라이스 미 국무장관이 북한을 폭정의 전초기지로 지목한 것에 대해 김정일체제가 경화된 태도를 보인 것 같다'고 평가했다. 영국의 진보적 신문인 가디언은 북한은 국제사회에서의 고립을 면하기 위해서라도 신속히 6자회담의 협상테이블로 돌아와야 한다고 촉구하면서 미국은 북한이 핵무기계획을 포기하면 북한체제에 대해 안전보장을 담보해 주어야 할 것이라고 말했다.

또 파이낸셜타임스(FT)는 북한이 핵확산금지조약에서 탈퇴한 유일한 나라이며, 이것이 이란에 전염되지 않을까 우려된다고 보도했다. 이 신문은 이란이 김정일체제보다는 덜 우려스럽고 개방적인 점이 다르다고 말하고 김정일체제의 폐쇄성이 문제라고 지적했다. 유럽언론들은 평양의 폭탄선언이 6자회담 참가국들에 '냉수목욕을 시켰다'고 논평하면서 북한이 '핵클럽의 문을 두들기고 있다'고 지적하고 '한반도 비핵화'는 동북아의 안정을 위해 긴요하다고 지적했다.

평양의 폭탄선언이 미국을 놀라게 했다고 논평한 프랑스의 르몽드지 필립 퐁스 동북아 담당 특파원은 '북핵 문제에서 시간이 미국편이 아니며 북한이 조속히 협상테이블로 돌아와야 하는 이유가 여기에 있다'고 지적했다. 북한문제 전문가인 퐁스는 고이즈미 일본총리의 '핵개발 포기가 북한의 이익' 발언을 소개하고 한국정부가 평양선언을 평가절하하는 것은 북한의 핵무기 야망을 확인할 수 없기 때문이라고 설명했다. 평양선언이 새로운 것이 아니라고 평가한 르몽드는 '침몰도상에 있는 체제에 대한 몸값을 외교적으로 올리려는 전술'이라고 해석하고 '북한은 협상을 거부하면서도 미국으로부터 체제생존의 보장을 요구하고 있다'고 진단했다.

평양은 부시의 온건한 연설에도 불구하고 부시 행정부가 북한체제의 전복을 겨냥하고 있어 대북정책에 변화가 없고, 김정일의 63세 생일을 앞두고 미국에 대한 고자세 접근을 시도하는 것으로 해석했다. 그리고 르몽드는 이렇게 결론을 지었다. '현재로는 북한은 선언의 수사학으로 남아 있다. 북한이 만일 핵실험을 실행한다면 정말 루비콘 강을 건너게 될 것이다. 협상에 전혀 다른 문제를 제기할 것이기 때문이다. 북한의 핵무기 제조·보유는 동북아지역의 핵무장경쟁을 유발할 것이다.'

르몽드지 베이징특파원의 중국 입장 분석은 큰 주목을 끄는 것이었다. 평양선언으로 북·미간 중재역을 자임한 중국의 입장을 궁지에 몰아넣었다는 것이었다. 중국은 북한의 동맹으로 중재에 한계를 보인 사실에 곤혹스러워하고 있으며, 특히 중국의 외교노력으로 4차 6자회담 개최 임박을 알리는 마당에 평양의 폭탄선언이 나와 더욱 당혹스러워한다는 보도였다. 이 신문은 6자회담 재개에 북한을 참가시키기 위해 설득한다는 것이 중국의 대책이지만, 언론에는 북한의 핵무기 보유는 이미 터부가 아니라고 했다. 르몽드는 인터넷에 올라온 한 네티즌의 글 전문 소개했다.

'북한은 1960년대 중국과 비슷한 위험한 핵정책을 채택했다. 북한의 핵무기 보유 선언은 이란의 핵개발을 가속화하도록 충동질할 것이다. 미국은 분명히 중국에 중재자 역할을 촉구할 것이다. 이는 단기적으로 미·중 관계를 유리하게 만들 것이다. 그러나 장기적으로 미국은 중국의 우방이 될 수 없다. 미국은 북핵 문제만 해결되면 중국에 등을 돌리고 적대시할 것이다.'

그럼에도 중국은 중재자 역할을 시도했다. 북한은 선언에 관해 중국과 사전 협의하지도 않았고 미국과의 양자대화와 협상을 요구함으로써, 사실상 중국의 중재역에 거부감을 나타냈다. 그러나 중국은 중재자로서 많은 카드를 갖고 있었다. 북한의 에너지와 원료 식량공급의 70%를 담당하는 중국은 북한을 협상테이블로 끌어 오기 위한 압박조건을 갖고 있었다. 미국이 거부하는 양자회담 집착을 진정시키고 중재역으로서 북한을 설득함으로써 중국의 외교영향력을 보여주기를 원하는 것이었다. 중국이 대북제재나 압박을 거부하는 것은 올림픽과 상해만국박람회 주최에 악영향을 미친다는 우려보다는 국제문제에 처음으로 개입한 중국외교의 실패를 피하고자 했기 때문이다.

중국 외교소식통은 언론통제 사회에서 중국정부가 북한 비난기사를 용인하는 것은 북한에 대한 불편한 심기의 표출이라고 분석했다. 마지막으로 프랑스의 공산당기관지 뤼마니테는 '평양의 핵폭탄은 몸값 올리기'라는 제목의 분석기사를 냈다. '외교적 해결방식은 위기의 종식을 의심스럽게 만든다. 북·미간 이견의 간격이 너무나 크기 때문이다. 미국은 핵 포기만을 요구하고 북한은 경제원조와 불가침조약 등 보다 많은 의제들을 제기한다. 그래서 북한은 협상에서 몸값을 올리려고 하는 것으로 보인다'고 진단했다.

북한의 6자회담 참가를 위한 중국의 대북 설득이 국제사회 관심의 초점이 되었다. 북한은 외신의 '몸값 올리기'라는 평가에도 불구하고 최

후의 카드를 던졌다. '이미 우리가 핵무기를 보유했는데, 우리의 핵 보
유를 막기 위한 6자회담은 옛이야기와 같다' 는 것이 북한의 6자회담 불
참의 논리였기 때문이다.

2차 북한의 핵 위기는 중국의 외교노력으로 2005년 9월 4차 6자회담
이 열려 9·19선언을 이끌어냄으로써 해법을 찾아냈다. 북한의 핵 동결
과 체제보장, 에너지공급 등 보상이 말 대 말, 행동 대 행동의 원칙이라
는 최종합의를 도출한 것이다. 9·19선언은 2007년 2·13합의로 연결
되어 북한 핵문제 해결의 종점으로 가는 시발점이 되었다.

김정일의 통 큰 정치만이 핵 위기 막는다
―북, 핵포기로 국제무대에 정상국가로 등장해야

6·15 남북공동선언 후 북한 김정일 국방위원장에 대한 일반적 평가는 '통이 큰 정치리더' 라는 것이었다. 그러나 이러한 관측은 빗나갔다. 세습적 전체주의체제에 광신적으로 집착한 독재자의 면모를 보이고 있기 때문이다. 그는 통이 크게 개혁개방 정책으로 국제사회의 일원이 될 수 있는 기회를 스스로 거부하고, 은밀하게 핵폭탄 제조에 열중한 사실이 국제사회에 드러났다. 대단히 불행한 일이다. 김정일은 체제보존을 위해 핵폭탄 제조라는 위험한 곡예와 모험을 계속하며 국제사회의 골칫거리로 등장했다. 여기에 김대중 정권의 햇볕정책은 전혀 제동 작용을 못하고 끌려 다니는 모양을 보여 국민을 실망시켰다. 그럼에도 북한 핵무기프로그램 문제는 한국의 권력이동이 임박하고 미국이 이라크 전쟁에 몰두하고 있었던 탓으로 일단 소강국면을 보인 것이 사실이다.

핵무기가 체제유지를 보장하지는 않는다

북한의 강석주 외무성 제1부상이 2002년 10월4일 미국특사 켈리 국무성차관보에게 핵무기제조 프로그램이 있다고 시인한 후, 1994년 제네바합의에 대한 책임공방이 지루하게 이어졌다. 그리고 국제사회의 대북압박이 가시화된 것 또한 사실이었다. 한반도에너지개발기구(KEDO)는 뉴욕에서 집행이사회를 열고 12월부터 북한에 대한 중유공급을 중단하기로 결정했다. 북·미간 제네바합의로 북한이 영변의 핵시설을 동결하는 동안 연간 50만 톤의 중유공급을 규정해 차질 없이 집행돼 왔다. 하지만 북한의 농축우라늄 무기프로그램 시인을 계기로 미국이 중유공급 중단을 결정했다. 이 결정은 북한이 핵무기계획을 자진 포기하지 않으면 앞으로 계속 대북 경제봉쇄가 가해질 것을 구체적으로 경고한 첫 조치였다. 이로써 1994년 제네바합의는 파기의 문턱에 들어섰다. 북한이 핵무기 제조야망을 포기한다는 국제사회에 대한 약속을 위반했기 때문에 제네바합의는 현실적으로 무효화된 것이나 다름없었다. 북한이 핵계획의 포기를 선언하면 일단 효력을 회복할 수 있으나, 회복기회를 일단 상실한 셈이다.

미국은 부시 대통령이 직접 나서 북한에 유화적 대화를 청하는 이례적 자세를 보였다. 부시는 미국이 북한에 대해 침공하지 않을 것이라고 거듭 천명함으로써 북한의 불가침협정 요구에 간접적으로 답을 보냈고, 거듭 평화적 해결을 강조했다. 그러나 부시는 미국의 대북불가침과 평화적인 방법의 해결 전제조건이 북한의 '선 핵무기 프로그램의 포기'임을 명백히 했다. 그는 성명에서 '우리는 평화적 해결을 바라고 있다. 우리는 상황을 다루는 한 가지 선택방안은 북한이 핵프로그램을 완전하고 가시적인 방법으로 제거하라는 결의로 단합돼 있다'라고 강조했다. 또 부시는 '미국이 북한과 다른 미래를 갖기를 희망한다'고 밝혔는데, 이는 북한이 핵무기 프로그램을 포기하면 경제지원과 북·미간 관계개선 등 당근을 줄 의사를 분명히 한 것임에 틀림없다. 미국은 중유공급 중단 결정에 대한 북한의 과격반응을 우려해 대통령이 직접 성명을 발표한 것으로 관측됐으며, 북한은 이를 기회로 활용할 수 있었을 것이다.

그러나 북한은 불가침조약을 계속 주장하며 기회를 걷어차 버렸다. '미국이 외교공세에 매달리고 있다'며 '북한을 침공할 의사가 없다는 부시의 발언은 침략타령을 뒤집어 놓은 것에 불과하다'는 것이 북한의 반응이었다. 북한은 '불가침조약의 제안은 현 사태의 위기를 막을 수 있는 최선의 방책'이라고 거듭 주장했다. 북한은 대미불가침조약에 매달리면서 마치 핵무기 프로그램이 미국의 대북공격을 막아주는 유일한 수단으로 파악한 듯한 대응을 한 것이었다. 북한이 인정한 농축우라늄 계획이 김정일 정권을 '호전적 공산주의'로 낙인찍히게 해 국제사회의 불신을 키우며 오히려 미국의 입지만을 강화해주는 어리석은 일이라는 사실을 북한이 간과하는 것 같았다. 냉전시대 미국과 대결했던 핵미사일 초강대국 구소련도 공산주의 체제를 핵무기로 보호할 수 없어 멸망하지 않았는가. 왜냐하면 아무도 공산주의 진영을 공격하지 않았는데도 공산주의 체제는 내부에서 시민봉기에 의해 스스로 붕괴된 것이기 때문이다. 자진해 멸망한 것이다. 결코 핵무기가 체제유지를 보장하지 않는다는 교훈을 공산주의의 몰락은 남겼다.

북한은 2002년 11월21일에는 중유사용 용도 점검을 위해 북한을 방문하려고 한 케도 조사요원의 입국을 금지시켰다. 케도는 싱가포르에서 선적한 11월 공급분 중유를 예정대로 보냈는데, 이것이 북한의 7개 화력발전소에 실제 사용되는지를 확인하기 위해 2~4명의 요원을 파견할 예정이었다. 북한은 케도에 '이러한 상황에서는 협력할 수 없다'고 통고했다는 것이다. 이것은 케도 이사회가 12월부터 중유공급 중단을 결정한 데 대한 북한의 대응 조치였다. 북한은 케도의 작업에 제동을 걸면서 11월21일 제네바합의 위반을 미국이 했다고 반격했다. 외무성대변인 담화는 '제네바 합의문이 완전히 깨어지게 된 책임한계를 명백히 그어야 할 때가 왔다'고 미국에 합의위반을 떠넘겼는데, 중유공급 중단이 제네바합의 위반이라고 지적한 것이었다. 미국은 북한이 농축 우라늄을 이용한 핵무기개발을 시인함으로써 제네바합의는 사실상 무효화되었다는 기본입장을 뒤풀이했다. 북한의 농축우라늄 핵폭탄 제조 프로그램은 제네바합의뿐만 아니라 핵확산금지조약(NPT), 국제원자력기구(IAEA)의 핵안전협정, 한반도 비핵화선언의 위반이며, 케도와 북한의 경수로 공급의정서에도 농축우라늄 핵무기 제조를 하지 않는다는 조항의 위반이 되는 것이었다.

지난 수년 동안 북·미간 안전판 역할을 했던 제네바합의가 사실상 폐기되는 막다른 골목에 들어선 것이었다. 그런데 케도의 중유공급 중단이 합의를 깨트렸다는 북한의 주장은 국제사회에서는 설득력이 없었다. 국제사회가 북한에 중유공급을 해주면서 48억 달러에 달하는 경수로 2기를 건설해주는 것은 북한이 핵무기 개발을 포기한다고 약속했기 때문이다. 비록 시기는 지연되었지만 북한의 나진·선봉특구에서 경수로 원전건설공사는 진행돼 왔다. 다만 미국의 경제봉쇄가 부분적으로 해제됐을 뿐 상호 무역대표부 설치 등의 조치가 아직 이행되지 않았다. 이는 미국뿐만 아니라 북한에도 원인을 제공한 여지가 없지 않았다. 북한의 개혁개방정책이 부진했고 1997년 동해안 북한잠수함사건이나 서해교전 등이 영향을 미친 점도 부인할 수 없다. 미국의 정권교체가 북한에 불리한 상황으로 전개된 것 또한 사실이다. 클린턴의 포용정책 대신 공화당의 강경우파 부시 행정부가 등장함으로써 관계는 화해협력에서 긴장상태로 전환된 것은 부인할 수 없는 현실이었다. 클린턴이라고 하더라도 북한의 우라늄 핵폭탄 제조계획은 절대로 용인할 수 없었을 것이다. 평양을 방문한 올브라이트 전 미국무장관이 이를 두고 '김정일의 중대한 실수'라고 지적한 사실에서 이는 증명됐다. 김정일은 미국과 국제사회를 속이는 과오를 범했다는 것이 올브라이트의 해석이었다.

어떤 핵개발도 않겠다고 한 제네바합의의 무효화

북한 핵 문제에 대해 '결국 통일이 되면 우리 민족의 것이 된다'고 하거나 증거가 없다고 북한의 허풍임을 비치는 일부여론이 있었다. 그리고 북한 핵 문제를 비판하면 민족문제에 거역하는 냉전세력으로 비판하는 분위기마저 없지 않았다. 문제는 북한이 왜 핵무기를 숨어서 비밀리에 만드느냐 하는 질문에 있다. 올브라이트가 지적했듯이 제네바합의에서 핵무기 야망을 포기한다고 약속해 중유와 경수로 2기를 받아 챙기고 뒤로는 숨어서 플루토늄이 아닌 농축우라늄을 활용한 핵무기제조를 진행하고 있다는 북한 외무성 부상의 시인은 북한이 바로 원인제공자임을 쉽게 인정하는 대목이다. 강석주 외무성 제1부상은 제네바합의에 북한을 대표해 서명한 장본인으로 아마도 미국이 확실한 증거를 대지 않으면 새로운 핵 프로그램을 인정하지 않았을 것이다. 강은 제네바합의의 국제적 의미를 너무나 잘 알기 때문이다. 아무튼 북한은 제네바합의를 피하기 위해 농축우라늄 폭탄제조에 나선 것만은 확실하다. 제네바합의에 명시적으로 표시하지 않았다고 해도 케도의정서에는 우라늄탄 개발도 안 된다고 지적했으므로 국제사회를 속였다는 국제적 비판을 면할 수 없다. 북한이 가입하고 서명한 핵확산금지조약(NPT)과 국제원자력기구(IAEA)의 핵 안전협정 및 한반도 비핵화선언에도 핵개발을 하지 않는다고 명시했는데 이를 무시한 것이다.

그런데 플루토늄 폭탄은 핵실험을 해야 하지만 우라늄 폭탄은 핵실험을 하지 않아도 제조해 보유할 수 있다는 점이 문제다. 우라늄고농축을 위한 원심분리기가 많이 필요한데, 이는 파키스탄에서 도입했다는 것이 국제언론의 보도였으며 미국은 증거를 갖고 있는 것으로 보였다. 북한이 우라늄 폭탄 제조 프로그램을 시인했으므로, 이는 원폭실험 없이도 핵무기 보유가 가능함을 암시한 것이었다. 그렇다면 제네바합의는 있으나마나 아무런 의미가 없는 휴지조각으로 전락할 수도 있다. 북한 핵무기 보유를 막기 위해 제네바합의가 성립돼 있었는데, 북한이 우라늄 폭탄을 제조하고 있다면 이 합의는 사실상 무의미한 것이다. 그래서 올브라이트의 말대로 '김정일의 실수'로 이를 시정하는 뜻에서 고농축우라늄 핵 프로그램을 포기하라는 것이 국제사회의 요구였다.

냉전해체 후 개혁개방의 기회를 상실한 북한

그러면 북한은 왜 핵폭탄 제조라는 위험한 장난에 계속 집착하는가. 아마도 세습전체주의 체제유지에 가장 좋은 카드로 활용할 수 있다고 믿었기 때문일 것이다. 핵무기 야망 국가들은 어느 정도 제조할 때까지 절대로 비밀에 부치기 때문에 증거를 잡기란 현실적으로 불가능하다. 그러므로 증거가 없지 않으냐는 말은 순진한 사람들의 말이며, 핵실험 할 때라야 놀라 충격을 받기 마련이다. 하지만 북한이 제조한다는 우라늄 폭탄은 실험이 필요 없는 경우이므로 더욱 심각한 문제를 제기한다. 또 '통일되면 우리 것이 된다'는 일부의 낭만적 논리는 북한이 공산주의 체제 유지를 하는데 어떻게 '우리의 것이 될 수 있는지' 자문해야 할 것이다. 혹자는 이제 공산주의로의 통일은 불가능하므로 언젠가는 북한의 핵은 '우리 것이 된다'고 말한다. 그러나 김정일이 체제보존용으로 핵무기 개발을 하는 이상 현실화될 수 없는 망상이며, 한반도의 비핵화만이 한민족의 생명안전을 도모할 수 있는 것이다.

　북한은 핵무기밖에도 미사일, 생화학무기 등 무시무시한 대량살상무기 카드를 갖고 있다. 이 때문에 김정일의 선택이 지연되고 우왕좌왕하고 있는지도 모른다. 1994년 제네바합의는 사실상 국제사회의 북한 개혁개방에 대한 기대도 담겨 있었다. 또 세계는 냉전체제의 붕괴로 평화주의가 어느 때보다 새로운 시대정신으로 떠올랐으며, 북한이 적어도 중국방식의 개방을 수용하리라는 관측이 지배적이었다. 그러나 북한은 지난 수년간 개혁개방을 거의 하지 않았다. 이제는 부시 행정부로부터 '악의 축' 의 하나로 지목되기에 이르렀다. 김정일이 적극적으로 개혁개방에 나섰다면, 오늘과 같은 기아문제를 비롯한 경제적 파탄은 모면했을 것이다. 특히 남한이 독일식 흡수통일을 하지 않는다고 국제사회에 공언했기 때문에 북한은 제네바합의 이후 수년이 개혁을 위한 절호의 기회였다. 그럼에도 김정일은 미사일문제를 일으키고 북한 주민을 수백만이나 굶게 하며 수만 명의 탈북자를 내는 전무후무한 폐쇄적 공산주의국가로 남으려고 계속 고집을 부리는 것 같다.

　김정일이 1990년대에 사망해 버린 공산주의 체제를 붙잡고 시장경제를 도입하지 않았기 때문에 기아사태로 외국에 식량구걸을 해야만 했다. 핵무기 개발에 소요되는 자금과 노력을 경제개혁에 투입했다면 국제사회의 큰 호응을 얻어 최악의 기아사태로 국제사회에 식량원조로 지탱하는 경제파탄은 어느 정도 면할 수 있었을 것이다. 1989년 10월 고르바초프 전 소련 대통령이 동독국가 원수 호네커에게 "개혁을 더 늦추면 하늘의 벌을 받는다"고 경고한 것은 이제 김정일에게 적합한 경구가 되었으며, 결국 동독의 멸망도 북한에는 교훈이 되지 못했다. 당시 북한은 오히려 동구와 소련 몰락에 대해 "가짜 사회주의는 망하지만 진짜 (북한의) 사회주의는 계속 발전한다"고 큰소리쳤다. 그러나 이러한 북한의 오만이 북한을 개혁개방으로 나가는 데 걸림돌이 되는 것이 확실하다.

　김정일은 고농축우라늄 프로그램으로 다시 한번 미국과 협상을 벌이려고 했다. 이미 올브라이트가 지적했듯 이것은 '북한의 오산'이 될 가능성이 많다. 왜냐하면 김정일이 제네바합의를 '결정적으로 위반하는 실수'를 저질렀기 때문이다. 오늘의 시대는 1994년과는 다른 21세기다. 오사마 빈 라덴의 테러 공포가 세계를 짓누르고 있으며 평화무드는 사라졌다. 위험한 것은 국제사회가 북한 핵 문제도 테러전쟁의 일환으로 해석하기 시작했다는 점이다. 테러세력과의 협상은 없다는 것이 국제사회의 합의이기도 하다. 게다가 대북 포용외교를 주도한 클린턴은 정치무대에 없고 힘의 논리를 자랑하는 강경우파 부시가 국제사회를 요리하고 있다. 그는 김정일의 핵무기를 카드로 내세운 '벼랑 끝 외교'를 결코 수용하지 않을 것이다. 이제 유럽조차도 북한에 등을 돌리는 것으로 보인다. 케도의 이사국으로 적지 않은 경수로건설비를 부담한 유럽연합(EU)은 '즉각 핵무기 프로그램을 포기하라. 그러지 않으면 경수로 지원을 중단한다'고 수차례 선언했다. 일본도 선 핵포기 후 수교협상 입장을 보였다. 특히 16차 공산당대회를 치른 중국에서 제4세대 후진타오 총서기의 등장은 중국이라는 북한의 동맹국이 점차 사라지고 있음을 의미했다.

핵 포기라는 '통 큰 정치'로 한반도 평화구축을

　과거 공산주의자들은 국제환경을 무시하고 일방적으로 자기주장만을 밀어붙이는 외교양식을 일반적으로 보였다. 자본주의 진영이 듣지 않으면 그만이라는 외교적 경색이 타협을 어렵게 만들었다. 김정일의 대미 불가침조약 요구는 과거 공산국가들의 외교양식을 답습한 것으로 보인다. 안팎의 환경은 북한에 점차 불리하게 전개되고 있으며 국제적 신뢰 상실로 국제사회의 동정도 기대하기 어렵게 되었다. 이제 북한에 두 가지 시나리오가 예상된다. 먼저 미국과 현 상황을 유지하며 계속 버티는 것과 다음에는 평화노선으로 전환하는 것이다. 그런데 계속 버티며 시간을 허비한다고 해서 부시가 김정일의 요구를 수용하지는 않을 것 같다. 이것이 부시가 클린턴과 다른 점이다.

위기는 미연에 방지하는 것이 모두를 위해 좋다. 결국 김정일이 평화노선으로 나아가는 것이 최선의 해법이다. 다시 말해 '선 우라늄 핵프로그램 포기선언'으로 타협의 돌파구를 여는 것이다. 김정일은 '통 큰 정치'를 한번 국제사회에 보여주어야 한다. 십수 년 전에 사망한 공산주의 체제에 집착해 숨어서 핵폭탄을 만들더라도 체제를 보존할 수 없을 바에는 과감히 던져버리고 개혁개방에 나서야 하는 것이다. 신의주 특구처럼 장벽을 쌓는 방식의 위장된 개방으로는 결코 문제를 풀 수 없다. 전면적 '통 큰 개방'을 김정일이 결단할 최후의 기회가 다가오고 있다.

리비아방식에서 북한 핵 문제의 해법을 찾는다
－카다피의 외침에 대한 김정일의 선택은?

아프가니스탄은 알 카에다의 지원세력이었던 탈레반정권이 붕괴되고, 비록 어렵지만 민주화의 길을 걷고 있다. 경제적 인프라도 차츰 구축돼 안정을 회복할 것으로 기대된다. 아프가니스탄과 파키스탄 국경선의 험준한 산악지대에 은신한 것으로 보이는 알 카에다 지도자 오사마 빈 라덴과 그의 일당은 이슬람의 성전聖戰을 계속 외치며 테러를 선동하지만, 점차 세를 잃어가고 있다. 부시가 이라크 전쟁 승리를 선언한 지 8개월 동안 저항군의 게릴라전에 곤욕을 치르다가 후세인을 생포함으로써 이슬람 저항세력의 상징을 제거했으며 저항군의 기를 꺾는 데 일단 성공했다. 이제 이라크 전쟁은 저항군의 테러공격에도 불구하고 서서히 평화를 회복하고 민주화의 길로 전진할 수 있게 되었다.

테러라는 새로운 전쟁양식을 보인 이슬람무장조직 알 카에다의 자살

특공작전은 반미 반서구 반기독교를 표방함으로써 이슬람세계를 테러 전쟁으로 몰아넣는 데 성공한 것처럼 보였다. 그러나 아프가니스탄과 이라크 전쟁으로 테러의 명분과 국제사회의 지지를 상실했다. 부시가 전쟁방식으로 테러를 근절하겠다고 나서면서 아프간과 이라크에서 전쟁을 벌였을 때, 국제사회는 찬반으로 양분되었다. 반전시위가 지구촌에 확산된 것도 전쟁으로는 테러를 뿌리 뽑기 힘들다는 인식이 깔려 있었고, 특히 부시의 일방주의적 힘의 논리에 거부감이 확산되었기 때문이다. 그러나 부시의 테러전쟁 방식은 인류의 암적 존재인 테러를 없앤다는 명분이 있었고, 특히 테러를 선동하며 지원하고 테러를 가한 사담 후세인의 독재체제를 전복시킨다는 목적이 설득력을 지니고 있었다. 특히 아프간과 이라크에 민주주의를 심을 것이라는 부시의 선언은 비록 전쟁이라는 불합리한 무력적 방법이지만 명분으로는 그럴 듯한 설득력을 갖고 있었다.

민주주의에는 필연적으로 평화가 따라 다닌다. 역사상 민주주의 국가끼리 전쟁을 한 기록은 없다. 민주주의는 언제나 대화와 타협으로 문제를 해결하는 정치시스템이기 때문이다. 적어도 부시가 테러조직에는 무력을 쓰지만 그 다음 단계는 민주주의를 정착시킨다고 약속한 것은 명분싸움에서 일단 이기는 근거를 제공했다. 특히 주목할 것은 21세기 최대의 불안과 긴장요인인 대량살상무기 문제가 이라크 전쟁의 마무리과정에서 풀릴 조짐을 보이고 있다는 점이다. 부시가 9·11테러 직후 지구촌의 3대 '악의 축'으로 이라크, 이란, 북한을 지목하고 이들에 대량살상무기의 폐기를 요구한 것은 독재정권이 이를 악용함으로써 인류에게 재앙을 불러일으킨다는 우려와, 제거를 위한 의지를 동시에 표명한 것이다. 사담 후세인이 유엔의 사찰을 수용하기는 했으나, 이미 부시는 전쟁준비를 완료한 상태였고 전쟁은 유엔과 관계없이 미국과 영국의 주도로 시작됐던 것이다. 그러나 부시는 민주주의 정착과 대량살상무기 해체라는 두 개의 명분을 앞세워 전쟁을 성공적으로 이끌었다. 그러나 이 명분이 전쟁을 정당화하는 것은 아니다. 그럼에도 최선이 불가능하다면 차악次惡이라도 선택하는 것이 부시의 전략이다.

이라크 전쟁과 리비아 카다피의 굴복

이라크 전쟁에서 사담 후세인의 생포는 미국 힘의 논리가 '악의 축'에게는 큰 압력이 되어 잘 먹혀들 것이라는 징조로 보인다. 아직 오사마 빈 라덴과 그의 지원자인 탈레반 지도자 오마르가 체포되지 않고 있으나, 만일 이라크와 아프간에 민주주의가 정착되고 평화회복에 성공한다면 그들도 오래 숨어 있기 힘들 것이다. 이슬람세계에서 구시대적 왕정체제王政體制는 이슬람신앙을 지배이념과 법으로 전파시켜 민주주의를 거부함으로써 테러조직을 온존시키는 토양이 돼 왔다. 만일 미·영의 이라크 전쟁이 아랍세계에 민주주의를 확산시키는 데 성공한다면, 이슬람세계의 낡은 정치체제의 한 축이 허물어져 민주주의에 합류하는 긍정적 결과를 낳을 것이라는 게 부시의 기대다.

미국은 이라크 전쟁의 효과를 먼저 리비아에서 거두었다. 왜냐하면 리비아의 국가지도자 카다피가 대량살상무기(WMD)를 자진해 폐기처분한다고 선언했기 때문이다. 비록 부시가 '악의 축'에는 포함시키지 않았지만, 테러지원국으로 지목한 리비아의 지도자 카다피는 북아프리카 이슬람의 '독불장군'이자 이슬람사회주의 확산을 위해 물불을 가리지 않는 극단주의자로 이슬람 성전聖戰을 적극적으로 지원해 왔다. 카다피는 냉전시대에 소련식 사회주의를 도입해 공산진영의 일원으로 가담했지만, 유고의 티토와 같이 비동맹외교에도 열성적으로 활동했다. 특히 20세기 말 공산주의시대가 종식되었음에도 체제를 계속 유지하면서 반미 반서구 정책을 추구했다는 점에서 카다피는 쿠바의 카스트로와 북한의 김일성을 닮은 면이 있다. 특히 리비아는 지중해를 사이에 두고 서유럽과 마주보고 있어 유럽의 불안요인이요 골치 덩어리였다. 카다피가 구축도상에 있던 대량살상무기의 해체를 자발적으로 선언해 국제사회에 낭보를 던진 것이다. 미국이 비밀협상을 했지만, 이라크 전쟁에서 후세인 생포의 비참한 장면을 목격하지 않았다면 카다피가 이처럼 쉽게 굴복하지는 않았을 것이다.

리비아가 보유한 대량살상무기는 독자적으로 개발한 것은 아니다. 구소련이 지원한 것으로 알려졌고, 특히 북한이 스커드 미사일을 판매하면서 기술적 지원을 한 것으로 알려졌다. 미·영이 확인한 리비아의 대량살상무기는 우라늄농축용 고성능 원심분리기와 부품, 상당량의 우라늄, 상당량의 겨자가스, 1차 세계대전 때 사용한 화학작용제 운반폭탄, 사정거리 300km 이상의 탄도미사일 다량, 500그램 이상의 탄두 등이다. 뉴욕타임스는 '리비아 과학자들이 핵무기개발에 필요한 핵연료처리 방법을 개발하고 있다'고 보도했는데, 카다피는 이스라엘이 핵무기를 보유하고 있기 때문에 아랍권이 핵무기를 갖는 것은 당연하다고 말했다. 그러나 리비아의 대량살상무기는 수출하거나 공격의 위험이 많은 것은 아니었고, 일반적으로 방어용임을 인정받고 있었다. 이것은 북한과는 달리 부시가 리비아를 '악의 축'에 포함시키지 않은 이유로 해석되기도 했다.

카다피는 아랍의 반미기류를 고취하고 이슬람 무장단체를 물심양면으로 지원했기 때문에, 미국의 무력공격을 받았다. 1986년에는 베를린의 한 디스코장이 폭파돼 당시 서독 주둔 미군을 포함한 37명이 사망했다. 미국은 리비아의 테러분자 소행으로 보고 즉각 보복을 단행했다. 당시 레이건 대통령이 무려 120대의 B52 폭격기를 연 3일 동안 동원해 리비아의 중요도시와 군사시설을 기습적으로 폭격했다. 폭격 목적은 생화학무기 공장 등 군사시설을 파괴하는 것으로 선전되었지만, 수도 트리폴리를 무차별 폭격한 것은 카다피를 살해하기 위한 목적이 뚜렷했다. 그러나 미국의 카다피 제거를 위한 폭격은 실패했다. 폭격이 끝난 직후 카다피 자신이 리비아 국영TV에 나타나 미국을 맹렬히 비난했기 때문이다. 당시 카다피는 폭격에서 구사일생九死一生했다. 그는 얼굴과 온 몸에 폭격으로 인한 먼지를 덮어 쓴 모습 그대로 TV에 나타나 "나는 미국의 살인폭격에서 살아남았다"며 겁에 질린 표정으로 부르짖었다. 필자는 당시 프랑스 파리에서 리비아 TV에 나온 카다피의 모습을 보면서 아랍권과 미국의 상호보복전쟁 발발을 우려한 기억이 생생하다. 과연 카다피는 2년 후 레이건의 폭격에 대한 보복을 감행했다.

유엔 안보리의 리비아 경제봉쇄의 효과

1988년 파리에서 뉴욕으로 날아가던 미국 민간항공기 판암기가 영국 북부 로커비 상공에서 폭발해 추락했던 것이다. 판암기의 270명 승객과 승무원이 숨졌다. 1989년에는 아프리카의 브라자빌 콩고에서 파리를 향한 프랑스국영 UTA기가 역시 폭파당해 170명이 사망했다. 이 사건은 미국과 프랑스 수사당국의 공동수사 결과 리비아 출신 테러리스트의 소행임을 밝혀내고, 카다피가 직접 숨겨주고 있다는 사실을 밝혀냈다. 국제사회는 리비아에 대해 경제제재를 가했고 리비아는 최고 양질의 석유생산국임에도 경제가 붕괴되었다. 프랑스 국영항공기 폭파직후인 1989년 먼저 미국과 프랑스가 경제제재에 나섰고, 그럼에도 항공기 테러범을 피해국인 미국과 프랑스에 인도하지 않자 유엔 안보리가 전면적 경제봉쇄 조치를 단행했다. 리비아와 미국—프랑스간 줄다리기 외교는 지중해 연안에 긴장을 조성했으며, 특히 리비아의 스커드 미사일 등 대

량살상무기는 유럽을 위협했다. 리비아에 미사일 등을 수출하는 나라가
북한으로 알려지면서, 북한의 대량살상무기는 세계를 위협하는 것으로
널리 인식되었다.

미국은 1999년 리비아에 대한 원유수입을 전면 중단했다. 또한 미국
은 리비아의 에너지부문에 연간 2000만 달러 이상을 투자하는 외국기업
을 처벌할 수 있도록 리비아에 대한 제재 법안을 강화했다. 석유수출이
유일한 소득원인 리비아는 경제적으로 목이 졸려 경제파탄에 빠졌다.
카다피는 먼저 미국의 판암기와 프랑스 UTA기 폭파문제를 풀려고 외
교적 노력을 기울이기 시작했다. 유엔에 리비아의 테러범 2명을 넘겼
고, 2003년 9월에는 미국과 프랑스에 민간항공기 폭파에 관한 피해보
상을 협상 끝에 합의했다. 항공기폭파에 대한 피해보상은 리비아가 국
제사회에 복귀하려는 청신호로 해석되었다.

1988년 인도양에서 폭파된 대한항공 858기는 오늘까지 해결되지 않
고 북한의 소행으로만 지목된 상태로 리비아가 저지른 항공기 폭파사건
과 비슷한 경우여서 대단한 주목거리다. 아무튼 카다피는 미국이 이라
크 전쟁을 한창 준비했던 그때 미·영에 대량살상무기에 대한 비밀협상
을 제의했다. 미·영은 극비리에 카다피와 협상했고 2003년 10월 초 핵
무기 프로그램과 연관된 군수시설을 미·영의 전문가들이 사찰했다. 협
상은 급진전됐고 12월16일 리비아의 대량살상무기 해체에 대한 타결이
극적으로 이루어졌다.

카다피의 대량살상무기 자진해체

카다피가 대량살상무기 해체를 결정한 것은 대량살상무기가 오히려
리비아를 망치는 원인으로 작용한다는 사실을 깨달았기 때문이다. 또
카다피는 핵무기 등 대량살상무기로는 체제유지가 불가능하며, 국제사

회의 비난과 공격을 피할 수 없다는 사실을 깨달았기 때문이다. 카다피의 결단은 대량살상무기의 효용성이 없으며 오히려 구미 선진민주국가들의 공격표적이 된다는 국제사회의 현실을 제대로 읽은 결과에서 나왔다. 리비아의 대량살상무기 자진해체는 국가지도자의 결단이 문제를 해결한 새로운 방식으로 돋보이는 대목이다. 리비아정부 기관지 알 자마히리야는 '혁명의 지도자이며 형제(카다피)가 발표한 역사적이며 용감한 결정을 축하하는 전문이 전 세계로부터 답지하고 있다'고 보도했다. 그리고 이 신문은 카다피가 모든 대량살상무기 개발을 포기하며 핵확산금지조약(NPT)에 즉각 가입하고 국제사회의 사찰을 받을 것이라고 천명했다고 설명했다.

이라크 전쟁은 사실상 대량살상무기를 사담 후세인이 폐기할 의사가 없다는 전제로 미·영이 개시한 것이다. 카다피의 결단은 이라크에 대한 미·영의 무자비한 공격을 보고 이를 피하기 위해 울며 겨자 먹기 식으로 결정된 것이라는 인상도 지울 수 없다. 그럼에도 국제사회가 카다피의 용단을 칭찬하는 것은 국제사회가 골머리를 앓아온 핵무기확산 문제 등 대량살상무기 개발을 국가지도자가 자진 해체할 수 있다는 새로운 해결방식에 있을 것이다.

그러나 이라크 전쟁은 현재 종결되지 않고 있으며, 잘 마무리되어야 할 것으로 국제사회는 기대한다. 이라크의 미점령군은 후세인 생포를 계기로 그의 추종자 수백 명을 체포한 것으로 보도되었다. 리처드 마이어스 이라크주둔 미군총사령관은 "이라크 주둔 다국적군에 저항했던 반군지도자들을 포함해 수백 명의 저항군을 체포했다"고 공식 발표했다. 그는 후세인 체포와 함께 저항군의 구조와 각 지역 단위 세포조직을 파악해 많은 저항군을 잡을 수 있었다고 밝혔다. 그럼에도 이라크 현지 상황은 유동적이며 불확실성이 지배하고 있다. 반군들이 이라크 과도통치

위원을 납치해 후세인과의 교환을 제의할 것이라는 유언비어가 나돌았으며, 한 미군장교는 "우리에게는 이것이 큰 위협이다"고 실토하기도 했다. 미군은 시리아 국경지방의 라우아에서 대규모 이라크 바스당의 잔당 소탕작전을 전개했고 바스당 간부 수십 명을 체포한 것으로 보도됐다. 사마라에 대한 새벽 소탕작전에서는 게릴라전 비밀조직을 제거하고 111명의 게릴라들을 체포했다고 미군이 발표했다.

북한은 세계평화를 위해 리비아를 따르라

국제사회는 이라크 전쟁과 리비아의 대량살상무기 자진해체, 그리고 이란의 국제원자력기구(IAEA) 핵사찰 수용 등의 낭보로 평화에 대한 기대가 어느 때보다도 높다. 이라크는 전쟁방식으로, 리비아는 막후 협상을 통한 지도자의 결단으로, 이란은 유럽연합(EU)의 중재로 각각 대량살상무기 문제가 풀릴 것으로 국제사회가 기대한다. 부시가 '악의 축'으로 지목한 3개국 가운데 이라크와 이란이 오명汚名에서 벗어나고 있는 것 같다. 리비아는 '테러지원국'이라는 국제사회의 오명에서 완전히 벗어났다. 이제 '악의 축'에서 대량살상무기 문제가 전혀 풀리지 않는 나라로 북한이 남았다. 북한은 여전히 핵무기개발과 미사일문제를 갖고 국제사회와 대결양상을 보이고 있다. 북한이 미국의 체제보장과 북한 핵의 동결을 동시에 하자는 제안에 대해 부시는 북한 핵의 전면적 해체가 선행돼야 한다며 못을 박아 거부했다. 그래서 북핵 문제 해결 전망은 밝지 않다. 중국의 외교노력에도 불구하고 6자회담은 북한과 미국의 줄다리기 외교가 계속될 뿐 해결의 실마리가 잡히지 않고 있다.

카다피는 "나는 나의 자유의지에 따라 생화학무기와 핵무기, 장거리 미사일 개발 포기와 아울러 국제사회의 무기사찰을 수용할 것이다"고 선언했다. 그리고 그는 미국의 CNN과 가진 회견에서 "북한과 시리아는 세계평화를 위해 나를 따르라"라고 큰소리쳤다. 리비아의 알 쿠두 알 아라비지는 '카다피는 대량살상무기 해체를 단행함으로써 핵무기를 보유하고 있는 것으로 의심되는 북한과 시리아 등 악의 축 국가들에 교훈을 주기를 원한다' 라고 논평했다.

다시 말해 카다피는 대량살상무기 포기의 도미노를 겨냥하고 있다는 얘기다. 사실상 국제사회가 테러지원국으로 지목한 리비아가 대량살상무기를 포기한 것은 북한에 큰 충격을 가할 것으로 관측됐다. 국제사회에 이제 북한과 이란이 '악의 축' 으로 남았다. 북한은 미국과 국제사회의 대량살상무기 포기 압력을 보다 강하게 받게 될 것이다. 북한이 어떤 방식으로 국제사회의 요구에 대응할지는 김정일만이 알 것이다. 그러나 이제 북한 김정일의 선택 폭은 그리 크지 않은 것으로 관측된다.

이라크 전쟁과 같은 미국의 무력에 의한 해결방식은 북한이 분명 피해야 한다. 부시는 아프가니스탄과 이라크 전쟁을 치르면서 대량살상무기 해체에 자신감을 얻었고, 후세인 체포와 카다피의 굴복으로 의기양양한 모습이 역력하다. 또 유럽연합(EU)의 외교노력으로 이란도 '악의 축' 이라는 명찰을 뗄 가능성이 많다. 김정일도 어떤 방식을 채택하든 '악의 축' 이라는 오명의 명찰을 떼어내지 않으면 안 된다. 이미 필자가 누차 본란에서 강조했듯 핵무기 등 대량살상무기로는 절대로 체제유지를 할 수 없으며, 그것은 오히려 체제의 위기를 자초하는 시한폭탄과 같다. 사담 후세인과 카다피가 좋은 교훈이다.

김정일은 이라크 전쟁이나 리비아방식을 모두 채택할 것 같지 않다. 리비아방식을 선택하면 한반도는 금방 긴장완화와 평화회복이 될 것이지만, 김정일은 카다피와 다르다. 카다피가 외친 대로 김정일이 리비아를 따른다면, 일거에 한반도에 평화의 봄이 올 것이다. 그러나 부시에게 무릎을 꿇는 백기를 김정일이 선택할 것으로 보이지 않는다. 그러면 어떤 방식으로 문제를 풀 것인가. 이란방식이 유력한 것으로 보인다. 북한은 유럽연합과 관계개선을 하고 있으며 유럽도 중재의사를 여러 차례 밝혔다. 그러므로 외교적 중재에 의한 북핵 문제 해결이 현재로는 가장 유력하다.

북핵 문제 해결을 위한 베이징 6자회담에 유럽연합이 포함되지 않았다. 이란의 경우 영국—독일—프랑스 외무장관이 공동으로 협상에 참가했으며, 결국 핵사찰수용을 받아내는 데 성공했다. 이렇게 보면 6자회담이라는 국제회의 방식이 비효율적일 수도 있다는 생각이 든다.

21세기에 들어와 국제사회는 테러전쟁의 공포와 긴장에 시달리고 있다. 이제 테러전쟁의 막이 서서히 닫히고 있다는 인상이 준다. 테러전쟁의 배후에는 대량살상무기를 개발해 독재체제를 유지하려는 반反 민주주의 국가들이 존재한다. 그런데 이들 독재국가 가운데 자진해 대량살상무기를 포기한 리비아가 처음으로 등장했다. 포기명분은 체제유지에 있지만 가장 중요한 것은 리비아가 스스로 국제사회에 복귀해 정상국가로 거듭나겠다는 결정을 했다는 사실이다. 북한 김정일의 선택은 그리 어려운 것이 아니다. 리비아 방식이든 이란 방식이든 대량살상무기를 포기하고 정상국가로 돌아오는 데서 북한은 살 길을 모색할 수 있다.

한반도의 평화를 위해 무엇을 준비할 것인가

―6자회담에서 북핵 문제의 해법을 찾는다

미국은 북핵 문제에 관해 리비아 방식의 해법을 권유하고 있다. 라이스 미 국무장관은 2006년 5월15일 미―리비아 공식수교를 발표하면서 카다피의 '역사적 결단'을 높이 평가하고 이란과 북한에 대해 리비아와 같이 핵무기 프로그램 등 대량살상무기의 자진 폐기를 촉구했다. 카다피는 2003년 12월 핵무기 의혹시설과 화학무기 등 대량살상무기를 모두 자진 폐기하고 국제원자력기구 등 국제기구의 사찰을 요구했다. 미국은 카다피의 아랍식 사회주의체제를 인정하고 경제봉쇄를 해제하고 테러지원국 명단에서 리비아를 삭제했다. 카다피의 결단은 그 자신도 살고 국가도 살리며 리비아를 정상국가로 국제사회의 일원으로 편입시켰다.

국제사회는 북한의 대응을 주시하고 있다. 그러나 북한이 리비아 방식을 수용할 가능성은 거의 없다. 북한은 1950년 한국전쟁의 휴전상황

을 끌어오고 있다. 북한체제는 1990년대 초 현실사회주의 멸망 후 주체
사상을 강화하고 부자세습체제를 실천해 구체제의 개혁을 외면하고 있
다. 체제유지를 위해 핵무기 프로그램을 개발하고 있는 것이다. 1994
년 10월 제네바합의로 해결된 것처럼 보인 북핵 문제는 2002년 10월
북한의 농축우라늄 프로그램으로 재발되었다. 제네바합의는 폐기되고
북한이 핵확산금지조약(NTP)에서 탈퇴하자 중국의 주선으로 베이징의
6자회담이 열렸다. 북한문제의 해법은 6자회담에서 리비아방식+반대
급부를 받아내는 데 있다. 반대급부는 경수로와 에너지 공급, 그리고
경제제재의 해제 등이다. 북한이 살 길은 6자회담에 복귀해 북핵 문제
의 돌파구를 열고 경제개혁을 통해 체제를 유연화시키는 데 있다. 이것
은 한반도의 긴장을 풀고 남북화해 협력을 가속화하는 효과를 발휘할 것
이다.

남한은 민주주의체제를 더욱 공고히 다지며 시장경제를 발전시켜 선
진권 진입이 중요하다. 선진국 문턱에서 10년째 정체하고 있는 한국경
제는 침체와 중국과 인도의 추적으로 위기를 맞고 있다. 제2의 아르헨
티나로 전락할 위험마저 보인다. 여기서 강조하고 싶은 것은 '맹목적 통
일지상주의'이다. 선 민족통일만 부르짖으며 북한 주민과 나눔이 없는
분배는 의미가 없다는 외침도 들린다. 통일이 모든 것을 해결한다는 것
이다. 남한경제가 취약한 데다 양극화로 갈등이 증폭되고 있는 현실에
서 북과 나누어 먹자는 발상은 '공멸하자'는 주장과 다름이 없다. 앞에
서 지적했듯 북한은 핵무기 프로그램과 체제에 아무런 변화가 없다. 남
북철도시험운행도 북이 일방적으로 거부하지 않는가.

그래서 무엇보다 먼저 남한의 민주체제를 공공히 다지고 경제를 발전
시켜 '파이'를 키워야 한다. 남한보다 엄청난 부자인 서독이 동독을 흡
수통일한 지 16년이 지났음에도 허덕이며 서독주민의 개인소득이 감소

해 유럽연합(EU)의 빈국으로(꼴찌에서 4등) 전락한 사실을 주목해야 한다. 식량과 비료 그리고 의약품 등 인도적 견지에서 북한 주민을 돕는데 지원규모를 한정할 필요가 있다. 남북관계는 앞으로 1972년 동서독 기본조약체결로 동서독이 대표부를 교환해 무역, 문화, 학자와 특파원 교환을 한 선례와 동서주민의 상호왕래를 단계적으로 확대한 사례를 따르는 것이 바람직하다.

동북아정세는 유럽과는 달리 19세기적 분쟁이 격화되는 혼란을 보이고 있다. 남한의 홀로서기는 사실상 어렵다. 미·중·러 핵강대 3국이 한반도를 포위하고 있다. 경제대국 일본이 미국과 동맹을 강화하면서 독도영유권을 강력히 주장하고 있다. 노무현정권은 자주외교안보를 부르짖으며 한·미동맹에서 벗어나는 몸짓을 한다. 국제사회는 중국과 북한에 접근하는 몸짓으로 읽힌다. 러시아는 6자회담에 참석했으나 미·중·일에 눌려 틈새를 엿보고 있다. 여기서 한국의 장기안보를 위해 누구와 동맹을 해야 하나. 홀로서기로 안전보장이 가능한가?

여기서 유럽안보를 상기할 필요가 있다. 소련과 공산진영이라는 적敵이 모두 자본주의에 편입돼 사라졌는데도 대서양동맹(나토)은 건재하다. 폴란드, 체코, 헝가리, 발틱 3국 등 구동구 공산권을 거의 모두 회원국으로 영입했다. 유럽은 미국의 핵우산을 냉전 이후에도 계속 씀으로써 러시아의 핵으로부터 안전을 보장받고 있는 것이다. 적이 사라진 유럽 선진국들과 구동구 나라들이 미국의 핵우산을 계속 쓰는데, 남북분단으로 냉전시대를 사는 한국이 미국의 핵우산을 버리고 홀로서기를 한다? 국제사회는 이해하지 못할 것이다.

이제 김정일 위원장의 결단이 나와야 한다. 왜냐하면 북은 핵무기 프로그램 포기와 경수로, 에너지공급, 불가침과 체제보장을 조속히 받아내야 하기 때문이다. 그리고 남한은 취약한 민주주의와 시장경제를 선진국 수준으로 발전시키며 적어도 통일할 때까지 미국의 핵우산을 쓸 필요가 있다. 북의 핵을 견제하기 위해서라기보다는 일본의 영토 야망과 중국의 동북공정을 억제하고 한반도의 평화를 확실히 담보하기 위해서다. 중국과 일본 그리고 러시아 등 강대국의 사이에 끼어 있는 한반도의 생존전략 해법이 여기에 있다.

북한 핵실험과 안보리 제재 그리고 6자회담

—대타협으로 북핵 문제 풀어야 한다

북한 핵실험이 2006년 10월9일 전격적으로 단행되어 한반도의 긴장은 극에 달했다. 유엔안전보장이사회는 결의 1718호를 만장일치로 채택해 북한 핵 문제에 전면적으로 대응했다. 안보리 결의는 핵무기 등 대량살상무기의 물질, 기술, 시설과 자본과 금융, 그리고 연관 인물들에 대한 봉쇄를 결정했다. 이는 유엔헌장 7조 41항을 적용한 것으로 42항의 군사적 제재를 유보한 것이다. 유엔 안보리 대북제재위원회가 구성되어 본격적으로 대북제재에 돌입하자 북한은 6자회담 복귀를 결정했다. 이제 북한 핵 문제는 유엔 안보리의 대북제재와 6자회담 등 2개의 길이 열린 셈이다. 그러나 어느 길도 북한 핵 문제를 궁극적으로 해결할 것으로 보이지 않아 한반도의 불안과 긴장은 지속되고 있다.

6자회담 전망의 불투명성

10월31일 북한—미국—중국은 6자회담 재개를 베이징비밀회담에서 결정했다. 그러나 성공여부는 지극히 불투명하다. 힐 미국대표는 북한이 아무런 조건 없이 6자회담에 복귀하기로 결정했다고 말했지만 북한 김계관 대표는 미국의 금융제재 문제 토의를 전제로 복귀하기로 했다고 엇갈린 주장을 하고 있기 때문이다. 미국은 북한의 선先 핵무기 폐기 등 증거를 요구하고 있다. 회담재개 일정도 잡기 전에 6자회담 개최조건을 둘러싸고 설전을 펼치고 있는 것이다. 문제는 간단하지 않고 복잡하다. 2005년 9·19 공동선언이 나온 직후 북한은 경수로 건설문제를 제기하면서 미국과 갈등을 빚었고, 곧 이어 미국은 마카오의 방코델타아시아(BDA)의 북한계좌를 중국을 통해 동결함으로써 6자회담의 기능은 상실했다. 9·19 선언은 식물인간이 되었다.

북한은 미국에 BDA의 금융동결을 해제하면 6자회담에 복귀할 것이라고 주장하면서 양자 단독회담을 요구했다. 미국은 조건이 없는 6자회담 복귀를 요구하면서 양자회담을 거부해 왔다. 다만 미국은 6자회담이라는 다자협의의 틀 안에서 양자회담은 가능하다고 대응했다. 미국의 조건 없는 북의 6자회담 복귀와 북한의 금융제재 해제요구는 평행선을 긋다가 북한이 카드를 연속적으로 폭발시켰다. 2006년 7월5일 미사일 발사에 이어 10월9일 핵실험을 단행한 것이다. 핵실험은 북한의 최후 카드였다. 북한은 BDA에 동결된 2400만 달러의 외화자금을 해제해 달라고 요구했으나 미국은 위폐 등 불법자금의 세탁을 조사한다는 명분으로 거부했다. 북한은 여기에 대응해 마지막 카드를 쓴 것이다.

국제사회는 북한 핵실험에 대해 10월15일 유엔 안보리 결의 1718호로 대응했고, 유엔 안보리는 북한에 대한 제재를 본격화하기 시작했다. 이러한 국제사회의 대북제재는 한국과 중국도 외면할 수 없는 심각한 상황으로 몰아넣어 북한은 고립무원의 사면초가 위기에 직면했다. 북한의 동맹국인 중국은 경고를 무시하고 핵실험을 단행하자 안보리 결의에 찬성해 사실상 북한에 일격을 가했다. 핵실험이 북한의 문제 해결이 아니라 목을 스스로 조이는 악수의 위험으로 나타나고 있는 것이다. 중국특사 탕자쉬안에게 김정일 국방위원장이 추가 핵실험계획이 없다는 언질을 주었으나, 강석주 외무성 제1부상이 금융문제가 풀리지 않으면 추가실험을 할 수도 있다는 기자브리핑으로 희석시켰다. 그러나 북한은 결국 6자회담 복귀결정을 내림으로써 일단 북한 핵실험 위기에 숨통을 텄다. 하지만 북·미가 벌써부터 조건을 둘러싸고 설전을 펴는 등 전망은 불투명한 것이 현실이며 그래서 유엔 안보리의 대북제재는 계속되고 있다.

안보리 제재, 6자회담과 관계없이 집행

6자회담 재개결정으로 북한 핵 문제가 해결이나 된 듯 안보리제재에 영향을 줄 것으로 보도 논평한 일부 언론이 미 국무성의 거부반응을 일으켰다. 마치 미국이 BDA의 금융제재를 일부 푼 것처럼 보도한 사실에 대해 그런 일은 있을 수 없다는 미 국무성의 설명이 나온 것이다. 여기서 강조할 것은 6자회담 재개의 중요한 의미는 북한 핵 문제의 해결이지 북에 대한 미국의 금융제재 문제가 아니라는 사실이다. 북한 핵 문제와 미국의 BDA 북한계좌 동결문제는 전혀 별개의 문제다. 북한이 지난 1년여 간 6자회담에 불참하면서 복귀의 선행조건으로 금융재제 해제를 제기했기 때문에 일단 의제에 오를 것이 확실시되지만, 이는 6자회담의 근본문제는 아니라는 점을 확실히 이해할 필요가 있다.

6자회담이 재개되더라도 유엔 안보리의 대북제재가 예정대로 집행될 것은 확실하다. 안보리 결의 1718호는 국제사회가 의무적으로 실시해야 할 강제규정으로, 유엔헌장 7조 41항을 적용하고 있다. 유엔 안보리 대북제재위원회는 11월1일 대북제재 목록을 확정했다. 안보리가 확정한 대북제재 품목은 수백 건에 이르며, 대북결의 1718호 부칙에 추가되었다. 확정품목은 핵관련 기술, 물질, 시설 등의 핵공급그룹(NSG), 미사일 기술, 물질, 원자재, 시설 등의 미사일기술 통제체제(MTCR), 그리고 생화학무기 수출통제체제인 호주그룹(AG)이 정하고 있는 제재대상을 원용해 결정된 것이다. 대북제재위가 192개 회원국들에 제재확정 품목을 통보함에 따라 회원국들은 결의 이행방안 보고서를 제출해야 한다. 안보리의 대북제재가 실행에 진입함으로써 북한은 국제사회의 강력한 압력과 봉쇄 속에 갇히게 되었다.

안보리제재는 핵, 미사일, 생화학무기 관련 대북수출과 수입을 완전히 금지하는 첫 조치로 일단 대량살상무기 수출입에 철퇴를 가한 셈이다. 결의 1718호가 규정한 금융제재와 인적 왕래 및 사치품에 대한 제재는 계속 논의해 추후 결정키로 했다. 사치품에 대해서는 회원국 각국이 자율적으로 선정해 수출을 금지토록 조치했다. 북한 핵무기와 직접 연관되는 북한 김정일 등 인사들의 해외여행이 금지될 가능성이 많다. 미국과 일본이 제일 강력한 제재조치를 이미 취하고 있다. 한국에 대해서는 개성공단과 금강산관광사업이 제재대상으로 일단 거론되지는 않았지만, 앞으로 안보리 대북제재위가 논의할 것도 배제되지 않은 상황이다. 여기서 북한에 지불된 외화가 핵 프로그램에 전용되고 있다는 국제사회의 의혹이 풀리지 않고 있기 때문이다. 대북제재위원장 브리안 슬로바키아 대사는 "우리는 (개성공단과 금강산관광사업에 대한) 정확한 정보가 없다. 한국정부로부터 프로젝트의 성격에 대해 설명을 정확히 들은 뒤 논의할 것"이라고 말했다.

안보리 결의 1718호가 규정한 대북제재의 목적은 명료하다. 첫째 모든 핵무기와 핵 프로그램을 완전 검증가능하며 돌이킬 수 없는 방법으로 폐기, 둘째 다른 대량살상무기와 미사일 프로그램의 투명한 조치, 셋째 핵 추가실험과 미사일 발사 중지, 넷째 핵확산금지조약(NPT)과 국제원자력기구(IAEA)의 안전규정에 복귀할 것 등으로 북한에 대한 제재는 이러한 목적이 달성될 때까지 실시한다는 것이다. 안보리 결의는 북한에 6자회담 복귀를 강력히 요구했다. 그러나 북한의 6자회담 복귀결정만으로 대북제재를 해제하지 않는다는 것이 안보리 대북제재위의 설명이다. 6자회담에서 적어도 북한이 핵과 대량살상무기의 전면적 폐기에 합의하기 전에는 대북제재가 풀릴 가능성이 없다고 보아야 할 것이다.

6자회담의 의미와 전망

현재까지 나타난 정황으로는 국제사회와 북한이 모두 동상이몽을 꾸고 있지 않는지 의문이 든다. 북한이 6자회담 복귀결정을 한 배경은 단순히 미국의 BDA 북한계좌 동결해제에만 있는 것이 아니라 다목적이다. 북한의 제일 중요한 목적은 유엔 안보리 제재의 완화에 있으며 시시각각 좁혀오는 제재의 압박을 견디기 힘들다는 판단을 했을 것이 분명하다. 북한은 안보리 제재를 '북한에 대한 선전포고이다'고 엄포를 놓았지만 막상 당하고 보니 엄청난 일이라는 사실을 깨달은 것으로 보인다. 북한체제 보존을 위해 핵실험을 했는데, 대북제재로 체제가 흔들리기 시작한 것이다. 중국은행들이 속속 거래를 끊고, 단둥 등 중국 국경지대에서 검문이 강화되고 있으며 중국도 안보리 상임이사국으로서 안보리 결의 1718호 찬성국가로 대북제재에 가담하고 있기 때문이다. 중국에 에너지와 식량의 70%를 의존하고 있는 북한은 제재시작 단계부터 고난의 행군만으로 해결될 수 없다는 판단이 선 것으로 관측된다. 한국도 사실상 미사일발사 때 식량과 비료지원을 중단한 데 이어 안보리 제재에 긍정적으로 참여할 것이 확실시되고, 한·미동맹의 강화

조짐이 나타남에 따라 국제사회의 '제재 소나기'를 피해야 할 필요성이 절실했을 것이다.

그러나 북한은 6자회담에서 새로운 카드를 얻게 된 사실도 부인할 수 없다. 세계에서 9번째 핵보유국이 되었다는 것은 부인할 수 없는 사실이다. 북한이 뒤늦게 핵실험 성공대회를 대대적으로 개최한 까닭도 여기에 있다. 북한 도처에 '핵보유국 만세'라는 현수막이 걸린 것이 핵보유국의 자부심을 갖고 기정사실화하고 있는 증거다. 대내외에 핵실험에 성공함으로써 핵보유국이 된 사실을 알리기 위한 행사이며 과시임이 분명하다. 그러나 북한을 제외한 6자회담 당사국들과 유엔 안보리도 북한의 핵보유 사실을 인정하지 않고 있으며 앞으로도 인정하지 않을 것은 명백하다. 6자회담 당사국들도 북한의 핵보유 인정은 절대불가를 밝히고 있다. 그럼에도 불구하고 북한이 이를 주장하며 핵보유국임을 기정사실화할 경우, 6자회담은 파행을 걸을 수밖에 없다. 북한 외무성은 이미 핵보유국임을 내세우는 언급을 해 주목을 끌었다. 북한 외무성 대변인은 조선중앙통신기자와의 인터뷰에서 "일본 총리와 외상, 관방장관 등이 줄줄이 나서서 핵보유국이라는 전제 하에서는 북조선을 6자회담에 받아들일 생각이 없다느니 뭐니 하며 주제넘게 놀아나고 있다"고 일본을 비난했다. 일본에 대한 언급이지만 북한은 6자회담에 핵보유국의 위상을 갖고 복귀할 가능성을 비친 것으로 보아도 무방한 대목이다.

그러나 6자회담은 일차로 2005년 9·19 선언을 행동화하는 로드 맵을 만드는 데 중대한 의미가 있다. 행동 대 행동을 합의하는 것은 간단한 작업이 아니며 북한의 선 경수로제공이 걸림돌일 뿐만 아니라 BDA 계좌동결 해제가 조건으로 추가되어 있어 더 많은 난관이 예상된다. 게다가 9·19선언 이후 북한의 핵개발은 사실상 완성단계에 도달했다. 일차 핵실험에 이어 추가 핵실험도 배제할 수 없는 긴박한 상황인 것이다.

이러한 상황변화는 6자회담의 전망을 더욱 어둡게 한다. 특히 북한이 핵보유국 지위를 인정하라고 요구할 경우, 6자회담의 향방은 파국밖에는 대안이 없다. 그래서 문제는 매우 유동적이며 불안한 줄타기와 다름이 없다. 중국의 한 북한핵 전문가는 파키스탄과 인도의 선례를 북한도 따를 가능성이 많다고 전망했다. 즉 수년간 국제사회의 봉쇄를 견디기만 하면 북한도 핵보유국 클럽에 가입할 수 있다는 것이다. 김정일체제 보존을 위해 핵무기를 보유한다는 북한의 진실고백은 이제 한반도의 큰 부담으로 다가오고 있으며 남한도 북한 핵폭탄을 안고 살아야 할지도 모를 절체절명의 위기임을 경고한 것이다.

북한 핵 문제 해법은 결국 대타협에 있다

북한은 핵무기제조 동기를 '체제를 위한 자위수단'이라고 분명히 밝혔다. 북한이 미국의 BDA 금융동결을 해제하라고 요구하며 양자회담을 요구하지만, 핵 문제 폐기 의사가 없음을 설명해 주는 대목이다. 6자회담 복귀조건으로 금융제재 해제를 요구하는 것이지 핵 폐기를 위해 복귀하는 것은 아니라는 암시를 하고 있기 때문이다. 북한 핵개발은 미국과 직접대화를 트기 위한 벼랑 끝 전술용이라기보다는 김정일의 봉건적 전체주의체제 유지를 위한 방편임을 확실히 한 것이다. 그러면 미국이 김정일체제에 대한 안전을 보장한다면 북한은 핵을 전면적으로 폐기할 것인가? 미국뿐만 아니라 국제사회가 북한 김정일을 신뢰하지 않기 때문에, 또 김정일 자신 또한 믿지 않아 문제다. 부시 행정부가 김정일체제를 '악의 축'이니 '폭정의 전초기지'라고 비난한 것은 허풍에 불과했다. 부시는 실제로 북한 핵 문제 해결을 위해 아무것도 한 것이 없기 때문이다. 부시가 수차 북한을 공격하거나 체제전복의 의사가 없다고 천명한 것도 사실이다. 그러나 북한은 '악의 축' 등 북한체제가 위협받고 있고 비난을 당함으로써 부시에 대한 불침공 발언을 믿지 않게 되었다. 상호불신이 심화되면서 이제 북한이 핵실험을 했고, 이제 북한 핵 문제는 막다른 골목까지 왔다.

미국이 북한의 양자회담이나 경수로 제공 등의 요구를 수용하지 않는 이유는 명백하다. 1994년 제네바합의가 깨어졌기 때문이다. 이 합의는 양자회담의 결과였고, 미국은 영변 핵시설의 폐연료봉 8,000개를 동결하는 대가로 경수로 2기 건설과 매년 경유 70만톤 제공, 그리고 경제제재의 해제와 궁극적으로는 대사급 교환을 포함한 상호 대표부 설치를 약속했다. 북한이 요구한 대로 모두 다 해준 것이다. 그리고 경수로건설은 집행되고 있었고 경유도 차질이 없이 공급되었다. 그러나 북한은 제네바합의에서 다른 핵개발을 하지 않는다는 약속을 위반했다. 2002년 10월 밝혀진 농축우라늄에 의한 핵 프로그램이 비밀리에 진행됨으로써 부시 행정부가 제네바합의 이행을 거부할 명분을 제공하고 말았다. 제네바합의는 그래서 파기되었으며, 북한 핵 문제가 다시 국제사회의 난제로 급부상하게 되었다. 부시 행정부와 미국은 제네바합의가 북·미간 양자회담의 결과이고, 경수로와 중유 제공을 했음에도 북한이 어겼다는 사실을 들어 '속았다'고 판단하고 있다. 최근 제네바합의 미국대표 갈루치가 "우리는 북한에 사기를 당했다"고 언명한 배경이다. 부시 행정부가 필사적으로 양자대화를 거부하고 다자대화인 6자회담에 집착하는 이유가 여기에 있다.

김정일체제의 보장과 북한핵 폐기의 맞교환

그런데 제네바합의 과정에서 북한은 핵개발을 체제보장용으로 한다는 말은 절대로 하지 않았다. 에너지를 위한 평화적 원자력 이용임을 끝까지 강조했다. 그런데 북한이 이제는 에너지용이 아니라 체제보장을 위한 핵무기제조용임을 공언하고 있는 것이다. 그렇다면 대타협의 길은 단 하나뿐이다. 미국과 국제사회가 김정일체제를 절대로 무력이나 다른 방법으로 전복시키거나 붕괴시키지 않는다는 보장을 해주고 대신 북한의 핵 폐기를 받아내는 것이다. 6자회담은 이제 김정일체제의 보장과 북한핵의 폐기를 교환하는 대타협의 장을 열어야 할 것이다. 지금 미국에서 북한 핵시설 공격설이 솔솔 나오고 있으나, 이미 때가 너무 늦은 감이 있다. 워싱턴 스타의 보도나 페리 전국방의 발언이 미국의 북한핵에 대한 공격을 주장했다. 그러나 1994년 제네바합의 단계에서는 가능한 이야기이나 이미 북한이 핵실험을 한 현 단계에서는 폭격으로 북한핵을 제거하는 것은 사실상 어렵다.

1994년에는 북한이 핵폭탄 제조를 했다는 확실한 증거가 없었다. 플루토늄을 소량 추출했다는 심증만 있었다. 클린턴 행정부가 영변의 5메가와트 실험용 원자로에서 추출한 폐연료봉 8,000개를 동결함으로써 핵폭탄 제조를 원천적으로 차단한 것은 최선의 방책이었다. 폐연료봉을 재처리해서 플루토늄을 추출해 폭탄제조를 할 수 있는 길을 사전에 차단했기 때문이다. 그때 영변의 핵시설을 공격했다면 효과를 거둘 수 있었을 것이다. 왜냐하면 실험용 원자로, 재처리시설과 폐연료봉 등을 제거하면 북한의 핵폭탄 제조는 현실적으로 불가능하게 되기 때문이다. 그러나 이제는 북한이 적어도 6개, 많게는 10개 정도의 핵폭탄을 제조했다는 것이 정설이다. 이 폭탄은 지하에 분산해 숨겼을 것이다. 핵시설을 공격해도 숨겨진 핵폭탄을 미사일 등으로 모두 제거하기는 현실적으로 불가능하다. 숨겨진 장소를 알 수 없기 때문이다.

부시는 클린턴이 설정한 대북 금지선을 무시했다. 클린턴은 폐연료봉 인출을 금지선으로 설정함으로써 핵폭탄제조의 물질을 차단했다. 그러나 부시는 아무것도 하지 않고 있다가 핵 등 대량살상무기의 이전을 용납할 수 없다고 말했다. 대북금지선이 무기이전이라는 말로 들린다. 그러면 북한의 핵무기 보유를 용인한다는 오해를 불러일으키고 있다. 이 점에서 부시의 북핵정책은 실패했고 김정일은 핵실험을 통해 현재로는 승리를 거둔 셈이다. 이제는 부시가 북한과 대타협으로 나가 확실한 체제보장과 많은 당근을 주기 전에는 북핵 문제 해결은 힘들게 되었다. 6자회담은 그래서 대타협의 장이 되는 것이 바람직하다.

한반도는 북의 핵폭탄과 함께 살아야 할 운명인가

북한 핵 문제는 6자회담과 유엔 안보리가 다루게 될 것이다. 북한이 핵실험에 성공했음에도 두 국제기구는 북한 핵의 전면적 폐기를 요구하고 있다. 북한이 과연 실험이 끝난 핵무기를 전면 폐기할지는 의문이다. 만일 국제사회가 북한과 대타협을 통해 문제를 풀지 못한다면 한반도는 북한 핵무기와 공존해야 할 핵공포의 시대로 진입하게 될 것이다. 남북의 군사적 균형이 깨어질 수밖에 없으며, 이제 누구의 핵우산을 쓰느냐의 문제가 제기될 것이다. 북한이 핵보유국이 된다면 일본의 핵무장은 불을 보듯 뻔한 일이다. 이 경우 남한은 핵무장 국가들 사이에 놓인 사면초가四面楚歌 상태에서 살지 않으면 안 될 것이다. 중국과 러시아는 이미 핵강대국이고 북한이 핵무기 보유 클럽에 가입하고 있으며, 일본이 핵무기를 갖는다면 한국만이 핵이 없는 군사적 약소국으로 전락하게 된다.

이러한 동북아 정세의 진전은 한국 국민의 의지로 풀 수 없다는 점에 한국의 비극성이 있다. 우리 국민이 위기를 극복하기 위해 결정하고 선택할 수 있는 것이 없는 게 국제문제의 흐름이다. 북한 핵 문제는 6자회담과 유엔 안보리라는 국제기구의 손에 넘어가 있고, 북한 핵 문제는 여기서 풀릴 수밖에 없는 것이며, 다른 길은 없기 때문이다. 결국 우리에게 중요한 것은 민족공조만 강조하다가는 국제사회에서 독불장군으로 고립무원의 낭떠러지로 전락할 위험이 크다는 점이다. 민족공조를 국제 공조와 어떻게 잘 조화해서 비극을 피하고, 항구적 평화를 구축하느냐 에 민족적 운명이 달려 있다. 북한이 대타협으로 핵 위기를 잘 극복하는 데서 평화의 길은 열릴 것이다.

북한 핵 문제 연표

1958~1959   북한 영변에 최초의 실험용 원자로 건설

1974. 9   북한, 오스트리아 빈의 국제원자력기구(IAEA)에 가입

1985.12   북한, 핵확산금지조약(NPT)에 가입

1986   플루토늄 추출을 위한 최초의 핵 재처리시설 가동

1989.11   베를린장벽 붕괴, 동유럽 공산권 해체

1990.10   동서독일 통일

1991.12   남북한, 한반도 비핵화공동선언

24일, 소련제국 공식해체, 몰락

1992. 1   북한, IAEA 핵안전협정 조인

1992. 7   독일 뮌헨의 G7 정상회담(선진 7개국), 북한영변 핵시설 IAEA사찰 촉구

1993. 2   IAEA, 북한에 영변 핵시설에 대한 특별사찰요구, 북한 거부

1993. 3   북한, NPT 탈퇴선언

1993. 4   IAEA, 북한 핵문제를 유엔안전보장이사회에 회부

1993. 5   북한, 중거리 탄도유도탄 '노동' 미사일 실험발사

1994. 6   북한, IAEA 탈퇴선언

미국 클린턴 대통령, 영변 핵시설 폭격준비

카터 미국 전대통령 클린턴의 특사로 평양방문, 김일성주석과 회담, 북한 핵문제
평화적 해결 원칙에 합의, 북한 영변핵시설 동결 약속

1994. 7   북한 김일성 주석 남북정상회담 앞두고 사망

이탈리아 나폴리 G7 정상회담, 클린턴, 미테랑, 무라야마 등 선진국 정상들
북한핵문제 긴급토의, 김일성의 후계자(김정일)와 대화를 통해 평화적으로 해
결 원칙 합의

1994.10   북한—미국 제네바합의에 서명. 북한 영변 핵시설 동결, IAEA 사찰요원 영변
에 급파 동결감시, 미국, 경수로 2기와 매년 중유 50만 톤 제공

1995. 3   북한 신포에 경구로 건설을 위한 한반도에너지개발기구(KEDO) 출범

1997.12   남북한 미·중 4자회담 개시

1998. 8   북한, 탄도유도탄 '대포동' 미사일 발사

2000. 6   김대중—김정일 남북정상회담, 6·15선언 발표

2000. 6   북한 김정일 위원장, 첫 중국공식방문, 1992년 중국의 남한승인 후 냉각된
　　　　　 북·중관계 복원
2002. 9   일본총리 고이즈미 평양방문, 김정일과 회담 후 북·일 평양선언 발표
2002.10   미 국무부 켈리차관보 평양방문, 북한 농축우라늄 프로그램을 비밀리에 추진하
　　　　　 고 있다고 비난, 북한, 미국의 위협에 대한 자위를 위해 핵무기 보유권리 주장
2002.11   KEDO, 대북 중유공급중단 합의
2002.12   북한 영변 핵시설 재가동선언, IAEA의 봉인과 감시카메라 제거하고 사찰원
　　　　　 추방
2003. 1   북한, NPT 탈퇴선언, 베이징에서 열린 북·중·미 3자회담에서 북한 핵무기
　　　　　 보유와 핵실험 의지 표명
2003. 2   IAEA, 북한 핵문제 유엔안보리에 다시 회부
2003. 4   북·미·중 3자회담 개최
2003. 6   북한, 최초로 핵무기 보유 시인
2003. 8   베이징에서 1차 6자회담 개시. 남북한, 중·미·일·러 6개 회원국 북한 핵문제
　　　　　 해결 시도하다. 북한, 6자회담에서 플루토늄 재처리로 핵 억지능력 제고 확인
2003.10   북한, 영변 핵시설의 폐연료봉을 재처리 완료 선언
2004. 1   미국사절단, 평양방문, 핵전문가 시그프리트 헤커, 북한의 핵무기 기술 의문표명
2004. 2   파키스탄의 '핵무기제조 아버지' 압둘 칸 박사, 북한과 이란에 농축우라늄 정
　　　　　 보를 이전했다고 선언. 북한, 칸의 선언을 '허위' 라고 반박
　　　　　 2차 6자회담 개최
2004. 6   3차 6자회담, 미국, 평양이 핵 포기하면 석유지원과 체제안전 보장을 제안
2004. 7   북한, 미군 월북자 젠킨스와 일본인가족 3명을 일본에 귀환시킴
2004. 8   북한, 4차 6자회담 불참선언하며 부시를 '히틀러보다 더 나쁜 폭군' 이라 비방
2005. 2   북한, 외무성 성명에서 6자회담 무기한 참가중단과 핵무기 보유 선언
2005. 5   북한, 단거리 미사일 동해로 발사. IAEA 엘바라데이 사무총장 북한이 핵무기
　　　　　 6개 보유 확인
　　　　　 북한, 영변 흑연감속로에서 8,000개 사용 후 폐연료봉 인출 발표
2005. 6   김정일, 남한의 방북대표들에게 미국이 북한의 조건을 존중하면 7월 6자회담
　　　　　 참가 시사
2005. 7   제4차 6자회담 재개, 8월 휴회 9월 재개 결정. 북한, 휴전협정을 평화협정으로
　　　　　 대체하자고 미국에 제안

2005. 9	제4차 6자회담 재개, 북한의 핵 포기 약속으로 9·19선언 채택. 11월 초 5차 6자 회담 재개 결정
2005.11	북한, 제5차 6자회담장 박차고 퇴장, 미국이 북한의 100달러 위폐 돈세탁 의심자금조사를 명분으로 마카오의 방코델타아시아(BDA)의 북한 계좌동결해제 거부했기 때문
2006. 1	김정일 위원장 중국 비밀방문
2006. 3	북한 미사일 2기 발사
2006. 5	미국, 북한 탈북자 6명을 최초로 난민으로 인정 미국 영주를 승인
2006. 7	북한, 대륙간 탄도유도탄 대포동—2를 포함한 6발의 미사일 발사. 사정거리 3500~6000km의 알래스카와 미국 서부해안을 위협할 대포동—2호는 동해에 떨어짐 유엔안보리 긴급소집, 미사일 발사한 북한비난결의 만장일치로 채택
2006. 10	9일, 북한, 평양 북동 385km 지점의 하대리에서 핵폭탄 실험해 성공 발표. 14일, 유엔안보리, 대북 응징결의를 만장일치로 채택
2007. 1	6자회담 힐 미국대표 베를린에서 김계관 북한대표와 비밀회담, 돌파구 열다
2007. 2	13일 5차 6자회담에서 드디어 2·13합의에 도달. 포괄적 한반도 비핵화 추진

김정일과 부시의 **대타협**

지은이 I 주섭일
펴낸곳 I 도서출판 두리미디어
펴낸이 I 최용철

초판1쇄 2007년 5월 1일 발행

등록번호 I 제 10-1718
등록일 I 1989년 2월 10일

주소 I 서울시 마포구 서교동 369-25
전화 I 02)338-7733(대표)
팩스 I 02)335-7849
홈페이지 I www.durimedia.co.kr
전자우편 I durimedia@durimedia.co.kr

ⓒ주섭일 2007, Printed in Korea

ISBN 978-89-7715-166-6 03340

값 12,000원

*잘못된 책은 교환해 드립니다.